语用学学人文库

何自然 主编

委婉语解读的社会—认知语用学研究

A Socio-cognitive Pragmatic Study on Euphemism Interpretation

邓兆红 著

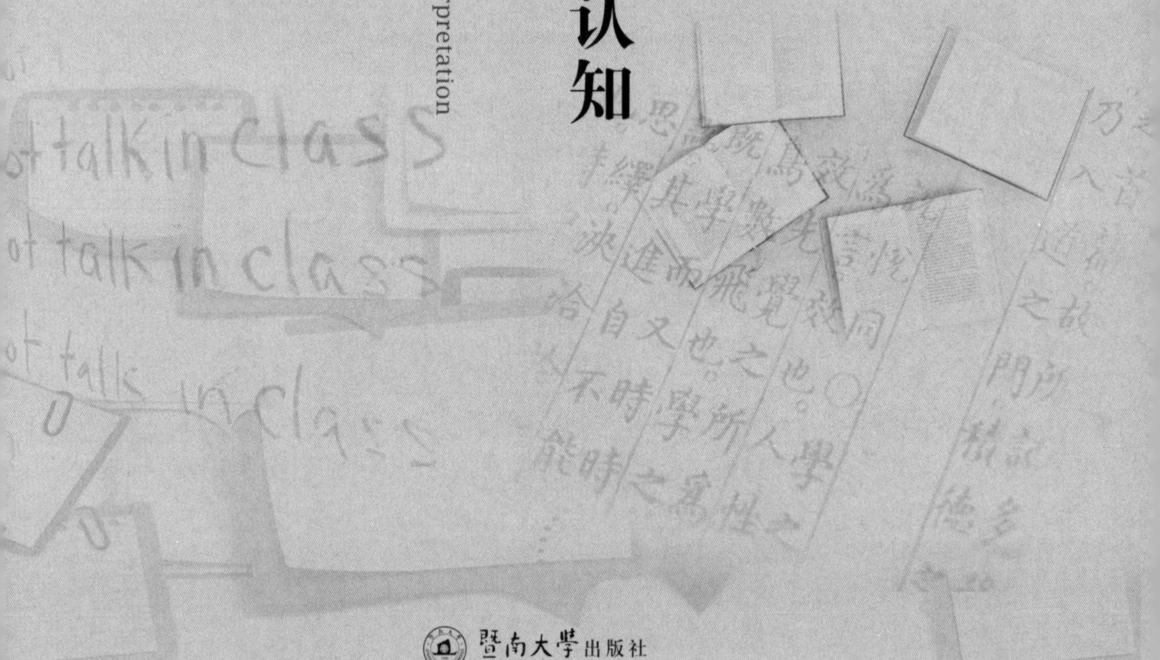

暨南大學出版社
JINAN UNIVERSITY PRESS

中国·广州

江苏省高校哲学社会科学研究重大项目“语言学视域下当代中国社会礼貌观的实证研究”（批准号：2017ZDAXM002），主持人：陈新仁。

安徽省教育厅人文社会科学重点项目“社会—认知语用视角下委婉语的解读研究”（批准号：SK2016A0262），主持人：邓兆红。

安徽科技学院人才专项基金项目“礼貌话语的社会—认知语用研究”（批准号：WYWD201901），主持人：邓兆红。

总　序

语用学（pragmatics）作为一门学科，近二十多年的发展日新月异。语用学的学术视角从最早的语言哲学扩展到语言学，逐渐触及语言学的各个领域，出现了各类与语用学相结合的新兴学科和边缘学科，对翻译学、外语教学、词典编撰、跨文化交际、人工智能、文学批评、心理学等许多相关学科产生了深远的影响。语用学现已成为当代语言学中的显学，吸引了越来越多的学者从事语用学的学习、教学和研究。

20世纪60至70年代，与语用学有关的课题在西方语言哲学的日常语言学派中十分盛行，但它直到70年代末至80年代初才成为语言学的一个分支学科。1977年，《语用学学刊》（*Journal of Pragmatics*）在荷兰发行，标志着语用学作为一个学科得到正式确认。同一时期，pragmatics引入日本，被翻译为“語用論”，日本学者毛利可信于1978年就曾以“意义的不确定性——从语义学到语用学”为题发表过文章；1980年，毛利可信出版了亚洲第一部语用学专著《英語の語用論》（《英语语用学》）。在我国，语言学界前辈许国璋先生于1979年在中国社会科学院语言所主持出版的《语言学译丛》中就曾连续译介过与日常语言哲学有关的奥斯汀的《论言有所为》等文献。《语言学译丛》改版后的《国外语言学》季刊在1980年就刊登了胡壮麟先生介绍国外语用学的文章。到了1983年，西方正式出版了列文森的《语用学》（*Pragmatics*）和里奇的《语用学原理》（*Principles of Pragmatics*）。这些国外语用学经典著述，经我国学者不懈引进，语用学在我国开始扎根、发芽。随后，经过三十多年的努力，我国语用学研究得到不断发展，研究队伍不断壮大，与国外同行学者之间的学术交往日益增多，并不断产出具有国际视野的研究成果，体现出中国学者的学术见解和创新。

当然，我国语用学研究的全面创新及语用学学科的深度发展还有很长的路要走；作为我们自己的学术团体，中国语用学研究会也有很多工作要做。2011年，第十二届全国语用学研讨会暨第六届中国语用学研究会年会在山西大学外语学院召开之际，研究会常务理事会决定组织出版“语用学学人文库”（以下简称“文库”），并成立了编委会，约请暨南大学出版社自2012年起出版语用学方面的有关论著。中国语用学研究会认为，在这个时候筹划出版“文库”丛书是有其积极意义的，可以极大地促进我国语用学教学与研究的繁荣，使汉语、外语学习和实际运用得到应有的重视，使汉语在我国社会经济生活中的使用质量得到不断提高，并为在国际上普及汉语和宣传中华文化而出力。

我们计划“文库”丛书每年出版2至3部专著。这些著述将着重反映以下三个方面的内容：第一，评介当前国外语用学学科的前沿课题；第二，结合和借鉴国外语用学的理论和实践，指导并提高我国汉语和外语的教学与研究；第三，介绍我国学者在语用与社会、语用与文化、语用与翻译、语用与心理、语用与认知等方面的创新成果。

我们曾征询过国内外有关专家、教授、学者的意见，草拟了一份“文库”选题建议，发布在“中国语用学研究会网”（www.cpra.com.cn）上，供大家撰稿时参考。我们盼望我国从事语用学教学与研究的同仁能够积极支持这个“文库”的出版计划，踊跃撰稿，为进一步繁荣我国语用学的学术研究做出贡献。

“语用学学人文库”编委会

2012年5月

序

兆红的博士学位论文历经五载，从选题到研究思路、提纲的拟定，再到研究的开展，直至文稿的最终形成并顺利通过答辩，我作为导师，自然都参与其中，熟知她一路走过来所经历的酸甜苦辣，见证了她的坚韧、坚持与坚守。如今兆红博士基于该论文拓展而来的专著《委婉语解读的社会—认知语用学研究》即将付梓，我感到由衷的高兴，更致以真诚的祝贺！

本书探讨的委婉语是一个老话题，虽然创新会有很大的难度，但邓兆红无疑做到了。她广泛阅读相关文献，最终将听话人如何解读进入交际层面的委婉语作为其研究的切入点。与以往研究往往脱离语境作静态描写不同，她从社会—认知语用视角切入，在收集大量一手语料的基础上，聚焦动态语境中的（非）委婉话语解读，进一步验证了语言形式与交际功能之间的动态关联，彰显了委婉语解读的社会—认知属性。特别是，作者以关联理论为基础，结合语用学研究的社会—认知视角和关联论视角下礼貌加工的情境化认知模式，提出了委婉语的解读框架。该框架梳理了受话人解读委婉语的具体语境构成要素，具有很强的合理性和可操作性，可以应用于分析其他相关的话语现象。

在本研究中，邓兆红基于大量的语用学、话语分析、认知语言学、神经认知语言学等方面的文献，并与我和同门多次讨论，最后决定采用有声思维实验、访谈和调查问卷三种方法进行研究，虽然看上去不及事件相关电位或核磁共振的实验方法那么“科技”，但仍然很好地达到了预期的研究效果，佐证了本人一贯秉持的方法无好坏之分，唯有适合与不适合之分的观点。此外，作者以听话人为分析视角，顺应了言语交际研究的发展趋势，体现了对语用学研究前沿和趋势的掌握。

由此，本人相信，兆红博士通过自身的努力打下的坚实的科研基础，加之对科学研究的兴趣与热情，一定能支撑她在未来的学术道路上越走越顺畅，越走越幸福！衷心祝愿兆红在今后的研究与教学中取得更大的进步，开辟出一片美好的学术天地！

是为序。

陈新仁

2019 年 2 月

前　言

委婉语是富含文化信息的语言现象，但现有研究主要从委婉语的语言本体特征和发话人如何使用委婉语这两个方面切入，对作为交际主体的受话人如何解读交际中的委婉语不够重视。受话人的解读对进入交际的委婉语是否具有委婉和礼貌属性具有重要的影响。描述和分析受话人如何理解话语是语用学的中心任务之一。因此，本书以交际中的委婉语为切入点，从社会—认知语用视角提出委婉语的解读框架，分析委婉语的解读取向和解读过程。

需要强调的是，本书的研究对象不仅包括静态的、独立于语境的规约委婉语，而且包括动态的、进入交际的、依赖于语境的新颖委婉语。此外，无论是规约委婉语，还是新颖委婉语，本书分析的侧重点均不在于该委婉语在语境中的使用，而在于受话人对该委婉语的加工过程。

本书共分八章。第一章和第八章分别为导言和结论。第二章是文献回顾，主要对委婉语进行界定，并以议题为线索对委婉语的相关研究进行述评。第三章以关联理论为主要理论基础，结合语用学研究的社会—认知视角和关联论视角下礼貌加工的情境化认知，构建了分析委婉语解读的框架。第四章介绍本研究的总体思路和数据分析方法。第五章为委婉语解读结果的客观描述。本章以解读结果与语境的匹配为主要线索，结合委婉语的规约度和熟悉度，汇报受话人对委婉语意义的解读结果。第六章和第七章以委婉语的意义偏向为标准，分别从正确和偏离两个维度阐释受话人对委婉语意义的解读、解读过程及影响因素。

本研究采用了有声思维实验、访谈和问卷调查三种方法收集数据。在第六章和第七章，根据转写的有声思维文本，我们梳理了影响被试建构解读委婉语语境的因素，分析了被试的解读路径，并根据实验结果调整了第三章提出的框架。

书稿付梓，感谢安徽科技学院人才专项基金项目（批准号:

WYWD201901）的资助；感谢导师陈新仁教授的帮助和提携；感谢霍永寿教授对本书提出的宝贵建议；感谢暨南大学出版社杜小陆先生、陈绪泉编辑的辛勤付出。

本书的研究以本人的博士学位论文为基础，历时五年完稿，但囿于本人水平，难免有疏漏之处，恳请专家、学者斧正。

邓兆红

2019年2月

目　录

总　序　/ 1

序　/ 1

前　言　/ 1

缩略语说明　/ 1

有声思维转录符号说明　/ 1

语料标注代码说明　/ 1

第一章　导　言　/ 1
1.1　研究缘起　/ 2
1.2　研究对象　/ 3
1.3　研究目标　/ 5
1.4　全文结构　/ 6

第二章　文献综述　/ 9
2.1　术语界定　/ 10
2.2　委婉语的相关研究现状　/ 18
2.3　相关研究评价　/ 27

第三章　理论框架　/ 31
3.1　关联理论的核心概念　/ 32
3.2　社会—认知语用模式的核心概念　/ 38
3.3　关联论视角下礼貌加工的情境化社会认知模式　/ 42

3.4　基于社会—认知语用学的委婉语解读分析框架　/ 48

第四章　研究设计　/ 53
4.1　研究问题　/ 54
4.2　调查对象　/ 55
4.3　语料来源　/ 56
4.4　数据收集　/ 61
4.5　数据分析　/ 68

第五章　委婉语的解读结果　/ 71
5.1　委婉语解读结果的总体情况　/ 72
5.2　委婉语与语境匹配的意义解读　/ 78
5.3　委婉语与语境失匹配的意义解读　/ 87
5.4　委婉语意义和效果的匹配与失匹配　/ 97
5.5　本章小结　/ 98

第六章　委婉语准确解读的路径分析　/ 101
6.1　委婉语解读的准确与偏离　/ 102
6.2　促成委婉语准确解读的因素　/ 105
6.3　委婉语准确解读的路径分析　/ 108
6.4　本章小结　/ 124

第七章　委婉语偏离解读的原因分析　/ 127
7.1　解读偏离的委婉语及其影响因素　/ 128
7.2　记忆知识导致的偏离　/ 130
7.3　上下文/当前交际情境信息解读导致的偏离　/ 142
7.4　上下文/当前交际情境信息不足导致的偏离　/ 147
7.5　本章小结　/ 149

第八章　结　论　/ 153
8.1　本研究的主要贡献　/ 154
8.2　本研究的主要发现　/ 156

8.3　本研究的不足之处　/ 158
8.4　对未来研究的建议　/ 158

附　录　/ 160

参考文献　/ 202

后　记　/ 215

缩略语说明

缩略语	全称	含义
E	expression	表达
RT	Relevance Theory	关联理论
SCA	Socio-cognitive Approach to Pragmatics	社会—认知语用模式
GSH	Graded Salience Hypothesis	等级凸显假设
PPSSC	Politeness Processing as Situated Social Cognition	礼貌的情境化社会认知模式
H	hearer	受话人
N	no	不是/不确定
Y	yes	是
NE	non-euphemistic	不委婉
RE	relatively euphemistic	较委婉
E	euphemistic	委婉
VE	very euphemistic	非常委婉
NP	non-polite	不礼貌
RP	relatively polite	较礼貌
P	polite	礼貌
VP	very polite	非常礼貌
PO	politeness to others	对他人礼貌
PS	politeness to self	对自己礼貌

有声思维转录符号说明

《缘来非诚勿扰》节目中……	被试所读话语片段中的内容
我觉得女嘉宾这句话	被试的有声思维内容
(1 秒)	被试停顿 1 秒
【斜抬头思考】	被试的表情

语料标注代码说明

	代码
意义解读结果	〈意义解读：不确定〉
	〈意义解读：直陈义〉
	〈意义解读：委婉义〉
	〈意义解读：错误〉
交际效果解读结果	《交际效果解读：间接》
	《交际效果解读：直接》
	《交际效果解读：讽刺》
	《交际效果解读：委婉》
	《交际效果解读：调侃》
	《交际效果解读：幽默》
	《交际效果解读：双关》
	《交际效果解读：规避另一个敏感话题》
影响因素	《因素：记忆知识：集体共享知识：社会规范（包括禁忌或敏感话题知识）》
	《因素：记忆知识：集体共享知识：语言知识》
	《因素：记忆知识：集体共享知识：概念信息》
	《因素：记忆知识：个体独有的语言知识》
	《因素：记忆知识：个体经历》
	《因素：当前交际情境：人际关系》
	《因素：当前交际情境：言行举止（包括态度意图、性格、外貌等）》
	《因素：当前交际情境：场合》
	《因素：当前交际情境：话题》
	《因素：当前交际情境：副语言》
	《因素：上下文：关联表达》
	《因素：上下文：关联信息》

第一章

导言

本章为全书导言，主要介绍研究缘起、研究对象、研究目标以及本书的结构安排。研究缘起部分主要介绍为何选择社会—认知语用视角来研究委婉语的解读问题；研究对象部分主要解释为何选择委婉语作为研究对象，以及本研究涉及的内容；研究目标部分展示本书旨在通过研究委婉语的解读，试图实现的理论意义和应用价值；全文结构部分主要交代本书的整体框架。

1.1 研究缘起

关联理论将说话人意义的理解看作是语用研究的焦点，然而，自提出之后，该理论因其对个体认知的强调而备受诟病。批评者认为关联理论“过度个人化”（Mey，2009：858），“完全排斥了社会因素”（Mey & Talbot，1988：770），比如礼貌现象。于是，一些学者明确反对用关联理论来解释礼貌，认为它“无法解释语言使用的社会制约性”（O'Neil，1988—1989：247），不能作为解释（不）礼貌的理论框架（Watts，2003：203）。

然而，认知语用学并不排斥交际的社会因素，在1995年出版的专著中，Sperber & Wilson就指出：“社会因素和说话人的认知过程对关联理论的发展而言当然是至关重要的。”（1995：279）此后，将关联理论应用于交际的社会维度的研究一直未曾中断（如Escandell-Vidal，1996；Jary，1998；Watts，1989；Christie，2007；Ruhi，2008；Chen，2014a）。这些研究认为礼貌基于交际规范的期待，因此可以从认知角度解释受话人对礼貌的解读。Chen（2014a）以关联理论为基础，结合Langlotz（2010）的情境化社会认知模型，搭建了关联理论解读礼貌现象的框架，其核心思想如下：在即时交际情境下，受话人在建构话语解读的语境时，从百科知识中提取的信息需要经由话语解码后得到的信息和从即时交际情境中提取的信息进行评估，评估的结果对人们判断该话语是否礼貌会产生影响。

运用关联理论分析礼貌话语的研究从话语何以是礼貌的转向了话语的礼貌解读结果何以会不同，认为其主要原因在于受话人认知环境的情境化动态建构（Chen，2014a）。

现有基于关联理论的礼貌研究揭示了受话人在解读礼貌话语时，其认知环境的假设来源和语境的建构结果，凸显了语境的动态建构对礼貌话语解读的影响。然而，受话人是如何从来自百科知识的假设、即时交际情境的假设和话语解码获得的假设建构解读话语的语境的？其建构的过程如何？关联理论对语境的来源和结果给予了足够关注，对语境的建构过程本身还不够关注。

目前，关联理论的礼貌研究以言语行为的间接表达为主，还需要通过研究更多的语言现象来论证其对交际的社会维度的解释力。委婉语是能够满足这一需求的一种理想的话语交际现象：委婉语是一种与礼貌密不可分的普遍语言现象，Brown & Levinson 曾指出，"所有的证据都表明委婉语是语言使用的普遍性特征"（1987：216）；但同时，委婉语对语境具有高度的敏感性，并且是一种特定的社会语言现象，具有深深的特定文化烙印（李兰冬、邢文英，2014）。

鉴于委婉语的上述特征，本书以该话语现象为切入点，以关联理论为基础，并结合 Kecskes（2014）提出的社会—认知语用视角（socio-cognitive approach to pragmatics）和 Chen（2014a）提出的关联论视角下礼貌加工的情境化认知模型，对委婉语的解读进行研究，期望对关联理论在交际的社会维度方面的理论完善和应用作出贡献。

1.2　研究对象

在现实交际中，人们难免触及禁忌或敏感话题（如人体器官、生理现象、性行为、不良的品行、伤残与死亡等）。然而，"这类语词在社会上没有公开立足的地位"（陈原，2000：353），谈及该类话题时人们往往需要借助委婉语来帮助会话正常进行。此外，人与人之间的交际不仅仅是信息交换，更重要的是人际意义的交际过程。委婉语不仅可以帮助人们传递信息，更可以帮助人们在社交互动中建构人际意义——委婉语可能会避免乃至化解尴尬或矛盾，而不适切的直陈语或粗俗语则可能会造成误解，甚至引发冲突。正是由于委婉语在信息传递和人际意义建构方面有如此重要的作用，Burchfield（1985：15）指出，"没有委婉语的语言是一种有缺陷的交际工具（A language without euphemisms would be a defective instrument of communication）"。

然而，只要稍微观察一下交际中委婉语的解读取向，我们就会发现委婉语的解读与其表达一样，也体现出强烈的语用特色——话语的委婉解读取向与语言形式上的委婉语之间并非简单的对应关系：规约委婉语在即时交际情境中可能被解读为委婉义，如例 1 – 1；但也可能被解读为直陈义，如例 1 – 2；非规约委婉语在即时交际情境中也可能被赋予委婉解读，如例 1 – 3。

例1-1：

"刚才，四老爷和谁生气呢？"我问。

"还不是和祥林嫂？"那短工简捷地说。

"祥林嫂？怎么了？"我又赶紧问。

"老了。"

"死了？"……

"什么时候死的？"

"什么时候？——昨天夜里，或者说是今天罢。——我说不清。"

（鲁迅《祝福》）

例1-2：

【地点：食堂餐桌。背景：张同学、笔者、高同学、张同学的同事四个人正边吃边聊。张同学说起她微信朋友圈里的一条消息：一个大学本科的同学，年龄与她差不多，前几天去世了。】

笔者：啊?！你本科同学！那岂不是和你年龄差不多！这么年轻就……

张：就是说啊。

【四个人又讨论了该同学去世的原因。然后笔者与高同学转而讨论起睡眠问题，这时突然听到张和她同事的话，由于刚才在讨论睡眠问题，因此没有听到张与其同事之前的对话。】

张的同事：我认识的一个人，他就是文学院的，博士，要不然我怎么认识他呢。他也是，他刚考取，导师走了。学校跟他说可以重新选导师。但是他没选，人家退学了。

高：他导师到哪去了？

张（对笔者说）：哎，你看，你研究委婉语，（指向她同事）她刚才就用了一个委婉语。

高：噢，你是说那个老师"走了"是委婉语是吧？我以为是说调走了。

笔者：啊？不是调走了？

张：怎么可能呢？有语境呀，刚才不是在谈论我那个同学的事吗？

…………

例1-3：

方达生：竹均，怎么你现在会变成这样——

陈白露（口快地）：这样什么？

方达生（叫她吓回去）：呃，呃，这样地好客，——呃，我说，这样地爽快。

陈白露：我原先不是很爽快么？

方达生（不肯直接道破）：哦，我不是，我不是这个意思。……我说，你好像比从前大方得——

陈白露（来得快）：我从前也并不小气呀！得了，你不要拿这好听的话跟我说。我知道你心里是不是说我有点太随便，太不在乎。你大概有点疑心我很放荡，是不是？

（曹禺《日出》）

言语交际都是在特定的语境中进行的，交际双方的互动是交际成功的前提。在例1－1至例1－3中，受话人对交际是否成功的影响显而易见。发话人使用某个委婉语，是意欲借此表达传递信息，并达到某种交际效果，但其话语的委婉特征必须为受话人识别，其所使用的委婉语的意义也必须为受话人所成功解读，才能达到意图的交际效果（邓兆红，2016）。

因此，本研究认为，应当以交际中的会话为语料，分析受话人对交际中实际使用的、在特定语境中的委婉语的动态解读结果，分析受话人对委婉语的意义作出准确和偏离解读的过程中分别从其认知环境中提取了哪些假设建构语境，即影响委婉语意义解读的因素有哪些，以及这些假设或因素如何作用于委婉语意义的解读过程。

1.3 研究目标

本研究以社会文化信息丰富的委婉语为研究对象，分析其解读过程中涉及的因素，尤其是社会文化因素，挖掘其中的社会—认知语用机制，旨在一方面验证关联理论对话语交际的解释力，另一方面通过本研究充实该理论中的社会维度。

首先，本研究将系统描述委婉语的意义解读结果和交际效果。尽管委婉语是学术界的一个老话题，但我们梳理文献后发现，相关研究更加重视的是委婉语的表现形式、相关的社会文化信息、潜在的语用功能或交际效果，而对进入交际的委婉语的实际解读过程、机制与结果重视不够。由于忽视了受话人对委婉语解读结果的重要影响，相关研究有想当然地认为说话人只要使用委婉语就能够达到话语委婉效果的倾向，对委婉语的解读过程和结果缺少足够的实证研究。因此，本研究的第一个目标是基于文献，并通过分析本书收集的委婉语用例、问卷和有声思维实验，描述委婉语的实际解读结果和交际效果，以便对委婉语在交际中的使用获得更加全面的了解。

其次，本研究将分析影响委婉语解读过程的因素及这些因素之间的互动。目前，从语用学视角对委婉语进行的研究在强调语境重要性的同时，也往往会指出上下文、情境、文化背景等因素影响委婉语的理解。不过，这些研究往往是基于委婉语的成功解读结果。但不可否认的是，委婉语的失败解读会让我们了解哪些因素导致了解读失败，以及这些因素是如何互动的，进而从反面为我们分析委婉语的解读过程提供补充信息。本研究将基于文献、真实用例和实验，细致分析被试的有声思维文本，梳理委婉语解读过程中的影响因素，结合访谈分析各个因素的参与过程，为话语解读的影响因素及其互动提供实证数据。

最后，本研究将搭建分析委婉语解读过程的框架。目前，与委婉语解读相关的研究虽然很多也基于关联理论，但以例证法为主要方法，从研究者的视角出发，结果导致这些研究主要是论证语境对委婉语理解的重要性。受话人建构语境时究竟都想到了什么？用于建构语境的假设如何运作，从而导致委婉语的准确解读或误解？这些问题仍然没有得到合理的解释。本研究以关联理论为主，结合 Kecskes（2014）提出的社会—认知语用模式，以及 Chen（2014a）提出的关联理论视角下礼貌加工的情境化社会认知模式，通过有声思维实验和访谈，结合调查问卷，从受话人视角出发，探析受话人在解读委婉语的过程中，其语境建构所涉及的因素及运作机制，搭建分析委婉语解读的框架。

1.4 全文结构

全书共由八个章节构成。

第一章为导言，主要介绍本研究的选题缘起、研究对象和研究目标，最后简述各章概要。

第二章为文献综述，回顾与本研究相关的国内外文献。首先回顾了前人研究对委婉语的界定，指出了其中的不足之处。接着从委婉语的形式研究、历史文化背景研究、功能与交际效果研究、社会心理研究、意义生成机制研究和委婉语的解读研究六个方面，对国内外相关文献进行了梳理。最后对现有研究进行了评价。

第三章介绍理论与分析框架。本章先介绍关联理论的核心概念，包括其交际观、语境观、关联原则和隐含意义与弱暗含。其次介绍社会—认知语用模式的核心概念，包括其语境观、共享背景和凸显。然后介绍关联论视角下礼貌加工的情境化社会认知模式。最后从社会—认知语用的角度提出本书委婉语解读的分析框架。

第四章重点介绍研究设计的思路与步骤。首先介绍本书的研究问题，然后详细阐述具体的研究设计，包括被试的选取、语料的来源、语料收集的工具与方法、数据分析的方式等。

第五章回答第一个研究问题，即受话人对特定情境中委婉语的解读结果。分析受话人对委婉语意义的解读、意义解读结果与语境之间的匹配情况，以及意义与交际效果的解读之间的匹配情况。

第六章回答第二个研究问题，分析促成受话人准确解读委婉语的因素，梳理出获得准确解读的委婉语和被试提取的因素，在此基础上，分析委婉语准确解读的路径。

第七章回答第三个研究问题，分析委婉语解读偏离的原因。梳理出发生偏离解读的委婉语及其影响因素，重点分析这些因素如何导致了委婉语的偏离解读。

第八章为全书的结论部分，总结本研究的主要贡献与发现，同时指出本研究的不足之处，最后为未来的相关研究提供建议。

第二章

文献综述

本章首先通过梳理文献中的委婉语定义，提出更符合本研究对象的操作定义，然后以议题为线索对现有委婉语的形式、历史文化背景、功能、交际目的和交际效果、社会心理、意义生成机制及委婉语的解读等方面的相关研究进行述评，在此基础上对现有研究取得的成绩与存在的问题进行评价，找到进一步研究的空间及其合理性与必要性。

2.1 术语界定

委婉语是本书研究的语言现象，因此本章首先基于文献梳理，提出操作定义。此外，本书认为委婉语与语言的委婉不是简单的对等关系，因此对委婉与委婉语进行了区分。

2.1.1 委婉语

对委婉语的定义大致可见两大视角：语言本体视角和语言使用主体的视角。本体视角的定义往往明确指出委婉语的指称对象、语义特征（或者其对应的直陈语的语义特征）和表达方式。比如以下三部委婉语词典：

These are euphemisms-mild, agreeable, or roundabout words used in place of coarse, painful, or offensive ones.

（那些用来代替粗俗的、令人痛苦的或者冒犯人的温和的、令人愉悦的、迂回间接的词汇即委婉语。）

(*A Dictionary of Euphemisms and Other Doubletalk*, Rawson, 1981: 1)

Rawson 的定义凸显了委婉语的语义特征是“温和的、令人愉悦的或迂回间接的”，而与之相对的表达则是“粗俗的、令人痛苦的或者冒犯人的”；其表达手段是“代替”。不过，该定义未包括委婉语的指涉对象，即交际群体或交际双方公认的禁忌、敏感或粗俗的话题。

在 *How Not To Say What You Mean: A Dictionary of Euphemisms* 中，Holder 表示认同 Fowler（1957）关于委婉语的定义：“委婉语是以温和的，或模糊的，或迂回的表达代替直言不讳的精确，或令人不快的言语。……委婉语用于谈论禁忌或敏感话题。”

I accepted Fowler's definition: ‘Euphemism means the use of a mild or vague or periphrastic expression as a substitute for blunt precision or disagreeable use' ...In speech and writing, we use euphemism when dealing with taboo or sensitive subjects.

(Fowler, 1957, from Holder, 2002: vi)

与 Rawson 的定义类似，Fowler 也将委婉语的语义特征界定为“温和的”或“迂回的”，与之相对的表达则是“直言不讳的”或“令人不快的”；其表达手段是“代替”。与 Rawson 定义不同的是，Fowler 的定义涵盖了委婉语的指称对象：委婉语用于“禁忌或敏感话题”。

刘纯豹（2001）的定义凸显的是委婉的表达手段和指涉的话题。

所谓委婉，就是用比喻、借代、迂回、缩略和谐韵等手法来表达生活中那些使人尴尬、惹人不快、招人厌恶和令人恐惧的事物，如“卑微”的职业、裸体与下部、分泌与排泄、疾病与残废、死亡与殡葬、缺点与错误、性爱与生殖、犯罪与惩罚、政治与战争、神明与鬼怪以及誓言与咒语等。

（刘纯豹，2001：序）

一般来说，需要使用委婉语的话题，除了刘纯豹定义中涉及的之外，还包括“体现性征的身体部位”“困难的境遇”“灾祸”“经济的消极方面”等（Neaman& Silver，1983；Allan & Burridge，1991；从莱庭，2001；张拱贵，1996）。

概括而言，从语言本体对委婉语的界定凸显出以下信息：

委婉语在表现手法上的特征：替代、间接、迂回。

委婉语在语义色彩上的特征：温和、令人愉悦、模糊。

委婉语使用涉及的话题特征：禁忌的、敏感的、粗俗的。

从语言使用主体对委婉语的界定更具有语用学视角，涉及主体使用委婉语的意图或委婉语的交际效果。

委婉语的英语是 euphemism，来源于 17 世纪 50 年代的希腊语。eu-意为“好”，pheme 意为“言词、声音、表达、话语”（In *Online Etymology Dictionary* Retrieved Feburary 2, 2018 from https://www.etymonline.com/word/euphemism），因此 euphemism 便是“好的说法”（束定芳，1989：29）。“好的说法”在从使用主体出发的定义中得到了更多的体现。比如，王雅军在《实用委婉语词典》里指出：“所谓委婉语，顾名思义，是在与人为善的前提下，对某个事物、问题采用委曲、婉转的说法，表明态度，或发表见解。……通俗地说，相对于直来直去，是换一种说法。”他还专

门指出："有的俗语、谚语等，也是极好的委婉语。"（2005：序）

Neaman & Silver 在 *Kind Words: A Thesaurus of Euphemisms* 中指出："委婉语一般被定义为以不冒犯的，或令人愉快的表达代替更明确的、冒犯的表达，通过好听的词汇来粉饰真相。"

> Euphemizing is generally defined as substituting an inoffensive or pleasant term for a more explicit, offensive one, thereby veneering the truth by using kind words.
>
> （Neaman & Silver，1983：1）

上述两个释义也体现出委婉语是间接或替代表达手段，使用委婉语的意图是为了"与人为善"和"粉饰真相"。Neaman & Silver 的定义还表明委婉语的情感色彩是"非冒犯的或令人愉快的"。

汉语修辞学界对委婉语从修辞效果的视角进行界定。季绍德（1986：346）在《古汉语修辞》中说："在一定语言环境里，遇到直说会强烈刺激对方的情感或预计直接表达会影响语言效果的时候，便不直说本意，采用一种委婉曲折的话来表达，这种修辞方式叫委婉。"姚殿芳、潘兆明主编的《实用汉语修辞》的定义是："有时候，人们不直截了当地把本来的意思说出来，而故意把话说得委婉含蓄一些，把语气放得缓和轻松一些，这在修辞学上叫婉言。"（1987：56）

由修辞学视角的定义可见，委婉语能够产生不刺激对方、缓和语气的效果。

语用学视角的定义往往将委婉语与面子或礼貌联系起来进行界定，如 Allan & Burridge（1991：11）的定义：

> A euphemism is used as an alternative to a dispreferred expression, in order to avoid possible loss of face：either one's own face or，through giving offense，that of the audience，or of some third party.
>
> （委婉语用于替代不企望表达，旨在避免可能的面子损伤：损伤的可能是说话人自己的面子，也可能是因为冒犯而损伤受话人或第三方的面子。）

Allan & Burridge（2006：31－33）更进一步从礼貌和面子角度将直陈语、委婉语、粗俗语统一到 X-phemism 这一术语当中加以定义。他们先定义粗俗语，以粗俗语为参照定义委婉语和直陈语。

粗俗语（dysphemism）是对所指和/或听话人或无意中听到话语的人具有冒犯含义的表达，被当作不礼貌的或者不企望的（dispreferred）表达而遭到忌讳。如在表达女性生理期的词汇中，bleed 是最不被企望的表达。

直陈语和委婉语是粗俗语的替代语，它们能够避免损伤发话人、受话人或某个第三方的面子。直陈语（orthophemism）比对应的委婉语更加正式、更加直接（或意义更加字面化）。委婉语（euphemism）比对应的直陈语更加口语化，更形象（或更间接）。

李军华的定义也强调委婉语的礼貌和面子保护功能：委婉语是由于禁忌、出于避免刺激、表示尊重或保护自我而采用不直接表白且能使人感到动听愉悦的说法（2010：6－7）。

可见，具有语用学思想的定义更加关注语言使用主体的心理效应和委婉语的人际意义，认为委婉语的使用能够反映和满足发话人和受话人双方的面子诉求。

随着研究的深入，学者们对究竟什么是委婉语进行了更加深入的思考。主要表现在两大方面：一是委婉语定义所涵盖的范围，二是决定一个表达是否属于委婉语的要素。

首先，委婉语定义所涵盖的范围需要扩展。束定芳（1989）、邵军航（2007）认为现有定义将委婉语限定于“好听”或“美好的词语”，忽略了中性委婉语，即语义没有变化，但读音形式上发生了变化的词汇，如缩略、首字母缩写、逆构词法、借词等。本书认同这一观点。比如缩略语 tmd 作为詈骂语“他妈的”的替代表达，只是在语音形式上阻碍了汉语母语者直接将其与社会现实发生联系，其语义并没有变得“美好”，但 TMD 满足委婉语在语言本体层面的属性，应该属于委婉语的范畴。另外，有学者指出，委婉语定义不仅应该包含规约委婉语，还应包含尚未进入静态语言系统的新颖委婉语（束定芳、徐金元，1995；蔡玛丽，2001；邵军航，2007）。也就是说，委婉语不仅体现在语言系统层面，还应该体现在言语交际层面。本书也认同这一观点。尽管新颖委婉语“寿命如同果蝇（那样短）。很多即便不是更快，也在进入记忆的阶段就消亡了”（Keyes，2010：25－28，转引自 Crespo-Fernández，2015：55），但作为言语现象，也应受到重视。正如 Halliday（1994：xxii）所言：“研究（语言）系统的主要目的正是要认识话语。……注意力必须同时放在系统和话语上。否则，我们就无法把一个话语跟另一个话语进行比较，或跟话语自身完全可能是另外的一个样子进行比较。”语言以个体的具体使用为基础，语言和言语密不可分（张延飞、张绍杰，2014）。因此，要更加全面地了解委婉语的表达与理解，既要研究已经进入语言体系的规约委婉语，又要研究交际中临时创造的新颖委婉语。

其次，有学者提出委婉语的定义应包含语境或受话人要素。李军华(2004：163) 指出英语中委婉语定义的不足之一在于“没有涉及委婉语使用的关键因素——语境”。邵军航（2007：18）也指出许多委婉语定义缺少定义所要求的事物的属性，如语境要求等。Warren（1992：135）认为界定委婉语有三个标准：①所指的敏感性；②表达是间接性的和/或不那么粗俗或刺激人的；③听话人感知到说话人是出于策略或（为了避免）所指带来的尴尬而选择某个表达的。Warren 的第三个界定标准使一个表达是否属于委婉语取决于受话人，“尽管一般情况下语言使用者对于哪些表达是委婉的有一定的共识”(Warren，1992：135)。

本书认为，委婉语研究确实要考虑语境中委婉语的具体使用。语境中的委婉语既有确实被作为委婉语使用的情况，也有被作为非委婉语，甚至粗俗语使用的情况。此外，还有非规约委婉语在语境中被作为委婉语解读的情况。从受话人视角来说，语境中的委婉语有以下四种解读结果：被解读为委婉语、被解读为直陈语、因无法解读出意义而放弃解读、非委婉语被解读为委婉语。上述复杂情况表明委婉并非委婉语固有的内在属性，有学者（如 Warren，1992；徐莉娜，2003）因此认为应该交由语境或受话人判断。根据这些观点，受话人本质上是语境的构成要素之一，不同的受话人受其不同的语言使用经历、百科知识等因素的影响，对话语属性的解读结果也不一样，对受话人 A 而言的委婉语对受话人 B 而言未必是委婉语。因此，委婉语的最终决定权应当交由语境或受话人。本书认为，从研究角度出发，可以在定义中观照语境和受话人，但不能将二者作为一种语言现象的范畴性标准，否则将会产生以下结果：

其一，语言的本体与语言的实际使用混为一谈，即没有了索绪尔的 langue 与 parole 的区别，抹杀了语言本体作为一种客观现实存在的可能性。具体而言，意味着不存在委婉语这一语言现象，这与语言使用者的感知相矛盾。如果这一观点成立，则现有的关于语言本体的概念都将被颠覆，比如将会没有名词、动词等词性的概念，因为名词进入语境后也可能被用作非名词（如动词、形容词等）。例如，“他比葛朗台还葛朗台”中第二个“葛朗台”就是名词用作形容词，如果必须将该表达是否属于名词交由听话人决定，我们就不能将“葛朗台”归属为名词了。那么在研究时应该如何指称尚未进入交际情境中的“葛朗台”这样的词汇呢？

其二，不同受话人给出的判定结果不同。语境具有动态性。语言使用者不是完全被动地受控于给定的语境，而是借助于包括语言在内的种种手段生成、改变或选择语境（Verschueren，1999：38－40）。不同的受话人动态选择生成的语境不尽相同，因此解读结果未必完全一致：受话人 A 可能解读出某个委婉语是意图委婉，受话人 B 可能认为该表达是意图讽刺，受话人 C 甚至可能将该表达解读为意图诅咒。正如刘纯豹（2001：15）所言："同一个词语是否委婉，在脱离语境时，人们的意见相左并非鲜见。"再者，一种语言现象，即使已经在语言系统中沉淀下来，具备了静态语言特征，一旦进入交际情境，也往往可能会因为情境中各种因素的互动而产生属性上的变异，即便是规约委婉语都可能因此转变为非意图委婉，而是故意冒犯的（见例 2－1"跟马克思见面"之例）。故此，如果将一个表达究竟是不是委婉语交由语境或受话人决定，那么从研究角度而言，该表达究竟是一种什么语言现象呢？

本书旨在通过上述两个发问表明，在语言研究中，我们总归需要语言符号来指称我们需要研究的语言现象。而如果在委婉语的定义中将一个表达是否属于委婉语交由语境中的受话人决定，则意味着从研究角度而言，我们无法找到合适的称谓来指称这种语言和言语现象。即便是 Allan & Burridge（2006）多次强调语境非常重要，他们也首先认可一些词语在本质上分属委婉语或恶化语；Jay Timothy 也指出，"由于语境的变异性导致词汇的冒犯性缺少统一的标准，导致很难界定什么是冒犯性或危害性话语"（2009：154）。故此，本书认为，对委婉语的界定，应该以其本质属性和典型用法为核心内容，同时观照其在交际中的实际表现，但不将变异性太强的语境要素作为核心界定标准。

除上述两点疑问之外，本书认为，以往委婉语的界定还存在两个问题：一是有些研究将所有间接表达或尊称都看作委婉语。比如在一首讽刺"四人帮"的儿歌中有这样一句"几个小丑嗷嗷叫。"陈原（1980/1999：95）认为"几个小丑"是委婉语，婉指"四人帮"。无论是其字面义，还是在该情境中的含义，"几个小丑"都是丑化甚至恶化所指，既没有令人愉悦的语义色彩，也没有缓和话语、尊重对方心理感受的交际效果，本书认为不属于委婉语。再比如，邵军航（2007：70）认为在《水浒传》中潘金莲用以称呼武松的"叔叔"是委婉语。本书认为，"叔叔"的指称对象武松并不是令人不快的、厌恶的或恐惧的，也不是禁忌或敏感的事物，只是潘金莲为了表示对武松的尊重而使用的尊称，不满足委婉语的语言本体属性中的话题特征属性，也不是委婉语。

二是委婉语的定义与功能介绍之间的冲突。由前面所列举的代表性委婉语的定义可见，大多数定义将"温和""令人愉悦""礼貌"或维护"面子"的交际效果作为委婉语的属性，这与我们在交际中发现的委婉语的实际使用情况不吻合（见例 2－1"跟马克思见面"）。事实上，在交际中，委婉语还经常被用来实施诅咒、谩骂或讽刺对方等不礼貌行为。而且，文献中谈到委婉语的功能或分类时，也往往会将这种不礼貌用法纳入委婉语的研究范围。比如，从语义色彩角度将委婉语分为褒义委婉语、中性委婉语和贬义委婉语（辜同清，2015：20），委婉语可以具备对他人的讥讽批评色彩（辜同清，2015：16）。陈原（1983：345）的说法也体现出这种矛盾："每一个委婉语说法都带有自己的感情，即语感。也可以有反面的语感，例如讲述一个坏人时，就说'结束了他的一生'，或者干脆说'结束了他可耻的一生'——后一种表现法比前一种表现法增加了许多贬义。贬义很明显，但仍不失为委婉说法。"可见，在定义中将委婉语的语义属性界定得过于积极，而在阐释其功能或语境中的意义时又不得不将其消极语用意图包括进来，造成"前言"不搭"后语"。

基于对以往定义的反思，本书对委婉语的操作性定义如下：

如果在特定语境中，发话人使用了情感色彩中性或积极的表达 E1，其所指有另一个对应表达 E2，且 E2 指向禁忌、敏感或粗俗的事物或事件，则 E1 为委婉语。

本书对委婉语的定义观照了以下三个方面：

（1）委婉语的语言本体属性。即表现手法上的间接性和替代性，语义色彩上的中性或积极性，话题的禁忌性。

（2）委婉语的语境变异性。首先是强调在特定语境中的语言表达；其次强调字面义的中性或积极情感色彩，这就把在语境中的非积极情感语义的委婉语使用情况也包括进我们的研究范围中，避免了以往委婉语的定义将其限定于积极语用效果，而在委婉语的交际功能中又包括消极的人际关系这一矛盾后果。

例 2－1：

2015 年 12 月 6 日，凤凰网转载了《中国经营报》新闻《除了延迟退休，您养老保险缴费年限或也要延长了》，其中提到一位专家认为，以前养老保险最低缴费年限 15 年的政策现在已经不适用了。该专家引来了网友一片骂声。其中一位网友 caikang 的留言如下：

caikang（浙江省杭州市网友）：大家不必惊慌，可能这位专家去**跟马克思见面**了。

（凤凰网，2015 年 12 月 6 日）

"跟马克思见面"的字面义是"与马克思面对面相见"，该表达往往被信仰马克思的共产主义者用来婉指自己的死亡，但在例 2－1 中，却被发话人用来指称一位健在的专家，其行为是诅咒或谩骂，其意图在于泄愤和伤害指称对象，而非委婉语典型的礼貌、尊重或避免伤害的意图。该表达字面义的情感色彩不是诅咒或谩骂，但在具体情境中发生了变异，属于委婉语的恶化用法（euphemistic dysphemism）（Allan & Burridge，2006：232），这一类委婉语的用法也属于本书定义中的委婉语范畴。

（3）委婉语涵盖范围的清晰性和全面性。首先，在本书的定义中，间接性或替代性只是委婉语的必要条件而非充分条件，将那些不指向禁忌话题的间接表达或尊称排除在外。比如，根据本书的定义，“您贵姓?”不是“你叫什么名字?”的委婉语，因为该句所指向的受话人“你”或指称对象“你的名字”并非禁忌的、敏感的或粗俗的。其次，本书的定义既包括了规约委婉语，又能将语境中临时创造的新颖委婉语包括进来——只要满足了本书定义中的条件，无论是语言体系中的委婉语，还是交际中交际双方临时创造的委婉语，都属于本书定义中的语言现象。最后，本书的定义也将那些语义色彩为中性的委婉语纳入视野，且与粗俗语区别开来。

例如，在美国系列情景喜剧《生活大爆炸》第 9 季第 8 集和第 10 集中，Amy 与新男友 Dave 约会时，对于 Dave 总是提及 Amy 的前男友 Sheldon 感到不快。于是，为了避免说出 Sheldon 的名字，Dave 改用“someone we won't mention”和“you-know-who”来指称 Sheldon。在该情境中，提及 Sheldon 的名字成为一种忌讳，“someone we won't mention”和“you-know-who”就是 Dave 临时创造的用来指称 Sheldon 的委婉语，且这两个表达除了手段上的间接和替代之外，其语义色彩不消极，但也不比 Sheldon 这一表达更加积极。这种交际双方临时创造的中性表达也属于我们定义中的委婉语。

2.1.2　委婉

2012 年出版的《现代汉语词典》（第 6 版）对“委婉”的解释是“（言辞、声音等）婉转”，词性为形容词；对“婉转”的解释是“（说话）温和而曲折（但是不失本意）”，词性也是形容词。可见，委婉是描述言辞、声音或说话方式所具有的一种属性，是效果（袁晖，2013：194），“涉及人类的认知心理过程，是思维的现实，通过与其他事件的关系对目标义进行概念化”（谌莉文，2006：18）。委婉可以通过多种途径实现，言辞是实现这种属性和效果的途径之一。

修辞学界的研究也表明委婉与委婉语不是简单的对等关系。修辞学界认为，委婉是一种修辞方式，可以通过多种语言形式实现，其中“婉言”和“讳饰”（基本等同于本书的委婉语）是委婉修辞的两种形式，但还有其他的语言形式也可以使语言达到委婉的效果。比如，在季绍德（1986）的委婉分类中，除了“婉言”和“讳饰”，还包括外交辞令、尊称和谦称。

可见，委婉不是符号本身固有的特点，而是思维加工的一种结果。委婉语是使言辞具有委婉属性的典型语言手段之一，但语言的委婉属性并非只能通过委婉语获得，双关语、比喻、隐喻、敬语、谐音、一些句式和语法手段（比如用疑问句式表达要求）等都可以使语言表达具有委婉属性。反之，进入交际情境的委婉语经过受话人结合其他话语解读要素的思维加工之后，可能并不具备委婉属性。委婉语是语言形式层面的概念，话语委婉是交际效果层面的概念，二者不是简单的一一对应关系。委婉语是使话语委婉的可选择的语言形式之一，但不是唯一的形式。

委婉语与委婉的区分有助于我们解释委婉语的非委婉用法（包括表达与理解）和非委婉语的委婉用法。

2.2 委婉语的相关研究现状

总体来看，委婉语的研究路径主要经历了语言本体研究、语用学研究、认知语言学研究的发展阶段。

20 世纪 90 年代之前的委婉语研究主要为语言形式研究，采用语言本体研究的路径，注重委婉语的定义、特点、构成方式、分类以及不同语言中委婉语的形式和意义的对比分析。20 世纪 90 年代之后，委婉语的语用功能和影响因素研究得到更多的关注，体现了语用学的研究路径。学者们注重分析委婉语在交际中可以达到的交际效果、制约委婉语选择和理解的原则及各种语境因素等。进入 21 世纪，委婉语的语用学研究路径继续发展，与此同时，认知语言学研究路径也成果频出。认知语言学路径的研究关注的是委婉语的意义生成机制，注重研究委婉语为什么可以表达委婉意义、委婉语与直陈语的概念联系机制等，实质是具有认知色彩的语言本体研究。

委婉语的研究议题涉及委婉语的形式、历史文化背景、功能、交际目的和交际效果、社会心理、意义生成机制及委婉语的解读。

2.2.1 委婉语的形式研究

委婉语的形式研究在其构成方式、分类和特征等方面取得了丰硕的成果。

第一，在构成方式上，研究发现委婉语可以由各种形式构成，包括语音、形态、语义、语法、语气和语篇等手段（Ali，1999；Rawson，1981；Warren，1992；Linfoot-Ham，2005；陈文乾，2004；邵军航、樊葳葳，2004；邵军航，2007；张永奋，2009）。毛延生（2007）认为委婉语还有语境和非语言构成手段。研究发现：

（1）委婉语常用的语音构成手段包括首字母组合（SB：傻逼）、拆字法（马叉虫：骚）、缩略法（双规：在规定的时间、地点就案件所涉及的问题作出说明）、辅音切换法（靠 kao：操 cao）、谐音法（748：去死吧）等。

（2）委婉语常用的形态构成手段包括语码转换法（condition：神经有毛病）、合词法（gezunda：goes + under）、截短法（亦称省略法）（lav：lavatory）、逆拼法（ecnop-ponce）等。

（3）委婉语的语义构成手段涉及语义的扬升（项目经理：工头）、模糊（那里：性器官）、淡化（a bit slow for his age：笨）或泛化（需要帮助的人：穷人）。也有研究（如李国南，1989；刘倩，2015 等）在讨论委婉语的构成时，将隐喻、转喻、借代等单列出来，与语义扬升、语义模糊等作为平行的委婉语构成手段。本书认为，隐喻、转喻、借代等属于语言表达手段，而语义扬升或泛化等属于这些表达手段产生的效果，二者不在同一个层面。再者，这些手段也是通过改变语义达到委婉效果的，以整体代部分的转喻 rear end 为例。rear end 直陈义为“后部”，常被用来婉指 buttocks（臀部）。rear end 的语义所指称的范围比 buttocks 大，所有处于身体后部的部位都是其潜在的指称对象。也就是说，臀部只是其可能所指对象之一。除臀部以外，其他潜在的指称对象并不粗俗。正是由于 rear end 将指称范围扩大到了臀部以外的部位，才使得该表达比直接指称臀部显得委婉，其本质仍然是语义范围的变化。邵军航（2007）和张永奋（2009）提到的反说法、含混替代法、同义近义换用法、代词代用法等都属于语义构成手段的具体表现。杨彬等人（2018）所提出的汉语病残类委婉语的一个独特构造手段——正话反说（如“见喜”用来婉指出痘子）也是语义构成手段之一。

（4）现有研究提到的委婉语常用的语法构成手段包括时态、语气、句式等（吴平，2001）。如使用过去进行时的“I was hoping you would lend me some money”比使用一般现在时的“I hope you would lend me some money”语气更温和委婉。再比如，李军华认为语气词和正反问句的句式也构成委婉语，如“今天是你生日吧?”“你去不去看晚上的电影?”（2010：76）。

（5）毛延生（2007）还提出了委婉语的非语言符号构成手段和语境构成手段。委婉语的非语言构成手段主要指网络时代出现的各种表情符号，如以@%&%表达脏话。语境构成手段如例2-2所示：

例2-2：

"I know it's awfully soon after… Well, you know."

(E. Gorge. *Remember I will love you*)

该例子的发生语境如下：故事的主角Eric饮弹自尽后，他的遗孀找到他旧日的同事调查他自杀的原因。为了避免Eric太太听了难过，他的同事甚至不提起她先夫的名字，结果其话语中就出现了省略号。这里的"…"代替了Eric committed suicide。这种省略避免了直接提及对于Eric太太所造成的伤痛，从而构成了委婉语：运用标点符号代替避讳的内容，借助语境成功"隐形"避讳语义。

此外，Ojebuyi & Salawu（2018）分析了新闻报道中的视觉委婉表达，指出恐怖事件报道中的图片往往采用长镜头这一委婉手段来模糊事件的关键事实，以此缓和恐怖事件可能给读者造成的心理冲击。

上述关于委婉语构成的研究观照到了语言单位从小到大的各个层次。但本书认为，这其中，尤其是文献中关于委婉语的语法构成手段的分析（如将"今天是你的生日吧?"看作"今天是你的生日"的委婉语），存在我们在2.1节指出的概念混淆的问题：将语言在情境中的交际属性与语言表达手段混淆，其结果是将能达到委婉或温和效果的表达手段都归属为委婉语范畴。本书认为，上述语法手段构成的表达确实能够使语言表达产生委婉或礼貌效果，但由于其所指对象不涉及禁忌的、敏感的或粗俗的话题，因此严格说来，不符合本书关于委婉语的定义，不属于本书的研究范围。

第二，关于委婉语的分类研究，更是标准不一，种类繁多。有的从语义角度将其分为积极委婉语和消极委婉语两种（Rawson，1981），或者语义扬升委婉语和语义模糊委婉语（黄衡田，2015），或者褒义委婉语、中性委婉语和贬义委婉语（辜同清，2015），或者夸张性委婉语和缩小性委婉语（刘寅齐，2000）。

束定芳（1995：19）从规约化程度出发，将其划分为狭义和广义两种：狭义上的委婉语，即委婉词语，一般是约定俗成的，经过一段时间使用在一定范围内被大多数人所接受的词或短语，如英语中die的委婉语pass away等；另一种是广义上的委婉语，即通过语言系统中各种语言手段，或是语音手段（如轻读改音），或是语法手段（如否定时态语态），或是话语手段（如篇章等）临时构建起来具有委婉功能的表达方法。类似的分类有传统委婉语和文体委婉语（Davies，1983），固定委婉语和临时委婉语（辜同清，2015）。

各类词典则大多根据委婉语的指称范围，分为职业委婉语、死亡委婉语、政治委婉语、生理委婉语、教育委婉语等（如 Neaman& Silver，1983；Holder，2002；张拱贵，1996；刘纯豹，2001）。委婉语研究的力作 Allan & Burridge（2006）也是以指称范围为标准，分析各个范围内委婉语的词汇表达和历史渊源等。

此外，Enright（1985）则按照委婉语使用的领域进行分类，分析了电视剧、办公场所、法律、宗教、医疗、政府等领域委婉语的意义和使用。邵军航（2007）从受益对象的角度将委婉语分为利他委婉语、泛利委婉语和利己委婉语。

第三，关于委婉语的特征，研究发现委婉语主要有新陈代谢性、时代性、地域性和民族性（Rawson，1981；王才仁、杨重鑫，1987；束定芳，1989；刘寅齐，2000；李国南，2001；魏在江，2001）。

委婉语的新陈代谢有两个规律：格莱欣规律（Gresham's Law of Language）和更新规律（the Law of Succession）（Rawson，1981）。格莱欣规律类似于经济学中的"劣币驱逐良币"，揭示的是委婉语的意义变迁规律，指词汇的委婉义发展为该词语的主要意义，最终将其非委婉义驱逐出语言交际体系。比如英语中的 intercourse，原本可以表示"交流、沟通"，但当该词作为"性交"的委婉语后，该义项成为其主要意义。2018 年 2 月 28 日，笔者利用海词在线词典搜索该词释义常用度分布结果，发现该词"性交"的含义使用频率达 63%，"交往"和"交流"仅为 37%。

更新规律揭示的是委婉语的形式变迁规律。当某个委婉语被与其关联的"坏词"（bad word）污染后，人们往往会回避使用该委婉语。而一旦人们回避使用该委婉语，就往往需要创造一个新的委婉语来替代之前的委婉语，继而这个新委婉语又被污染，第三个委婉语又会被创造出来。比如英语中"贫穷落后国家"的委婉语先后经历了 underdeveloped—developing—emergent 的更替。

委婉语的时代性指同一个所指在不同的时代可能有不同的委婉语，以及同一个委婉语随着时代的变迁表达不同的含义。例如，英语中不同时代对"怀孕"的表达如下：

She has canceled all her social engagements.（1856）

She is in an interesting condition.（1890）

She is in a delicate condition.（1895）

She is knitting little booties.（1910）

She is in a family way.（1920）

She is expecting.（1935）

She is pregnant.（1956）

地域性指不同地域的禁忌因其历史文化的不同而不同，在语言层面体现为委婉语表达方式的差异。例如，英国人把男用避孕套叫作“一种法国的东西”（French letter），法国人则把它叫作“一种英国的东西”（Capote angloise）（刘寅齐，2000：36）。

民族性指有些委婉语带有较强的民族色彩。如在英美国家忌讳年龄大，因此用 senior citizen 来婉指老年人；而在中国，年长者往往得到更多的尊重，因此泛称常常直接用“老年人”，在具体称呼时还往往特意加上“老”，如“王老”，以示尊敬。

2.2.2 委婉语的历史文化背景研究

委婉语有着典型的社会、历史和文化特征。因此，不少学者在研究委婉语时，会专门分析其历史文化背景。

委婉语最初源于语言灵物崇拜，由于人类还不理解或不能理解自然现象和自然力的本质而产生语言禁忌（吕叔湘，1980；陈原，2000）。语言被赋予了神秘的力量，仿佛只要说出语词本身，人们所不理解的、恐怖的事件就会发生。人们对神灵、宗教、誓言、咒语等心存敬畏，用来直接指称这些事件的词汇被灵物化，成为语言禁忌。为避免直接称呼可能带来的不幸遭遇，就创造出一系列间接的词语婉转指称内心敬畏的人与事。随着对大自然认识的逐渐深入，人类对许多之前不能解释的现象有了新的认识，对大自然的膜拜心理渐渐消失，与神灵和咒语有关的委婉语日渐减少（于亚伦，1984）。

委婉语的发展与特定社会的经济政治发展密不可分。汉语委婉语的产生受中国传统伦理道德观念、儒家文化、趋吉避凶的心理、民族忧患意识的影响较深（郎晓梅，2015；朱傲蕾，2015）。刘倩（2015：5－6）指出，英语中很多委婉语的盛行始于1066 年的诺曼征服。被征服的盎格鲁—撒克逊人使用的语言被认为粗俗不堪，上层社会的人们就开始积极地在拉丁语中寻找替代词语，这些词语慢慢融入英语，并成为委婉语。

阶级与社会地位对委婉语的产生也有影响（杨彬等，2018）。这一点在汉语中，尤其是古代汉语中更为明显。比如，关于死亡，帝王之死说“崩”、诸侯之死说“薨”，官宦财主之死说“寿终正寝”等。也有研究认为，委婉语主要产生于中产阶级（如王曦，2014）：上层社会由于自身地位已经巩固，所以在语言上也不再斟词酌句；贫苦的人们处于社会底层，文化低，没有条件细致推敲；中产阶级为寻求改善自身状况，提高自身地位，在语言上既要力求美化自己，又要做到不刺激或伤害他人，从而构成委婉语产生的社会需求。

2.2.3 委婉语的功能与交际效果研究

作为调节和构建和谐人际关系的重要语言手段，委婉语的功能是研究的热点之一。学界一致认为委婉语能够帮助交际者避免忌讳与粗俗、自我保护和对他人礼貌以及幽默（卢长怀，2003；叶建敏，2004；孙敏，2007；傅琳，2008；周海燕，2009；Almoayidi，2018；杨彬等，2018）；委婉语还具有掩饰和讽刺功能（Enright，1985；Allan & Burridge，1991，2006；孙敏，2007；辜同清，2015）。

委婉语的功能与社会心理和交际效果交叠错综，难以割舍，因此，在文献中所讨论的功能，有的其实是委婉语使用的交际目的和交际效果（如礼貌功能），有的是为了达到某种交际效果而使用委婉语的意图（如掩饰、幽默等）。

本书认为，可以大致将委婉语的交际效果分为三大类：①对他人礼貌；②对自己礼貌或自我保护；③不礼貌。其他的功能实质是为了通过使用委婉语来达到这三个交际效果，或者说为了实现这三个交际目标而使用委婉语的意图。比如，在批评别人时通过使用委婉语试图幽默，从而实现对他人礼貌的交际目的。再如，政府官员通过使用战争委婉语试图掩盖真相，从而避免被群众指责或反对，实现自我保护的目的。

2.2.4 委婉语的社会心理研究

委婉语彰显了典型的社会心理——趋利避害。避讳是为了满足躲避灾祸的心理诉求，委婉体现的则是趋利的心理诉求。

刘瑞琴等（2010）区分了委婉语形成的社会心理：廉耻心理、羞怯心理、趋吉避凶心理、焦虑恐惧心理、心理距离、心理联想。禁忌语和委婉语产生的最根本的心理基础是人对死亡的害怕（袁秀凤，2006）。面对死亡，人们求助于委婉语，试图缓和交谈内容带来的恐惧（Crespo-Fernández，2006）。

趋利心理也促使人们创造越来越多的委婉语。于亚伦（1984）、孙汝建（1996）、吴礼权（2008）、温洪瑞（2002）等都指出委婉语使用的社会心理是既不想在语言上伤害别人，又力求美化自己。李卫航（2002）将之称为礼貌心理和求雅心理。此外，李卫航还认为补偿和歉疚心理也是委婉语产生的社会心理因素之一。

总而言之，无论是“避讳”，还是“趋利”，都是为了满足交际主体的目的和意图。

可见，委婉语的社会心理研究与其功能和交际效果的研究关系紧密：正是由于趋利避讳的社会心理诉求，人们才希望能够有途径满足该诉求。而如果委婉语不能实现礼貌、文雅等功能，就达不到淡化恐惧、避免引发粗俗的联想等效果，就不会成为人类用来谈论禁忌话题的一个主要手段。对社会心理的研究在一定程度上也能解释为何词汇化了的委婉语会被更替掉——它们使用的频率使得其委婉义的可及性越来越高，已经无法满足趋利避讳的诉求了。

关于委婉语的形式、历史文化背景、功能与交际效果和社会心理的研究中，所采用的方法主要为例证法，表现为基本上是通过零散的例证对委婉义从上述几个角度进行经验式的理论解析，没有实证研究或定量数据对研究中的结论加以验证。令人鼓舞的是，随着委婉语研究的扩展和深入，从认知语言学和认知语用学路径开展的研究开始出现了实证研究，尤其是以实验方式和语料库方式开展的研究。

2.2.5 委婉语的意义生成机制研究

委婉语的意义生成机制主要来自认知语言学领域的研究。“认知语言学的概念隐喻观可以用来解释语言符号生成与发展的动因，其中关于跨域投射的理论，通过联想的类比感知新概念的理论，关于概念隐喻的认识以及隐喻和转喻认知模型等为委婉语的生成提供了理据。”（谌莉文，2006：18）

研究认为，委婉语的思维过程是一种隐喻、转喻的认知模式。委婉语隐喻的认知基础是在我们的概念系统中的源域和目标域概念之间的相似性联想，认知理据表现为源域中的概念与目标域相应概念的语义相似性减弱，通过突显源域概念扬升语义，由心理可及性较强的源域概念映射到心理可及性较弱的目标域概念，实则凸显后者（陈道明，2005；谌莉文，2006）。

张若兰（2009）认为字面意义与委婉意义共存的基础是概念特征迁移。卢卫中和孔淑娟（2006）指出，转喻运作的基础是事物之间的邻近性或关联性。委婉的主要目的是为了达到婉转、礼貌、含蓄或避讳的效果。因此，人们经常借相近、相关的他事物来表达某事物，以制造语言上的陌生化，从而实现间接表达上述委婉目的的愿望。王永忠（2003）应用范畴原型解释了委婉语的认知理据，认为委婉语是原型义项向边缘义项的演变，是家族相似性典型程度的减弱。刘越莲（2010）以“家族相似性”理论为依据，分析和探讨委婉语和禁忌语的范畴化过程以及委婉语的生成。此外，谌莉文（2007；2010）还运用概念整合理论阐释委婉语意义的生成。

不少研究运用概念隐喻理论阐释死亡的概念隐喻（Crespo Fernández，2015）。Crespo Fernández（2006；2015）、Nyakoe（2012）等研究发现死亡委婉语的意义来源于六类隐喻：DEATH IS A JOURNEY，DEATH IS A LOSS，DEATH IS A JOYFUL LIFE，DEATH IS A REST，DEATH IS A REWARD 和 DEATH IS THE END。这六类隐喻分为两种：宽慰类和解放类。前者帮助活着的亲属应对痛苦，后者在宗教信念的影响下，将死亡概念化为从悲苦的人类生活中解放出来。Tian（2014）运用概念隐喻理论分析了汉语死亡域的隐喻结构，并与英语的隐喻映射对比，发现英汉有关死亡的基本隐喻非常类似，而复杂隐喻则有差异。

委婉语意义生成机制的研究主要关心的是规约委婉语与直陈语之间确定的概念关系（谌莉文，2006：19－20）。刘倩（2015）则对语言运用过程中意义的生成更加关注，从心智哲学视角，基于意识观、意向观、计算观、涌现观和拓扑观论证了委婉语意义的生成。

在认知语言学关于委婉语的研究中，从方法论角度来看，绝大多数属于理论研究。Pfaff 等（1997）是该领域中少见的一个采用实验方法进行的研究，因而尤其值得关注。该研究以语境与概念之间的匹配度为自变量，通过 6 个实验检验了概念隐喻对规约和非规约委婉语适切性判断与阅读速度的影响。但正如 Pfaff 等人在文章结尾指出的那样，委婉语的使用和理解是一个复杂的心理语言现象，以隐喻为基础的描述只能对该语言现象进行部分解释。是否还有其他概念的、语言的、社会的因素影响委婉语的使用和理解？这需要我们从其他视角进行研究。

2.2.6　委婉语的解读研究

上述关于委婉语的形式、历史文化背景、功能与交际效果、社会心理、意义生成机制的研究，采用的是传统的语言本体研究路径和发话人的研究视角。从受话人视角出发，对委婉语解读进行的研究相对而言还很少。然而，受话人的解读对进入交际的委婉语是否还具有委婉和礼貌等属性具有重要的影响，因此有必要从该视角对已有研究进行补充。就我们所掌握的文献来看，委婉语的解读研究主要涉及委婉语理解的影响因素和委婉语理解的认知机制这两个方面。

研究发现，影响委婉语在交际中理解的因素有规约性、熟悉度、语境（Pfaff 等，1997；邵军航、樊葳葳，2004；陈新仁，2014b）、隐喻能力

(Pfaff 等，1997)、对社交准则和规范的期待（Makin，2003）等。

委婉语往往被分为规约委婉语和非规约委婉语。陈新仁（2014b）认为规约性是决定委婉语加工过程的一个重要因素。在适宜使用委婉语的默认语境中（比如在葬礼上说“永远离开”），规约委婉语的意义容易提取，可以被直接加工。

规约委婉语未必对每个受话人都是同样熟悉的。如果当前受话人缺少委婉语的语言知识，就无法获取与之相关的社会背景知识，此时，规约委婉语可能被解读为非规约表达。因此，受话人对委婉语的熟悉程度影响他对委婉语的解读（邵军航、樊葳葳，2004）。

在交际理解的研究中，语境是最受关注的影响因素，委婉语的理解研究也不例外。Pfaff 等（1997）研究了语境蕴含的隐喻概念与隐喻类委婉语解读的影响。他们发现当二者匹配时，受话人的阅读速度更快，理解的正确性也更高。Chamizo Domínguez（2009）以及 Chamizo Domínguez & Brigitte（2002）强调一个词是委婉语还是粗俗语，依赖于谁在什么语境下使用该词，并强调将来的研究应当将委婉语与说话人意图、社会阶层和翻译结合起来。徐海铭（1996)、李军华（1993)、徐莉娜（2003)、徐宜良（2007）等研究从委婉语的典型特征和语境的内涵着手，阐述了语境对委婉语使用的制约功能和对委婉语语义的解释功能，强调语境对委婉语选择和解读的作用。王文忠（2000）从受话者言语理解为切入点，具体分析了言语上下文、视觉情感语境及个人统觉基础等语境知识对委婉语语义含意的阐释功能。张海燕（2002）从委婉语内容的禁忌性、形式的含蓄性以及语义的非确定性分析了它在信息解读时对语境的依赖。

在语境与委婉语解读的研究中，关联理论是应用最多的理论。徐海铭（1996）试图用关联理论分析非规约委婉语的理解，但该文在简单介绍关联理论的语境效果、相关、认知努力等概念后，直接分析委婉语的意义，对关联理论的思想如何作用于受话人解读委婉语意义的过程本身并未进行分析。王国栋等（2011）采用关联理论中的多元认知语境观①和明示—推理模式讨论了英语委婉语在言语交际中的认知范式，说明了英语委婉语这一模糊的言语行为是受交际双方的认知语境支配，遵循最佳关联原则，通过明示推理的交际环节实现交际意图。但对认知语境作用于委婉语解读的过程本身分析不透彻，离开文中那两个实例，读者仍然不知道如何利用语

---

① “认知语境”是国内学界常见使用的表达。Sperber 和 Wilson 使用的术语是“语境”，前面没有“认知”二字，因为关联理论的“语境”是经过受话人认知加工之后的结果，本身就具有认知属性。

境解读委婉语。

此外，也有学者运用合作原则、言语行为理论和礼貌原则，从社交准则和规范期待的角度分析如何理解委婉语的隐含意义（李军华，1993；徐莉娜，2003；刘淑珍，2003；赵德芳，2005）。Makin（2003）对委婉语产出和理解进行了实验研究，发现委婉语的使用影响受话人对交际者权势和社交距离的判断，验证了 Brown & Levinson 面子理论对交际中语言使用的预测性。但该文对推理过程没有分析，且所采用的实验方法虽然能够分析委婉语的离线加工，但不能分析在线加工。

关于委婉语意义的理解，现有研究所做的主要工作是将某个委婉语置于具体的语境中，运用语用学的理论来分析在特定的语境中，该委婉语的意义是什么。这些研究都凸显了语境对委婉语意义解读的重要作用。在分析过程中，这些研究强调委婉语对一些原则的违反会触发会话含意的产生，而这种会话含意又可以在关联理论的指导下进行解读，最终理解委婉语的礼貌等交际意图，遗憾的是这些研究对解读过程本身没有真正加以解释。

2.3 相关研究评价

现有关于委婉语的研究在三个方面为后续研究打下了坚实的基础。首先，关于委婉语的定义取得了丰硕的成果。尽管委婉语的定义各不相同，但涉及的视角已经较为全面，这使本书得以在此基础上提炼委婉语的特征，形成本研究的操作定义。其次，现有研究对委婉语的语用功能观点较为一致，使得本书能够以此为基础，探讨委婉语的这些功能与认知过程的互动。最后，委婉语的研究已经转向认知语用视角，关注关联理论对委婉语解读的阐释力。

文献梳理和分析显示，相关研究还存在以下问题：

第一，与委婉语相关的概念界定不够明确。现有研究多将委婉看作是语言形式既定的属性，并将委婉语等同于间接表达，将使用委婉语等同于委婉效果的取得，似乎只要使用了委婉语，话语就一定会动听悦耳。这与我们对现实交际的感知不符。出现这个问题的原因在于将委婉看作依附于语言形式的不可分割的特征，忽视了话语委婉特征获得的动态性和共建性，因此有必要区分语言本体层面和交际层面的委婉现象，以及语言表达形式与该语言表达形式所能产生的语言或话语属性。因此，本书将委婉语与委婉加以区分。

第二，从受话人视角进行的研究还很缺乏，受话人作为交际主体在委婉交际中的重要作用还未得到重视。委婉语研究已有的成果主要来自对语言形式本体和发话人产出委婉语的研究，从受话人视角进行的研究很少，留下了诸多问题等待回答。比如，受话人是否将某个表达解读为委婉语？既然研究中均认为发话人使用委婉语可以传达礼貌意图，那么该意图是否被受话人识别了？委婉语的解读是否带来了更大的认知效果？影响其解读的因素有哪些？各个因素是怎样作用于其解读过程的？这些问题都有待我们从受话人视角进行研究。从受话人视角对委婉语的理解进行研究是对发话人研究视角的补充，有助于我们更加全面地认识该语言现象；了解受话人对委婉话语的理解及其影响因素，也会使语言学研究对话语交际的指导更加全面和科学。

此外，与委婉语理解相关的研究主要是从认知语用视角进行的，没能与社会维度结合，而委婉语是具有高度社会文化属性的语用现象，对委婉语进行解读的过程是“基于社会共享知识的个体经验”（汪少华、张薇，2018：29）。因此，社会维度的缺失导致现有研究未能很好地利用该语言现象来体现认知语用学对交际的社会维度的解释力。

第三，在研究内容上，现有研究对委婉语的解读过程本身（尤其是语境建构过程本身）和交际的实际效果缺少关注。尽管委婉语的研究已经出现了认知转向，并且出现了基于关联理论的认知语用研究，但这些研究主要是介绍关联理论的核心思想，继而以少数实例来论证从关联理论的思想出发，受话人可以建构出某种语境，继而可以理解委婉语。从现有研究我们知道，受话人会从认知环境的各种资源中提取最佳关联的资源建构出语境，解读出话语意义。不过，还有一些问题等待回答。比如，这个语境建构的机制如何？这样的解读过程本身对话语委婉的解读取向和交际效果有何影响？

此外，关于委婉语语用功能的研究无一例外地都提到了礼貌和求雅避俗的功能，关于其使用动因的研究也几乎都将表达礼貌和求雅避讳作为其心理因素，然而，这些意欲达到的功能或交际目的是否真的在交际中得以实现了？就现有文献来看，多数研究主要基于经验，对委婉语可以达到的交际效果进行理论上的论证，但针对委婉语在交际中实际达到的交际效果的研究很少。

第四，从研究方法来看，现有研究在研究手段和语料选取上还可以改进。早在1995年，束定芳等就指出，“目前对委婉话语使用特点的研究中最大的缺点是主观性结论较多，缺少频率统计数据和实验结果的支持”（束定芳、徐金元，1995：21）。文献中以思辨法和例证法对委婉语进行认知和解读的研究居多，实证研究很少。二十多年过去了，研究手段上的进展不大。国内目前仅发现张永奋（2009）《汉语—意大利语委婉语对比研究》中采用了调查问卷和访谈的研究方法，采用实验研究委婉语的也仅有上文提及的 Pfaff 等（1997）和 Makin（2003）。因此，对委婉语认知和解读的理论分析结果仍然亟待验证，可以将多种研究手段结合，为理论分析提供更为全面的数据支持，这样既可能会有新的发现，又可以对已有的结论进行验证。

从语料来看，现有研究的语料多为单话轮的会话或单个句子，这样的语料有三个弊端：其一，不能充分展示会话交际过程，尤其是不能展示会话中的上文对受话人话语解读的影响。其二，这样的语料往往在出现委婉语的那句话就结束了，这无法充分展示委婉语的解读结果：下文中出现的新信息可能导致受话人调整对委婉语的解读。其三，从对语料的分析来看，文献中多数对解读结果的分析基于研究者的客位视角，而非基于交际参与者（即受话人本人）的主位视角。可以说，那是“他人”对话语中委婉语的解读结果，而不是参与交际的“受话人”的解读结果。语料的这种选取和分析方式使那些可能获得委婉解读的非规约委婉语以及直陈表达的过度委婉解读现象未能获得关注。

鉴于上述分析，本研究从受话人视角切入，选用现实生活中的真实会话为语料，采用有声思维实验、访谈和调查问卷三种数据调查手段，考察受话人解读委婉语的过程及解读结果。

第三章 理论框架

本章分别介绍关联理论、社会—认知语用模式和关联论视角下礼貌加工的情境化社会认知模式，从中析取与本研究相关的核心思想与概念，在此基础上提出分析委婉语解读的理论框架。

3.1 关联理论的核心概念

关联理论（Relevance Theory，简称 RT）关注的核心问题是交际与认知，提出交际是一种明示—推理的过程，在该过程中受话人遵循最佳关联假定的引导，从其认知环境中提取能够满足关联期待的假定建构解读话语的语境，解读出话语的明示意义和隐含意义。

3.1.1 关联理论的交际观：明示—推理交际

关联理论提出，交际是一个明示—推理的过程，即发话人通过提供一个刺激，向发话人和受话人互明：发话人意图使一套假定集 I 对受话人变得明示或更加明示（Sperber & Wilson，1986/1995：63）。在该过程中，发话人明示意图，受话人知道发话人的话语是一种明示交际，因此会推理发话人意图交际的内容（Clark，2013：98）。

意图是交际的关键特征（Clark，2013：64），包括两个方面：

信息意图：发话人意欲通过发出一个刺激向受话人明示某套假定（I）或者使某套假定的明示程度更高。

交际意图：使发话人的信息意图对发话人和受话人而言是互明的。

信息意图的实现改变的只是受话人的认知环境，而交际意图的实现则改变的是发话人和受话人双方共享的或互明的认知环境。一般情况下，对高效的信息加工而言，识别信息背后的交际意图是必要的：不能识别意图可能也就不能注意具备关联性的信息（Sperber & Wilson，1986/1995：50），某些基本信息就不会明示或显化。

通过解码话语而获得的意义被受话人用作推理发话人意图的证据。话语的语言意义对于发话人意义而言不够，它只能**帮助**受话人推理发话人意义。因此，交际的成功不是在受话人识别出话语的语言意义的时候，而是在受话人推理出发话人意图的时候。

Wilson & Sperber（2012：176）指出，关联理论对交际的分析基于以下假定：

（1）每个话语都有多种可能的理解，每种理解都与话语的编码信息相兼容。

（2）这些理解不是同时出现在受话人的脑海，如某些歧义、某些语境假定、某些隐含意义需要付出更多的努力才能获得。

（3）受话人都使用一个通用标准（注：即最佳关联假定）来评价各种可能的话语理解。

（4）这个标准强大到使受话人在某种意欲传递的理解刚一出现就能识别它，而无须再去建构和评价其他的理解。

评价各种可能的话语理解的标准基于人类认知的基本假定：人类的认知有关联倾向，我们注意的是那些似乎与我们有关联的信息。每个话语都是请求受话人注意的出发点。

3.1.2　关联理论的认知环境与语境观

关联理论认为交际的实质是改变受话人的认知环境，继而改变其语境建构的结果。

受话人的认知环境是对他而言明示的一套假定（Sperber & Wilson，1986/1995：39；Clark，2013：116）。两个人可能处于同样的物理环境，但二人对所处的物理环境的感知、记忆中与之相关的信息、推理能力都不尽相同，因此对该物理环境的心智表征也未必相同，即二人的认知环境可能不一样（Sperber & Wilson，1986/ 1995：38 –39）。

认知环境有两个重要概念：明示性和互明。

明示性对受话人的认知环境而言是必要条件：当且仅当受话人在某个特定时刻能够对某个假定进行心智表征并认为该假定为真或可能为真时，该假定对受话人而言才是明示的。所以说，明示即可被感知或可被推理的。受话人的认知环境就是这样一套对他而言明示（但未必被立即验证）的假定。

Sperber & Wilson 从内容和程度两个方面阐释明示性：在内容上，所有的假定（包括事实性假定）都属于明示的范围；在程度上，假定的明示性有程度上的区别，取决于受话人的物理环境和认知能力。人类的认知机制使某些现象尤其凸显。当某个现象被注意到，即明示了，与之相关的某些假定也就比其他的假定可及性更高（Sperber & Wilson，1986/1995：40）。

互明（mutually manifest）即对交际双方都明示。在交际中，发话人的意图就是通过使某些假定互明来改变受话人的认知环境，并因此影响其思维过程（Sperber & Wilson，1986/1995：46）。这样的假定构成互明的认知环境。认知环境的互明是人们交际能否成功的主要因素（Sperber & Wilson，1986/1995：41 –42）。

在 RT 中，语境是受话人从其认知环境中调取的用于解读话语的一套假定，是一个心理构念，是受话人关于世界假定的一套子集。它不仅包括即时物理环境或前序话语中的信息，还包括对将来的期待、科学假定或宗教信仰、记忆中关于经验的信息、一般的文化假定、对发话人心智状态的判断等（Sperber & Wilson，1986/1995：15－16）。Sperber & Wilson 的语境概念是经过受话人心智加工后的假定子集，影响话语解读的是这样的一套子集，而非世界的真实现状。

Sperber & Wilson 的语境具有以下特征：

个体差异性：尽管同一个语言社团内的受话人语言相同，并且推理能力也似乎有一致之处，但他们关于世界的假定却因生活经历和记忆中信息的差异而具有个体差异。

动态性：每一次新的经历都扩充了潜在的语境范围，这一点在话语解读过程中很关键，因为用于解读当前话语的语境一般情况下都带有从紧邻的前序话语中派生的信息，因此，尽管解读每句新话语所激活的语法和推理能力相同，但所激活的语境却不同。

语境的差异性和动态性体现在三种途径的扩展过程中：

（1）加入短时记忆中在推理前序话语含义的过程中使用过的或产生出的假定。

（2）加入百科知识中提取的语境中已经存在的概念，或者被加工过的假定中已经存在的概念。

（3）加入当前物理环境中的信息。

这三个语境扩展途径决定的不是一个单个的语境，而是一系列可能的语境。那么，是什么决定了受话人从这一系列语境中选择某一个特定的语境？关联理论认为是受话人对**关联性的搜寻**。

差异性和动态性可能导致发话人设想的受话人所建构的语境与受话人实际建构的语境不一致，从而产生误解。这是因为话语交际的机制只能使交际**可能但不保证**成功。

3.1.3 关联理论的关联与关联原则

关联理论主要论点为：明示行为本身就传达了最佳关联的假定（即关联原则），并且这一事实明示了行为背后的意图。该论点凝练了关联理论的两个核心思想：关联与关联原则。

3.1.3.1 关联

与日常用语中的关联不同，关联理论中的关联是认知过程中输入的话语、思想、记忆、行为、声音、情景等的一种属性，是“新信息与语境之间的一种关系”（Sperber & Wilson，1986/1995：142）。它既是范畴概念

(classificatory concept)，又是比较概念（comparative concept）。Sperber & Wilson（1986/1995：265）将关联对个体的范畴性概念和比较性概念界定如下：

（假定）对个体的关联（性）（范畴性概念）

在某个特定时刻，当且仅当一个假定在受话人的一个或多个当下可及的语境中产生积极认知效果，对受话人而言，该假定才具备关联性。

（假定）对个体的关联（度）（比较性概念）

扩展条件1：当一个假定获得最佳加工时其积极认知效果大，则对受话人而言，该假定具备关联性。

扩展条件2：当一个假定获得这些积极认知效果时所需要的认知努力小，则对受话人而言，该假定具备关联性。

积极认知效果①指认知的改善，即知识的增加（an increase in knowledge）(Sperber & Wilson，1986/1995：266)，有以下三种实现方式：①增加新信息；②修订受话人的已存假定；③新信息与语境中的已有假定结合，产生仅凭新信息或已有假定本身无法得到的隐含结论。

从范畴性角度看，积极认知效果是假定具备关联性的充分必要条件。从比较性角度看，关联具有程度性。一个假定值得为之付出认知努力去处理，不仅仅因为它有关联，而且因为它比当时潜在的其他假定的关联性更强。关联性虽然不能以绝对值的形式来测量，但可以比较不同假定之间关联性的强弱。我们可以从两个维度比较假定的关联度：认知效果与付出的认知努力。其他条件相同的情况下，通过加工某个假定所获得的积极认知效果越多，则该假定的关联性越大；加工时所需要付出的认知努力越少，则关联性越大。

3.1.3.2　关联原则

基于关联性这一核心概念，关联理论进一步提出两个原则：

（1）人类的认知倾向于最大关联化；

（2）每个明示交际行为都传递了其自身是最佳关联的假定。

（Sperber & Wilson，1986/1995：260）

两个原则都是描述性而非规定性的。原则（1）是“认知原则”，其含

① Sperber & Wilson 在1986年以前的研究中使用“语境效果”，1986年以后为了凸显语境效果需要在受话人的认知体系产生这一认知特征，改用“积极认知效果”这一术语（Sperber & Wilson，1986/1995：265）。

义为：认知资源被用来处理可获得最大关联性的输入，无论该输入是推理过程中提取的假定还是感官接收到的外部刺激。

原则（2）是“交际原则”。Sperber & Wilson 在《关联性：交际与认知》第二版第一章的注释 c（1986：293）和修订版（1995：261）中都专门指出，关联原则一般指的是交际原则而不是认知原则。该原则不是在**规定**一个理性交际者的交际目标，而是在**描述**一个既定的明示交际行为的内容。具体到言语交际，该原则含义为：话语本身就向交际双方明示了一个假定（或者信息）——该话语是最佳关联的。这一假定称为“最佳关联假定”（presumption of optimal relevance），具体包括两个含义：

（1）某一话语足够关联，值得为之付出认知努力来进行加工；
（2）这是与发话者能力和意愿相吻合的最关联的话语。
（Sperber & Wilson，1995：270；Wilson & Sperber，2012：7）

3.1.3.3 最佳关联假定引导的话语理解过程

话语理解的过程就是在最佳关联假定的引导下进行的，这是关联理论的关键论断。

关联引导的理解过程（Relevance-guided comprehension heuristic）如下：

（1）按最省力路径理解话语（尤其是歧义，指称不确定，言外意义，补充语境假设，推理隐含意义时）；
（2）满足了关联期待即停止理解。
（Sperber，Cara & Girotto，1995：51；Carston，2002：380）

话语的理解过程是一个动态的过程，受最佳关联假定的引导，受话人的目标是找到满足最佳关联假定的发话人意义的理解。

推理发话人意义的总体任务可以分解为以下各种次任务：

（1）通过解码、歧义消解、指称确定和其他语用充实过程就明示意义构建一个合适的假设；
（2）对发话人意欲达到的语境假设（隐含前提）构建一个合适的假设；
（3）对发话人意欲达到的语境隐含（隐含结论）构建一个合适的假设。
（Wilson & Sperber，2006：615）

解读发话人意义时，受话人必须在明示层面充实解码的句子意义，在隐含层面补充语境假设，与解码的句子意义相结合，产生足够的结论（或其他积极认知效果），从而使话语以期待的方式关联。根据关联引导的理解过程，在这一过程中受话人会沿着最省力路径，并在获得第一个满足其关联期待的理解后就停止加工话语。

3.1.4　隐含意义、弱暗含与诗意效果

关联理论将话语的意义分为明示意义（explicature）和隐含意义（implicature）。明示意义是话语所编码的逻辑形式经由歧义消解、指称确定和语用充实后而获得的意义。非明示的意义为隐含意义（Sperber & Wilson，1995：182），分为隐含前提和隐含结论。隐含前提由受话人或从记忆中提取，或通过发展从记忆中提取的假设图示而建构；隐含结论由话语的明示意义结合隐含前提推理获得。

明示意义和隐含意义的明示程度有强弱之分。Sperber & Wilson（1986/1995：59－60）认为，当发话人试图使某个假定获得很高的明示程度，并且将这一信息意图非常强烈地明示出来，则可以说该假定是被显著传达的（strongly communicated）。如果发话人试图同时增强一系列假定的明示程度，而并没有表现出对某个特定的假定有强烈的明示意图，其结果是她自己关于每个假定的意图只得到了微弱程度的明示，则该系列假定中的每个假定都是被隐含传达的（weakly communicated）。强交际中，发话人可能对受话人会实际想到的某个思想具有相当明确的期待。弱交际中，发话人可能仅仅将受话人的思想朝某个方向引导。在人类交际中，弱交际往往就足够了，甚至是比强交际更好的选择。

显著传达和隐含传达的意义因其显著度或力度（strength）不同而被相应地称为强暗含和弱暗含。力度最强的暗含是那些完全确定的隐含前提或隐含结论，这样的隐含前提或隐含结论是话语的解读结果要想符合关联原则就必须实际提供的，而且完全由发话人负责。所需要补充的隐含前提或隐含结论是受话人被强烈鼓励但并不实际必须提供的为强暗含。受话人被鼓励的程度越弱，可以选择的暗含的可能性范围就越大，暗含的力度就越弱。最弱的暗含中，受话人没有从发话人那里得到鼓励，使其从百科知识中补充某个隐含前提和隐含结论，而是完全自己承担补充它们的责任。

与弱暗含密切相关的一个概念是诗意效果（poetic effect）。这是一种特殊的效果，与态度、情感、心理状态有关，通过提取、显化一系列弱暗含而获得关联性（Sperber & Wilson，1986/1995：222）。诗意效果并不是在认知环境中增加全新的、明示度高的假设，而是略微提高认知环境中低

明示假设的明示程度。换言之，诗意效果创造的是共有的印象（common impressions），而非共有的知识。具有诗意效果的话语可以用来创造情感互明而非认知互明。

上述关联理论关于交际与认知的核心概念可以帮助我们分析委婉语的解读。首先，基于最佳关联假定的认知机制，我们能够分析委婉语解读过程的总体取向与特征。其次，基于关联理论的语境观，我们能够剖析委婉语解读的变异性。再次，基于暗含与诗意效果的概念，我们能够深入剖析委婉语的交际效果（邓兆红，2016）。需要指出的是，除了最佳关联假定引导话语理解的过程这一普遍性取向以外，关联理论更加关注的是话语理解的个体差异和变异性，而就委婉语的交际而言，在具有差异性的同时，受话人对委婉语的解读过程和结果还往往折射出群体交往规范、共享概念信息等社会属性。因此，本书融入了更加注重社会因素的社会—认知模式。

3.2 社会—认知语用模式的核心概念

社会—认知语用模式（Socio-cognitive Approach to Pragmatics，简称SCA）关于话语意义的解读有三个核心概念：语境、共享背景和凸显（Kecskes，2014：128）。这三个核心概念环环相扣，对SCA解释言语交际现象起关键作用。

3.2.1 社会—认知语用模式的语境观

SCA没有像RT那样对语境给出一个总体的界定，但对语境给出了分类，并通过阐释各类语境的特点及其关联呈现该模式对语境的观点。

SCA从时间和范围两个维度对语境进行分类。从参与交际的时间维度上，分为前语境（prior context）和现实情境语境（actual situational context）。前语境存储于个体的心智中，现实情境语境即交际发生的当前语境。

从范围维度上看，前语境又进一步分为集体前语境和个体前语境。集体前语境是一种标准语境，是同一语言社区成员共享的知识。个体前语境是由于个体不同的经历而形成的差异性语境，体现了交际的个体化（即私有化）特征。Kecskes认为，个体前语境不但强调了认知的个体性，也为交际中意义的凸显（salience）和自我中心现象提供了认知解析机制。

在Kecskes看来，RT的语境观是一种外部语境观，因为在RT中，关联不是由语境决定而是受语境制约。由语境驱动的语用推理过程是一个自上而下的过程，它不是由话语中的表达触发，而是由理解说话人意义这一纯粹的语用动因触发（2014：132）。Kecskes 以 RT 对修辞话语的分析为例，指出 RT 认为其非字面义的解读是由当前交际情境驱动的，是为了使某个言语交际行为有意义，而不是语言表达本身的要求。换言之，在 Kecskes 看来，RT 对语言表达本身在语境建构中的作用不够重视。

Kecskes 提出的 SCA 则将内部语境观融合了进来。内部语境观认为词汇本身创造集体共享的标准语境。在言语交际的过程中，那些反复出现的类似情境往往会具有一定的规律，我们在反复经历此类情境的过程中形成经验。前语境中的标准语境就是我们重复经历的常规情境，交际者对这样的情境中可能会发生什么以及不会发生什么都有期待，并依赖这样的情境理解和预测交际。

SCA 既重视语境的个体建构性，也重视词汇本身对语境的创建以及对其他语境制约作用的影响。Kecskes（2014：58，135）强调，词汇的概念/社会文化负荷值的高低会影响当前交际情境与前语境对话语表达和理解的主导地位：负荷值高，且高度规约化，则前语境主导，当前交际情境中的信息很难将该规约意义取消（若要取消，可能需要加上其他的语言或非语言信息）；负荷值低，则当前交际情境主导话语的表达与理解。

SCA 的语境观十分注重前语境与当前语境之间的动态关系，前者体现历时状态，后者体现共时状态；前者在某种程度上制衡后者，后者则对前者起到修正作用。为此，词汇和语境的互动保证了交际的动态性，基于前语境选择的词汇在现实语境中被激活并与现实语境进行比较（Kecskes，2010），当这两种语境出现差异时，则可能出现误解。个体前语境是形成交际者个体因素的出发点，而集体前语境是联系社会同一性的必要条件，SCA 的语境观有机融合了个体因素和社会因素。

3.2.2　共享背景

共享背景是指交际者认为其共享的信息总和，包括世界观、共享的价值观、信念和情境语境等。共享背景由三种成分构成：交际者共享的信息、对情境语境的理解和交际者之间的关系（彼此的了解与信任、相互之间的交往经验等）。

SCA 中，共享背景既是交际的前提，是预先存在的，又是浮现的和共建的。基于此，SCA 进一步将共享背景区别为核心共享背景和浮现共享背景：前者是一种相对静态的、普遍的和共有的知识，针对某一言语社团而言；后者是一种相对动态的、特殊的和个体的知识，针对交际个体而言（周红辉，2014：36）。

SCA 中的共享背景是一个假定。假定的共享背景由意图与注意互动促成其动态变化，引导交际的成功。意图与注意对共享背景的促成有三种方式：交际者激活已有共享信息的心理表征；交际者寻求可能有助于交际成为互明知识的信息；发话人能将个人知识引入交际，使之成为共享背景。激活、寻求和创建共享背景既影响信息意图，也影响意图与注意之间的互动。

Kecskes（2014）还专门分析了程式语和共享背景之间的关系，强调程式语表征言语社团的思维方式，是划分不同言语社团的手段。程式语的使用是具有核心共享背景的一个标志。本书研究对象中的规约委婉语就是一种程式语。

3.2.3 凸显

SCA 中的凸显义是一个心理认知概念，基于 Giora（2003）提出的等级凸显假设（Graded Salience Hypothesis，简称 GSH），并有所创新。

根据 Giora 的 GSH，凸显指心理词库中意义的稳定程度。一个词汇的凸显意义是在频率、规约度、熟悉度、典型程度方面都高的编码意义（Giora，1997，2003）。凸显是一个程度概念，意义的凸显度越高，越容易被提取。此外，一个词汇可能不止一个凸显意义，凸显度类似的意义会被同时提取。

在 GSH 中，词汇的凸显义不受当前交际情境中的信息和倾向的影响，会优先获得自动加工。尽管当前交际情境会很快产生影响，但它与词汇加工同时发生，且在话语理解的初始阶段不与词汇加工发生互动（Giora，2003：24）。GSH 认为，信息要获得凸显，需要经历稳固过程，即在心理词库中储存或编码，往往以规约化形式发生。已存储于心理词汇的信息优先于未存储的信息，如新信息或从语境中推理出来的信息。

Kecskes 认为 Giora 的 GSH 将凸显信息等同于获得存储的固化了的信息，将非凸显信息等同于未存储信息，并指出这种做法体现了语义的历时变化，但忽略了共时变化。SCA 在 GSH 的基础上，既强调已存储信息，又强调浮现信息。

在 SCA 中，凸显是在特定情境中凸显知识的偶发性事件。凸显可能有助于，但也可能妨碍意图的表达和交际效果的获取（Kecskes，2014：185）。SCA 将凸显分为三类：内在凸显（inherent salience）、集体凸显（collective salience）和浮现情境凸显（emergent situational salience）（Kecskes，2014：184）。

内在凸显根植于发话人的一般概念和语言知识，是个体之前词汇使用经历产生的一种自然倾向（natural preference）。内在凸显既会发生历时变化，也会发生共时变化，且受集体凸显和浮现情境凸显的影响。集体凸显由言语社团成员共享，会发生历时变化。浮现情境凸显是指语言使用的当前情境中制约因素的凸显，生动性、明显程度、发话人动机以及是不是新近提及的事物或语言等都可能导致浮现情境凸显。

在当前交际情境中，内在凸显和集体凸显可能会超越浮现情境凸显，即不符合当前交际情境中的内在凸显义或集体凸显义超越了浮现情境凸显义。这种情况可能会导致误解，发话人可能需要增加信息以避免误解。如例3－1：

例3－1：

“把你的家庭和她放在你心中的那杆天平上——有吧，你心中，那杆天平？——称一称，看看到底孰轻孰重。既然别无选择，咱就选择重的。”钟锐不响了，片刻后，道：“她已经**不在了**。”“不在了？”谭马双目圆睁，“她为你……自杀了？”“想哪去了。她离开北京回厦门了，永远。”谭马愣住了。

（摘自北京语言大学BCC语料库）

“不在了”可以婉指死亡，这一含义已经固化了，成为规约表达。张拱贵（1996）主编的《汉语委婉语词典》和洪成玉（2010）编著的《谦词敬词婉词词典》（增补本）均将该词作为死亡类表达的委婉语收录，可见该词委婉用法的规约化程度很高，属于集体凸显义。在上例中，从其后面的话语内容看，“死亡”也属于“不在了”在交际双方心智中的内在凸显义。该集体凸显义和内在凸显义超越了“离开某地”这一当前交际情境的浮现凸显义，成为受话人谭马的第一解读，导致误解，于是钟锐不得不再追加话语进行澄清。

Kecskes（2014：56）指出，在SCA中，凸显是引导机制：前经验导致凸显，进而导致自我中心，进而又驱动注意。SCA的凸显有三个特征：①交际者的语言行为在产出和解读中均受凸显影响；②对话语产出和解读产生影响的既有语言凸显，又有感知凸显；③凸显具有语言和文化特定性。

凸显与“自我中心”（egocentrism）密切相关。“自我中心”不包含情感和个性的贬义色彩，而是指在产出和理解话语的过程中，交际者更多地依赖于自己的，而非群体共享的知识和经历。语言交际中出现的这种违背共同背景的行为被称为“自我中心行为”（Barr & Keysar，2005）。

自我中心来自大量的前经验，对某些事件、行为、感受的频繁接触以及对规约和规范的习得等。自我中心会导致无意识的、自动的、本能的行为以及话语产出和理解的初始阶段的凸显（Kecskes，2014：33）。

基于社会—认知语用模式对语境、共享背景和凸显的观点，本书认为，在建构委婉语解读结果的分析框架时，应该关注集体前语境、核心共享信息和集体凸显，以此分析委婉语所激活的社会规范，凸显委婉语交际的社会属性；同时关注内部语境、浮现信息、内在凸显、情境浮现凸显和话语解读的自我中心性，以此分析委婉语解读结果的个体差异。在此基础上，我们的分析框架还需要解决一个问题，即在受话人解读委婉语的过程中，带有社会属性的核心共享信息与体现个体差异的浮现信息是如何发挥作用的？本书尝试引入 Chen（2014a）提出的关联论视角下礼貌加工的情境化社会认知模式。该模式强调受话人对当前交际情境的评估，认为受话人对话语的礼貌性加工是对社会知识的情境化认知。本书认为，分析受话人对当前交际情境的评估，有助于我们在一定程度上厘清委婉语解读的过程中，受话人在特定情境中对社会知识和浮现信息的权衡与取舍。

3.3 关联论视角下礼貌加工的情境化社会认知模式

Chen（2014a）基于 Langlotz（2010）的情境化社会认知和 Sperber & Wilson（1986/1995）的明示—推理交际，提出了关联论视角下礼貌加工的情境化社会认知模式（Politeness Processing as Situated Social Cognition，简称 PPSSC），具体有以下三个主张：①礼貌加工是动态语境中的情境化社会认知，是对各种不同来源假设之间的互动情况进行的加工；②通过礼貌形式、礼貌内容和礼貌联想对礼貌现象的情境化社会认知是交际双方以关联为取向的共同行为；③对动态语境中明示程度不同的礼貌现象进行解读，产生的人际认知效果是话语意义不可分割的一部分，因此，礼貌具有交际性。

3.3.1 作为情境化社会认知的礼貌加工

人际交往不仅仅是信息交换，更主要是人际意义的交际过程。在这一过程中，人们协商各种社会意义，如身份、角色、人际关系等。Chen（2014a）赞同 Langlotz（2010）的观点，强调人际意义的建构既是一个社会过程，又是一个认知过程，在特定情境中，语言交际社会意义的认知建构涉及“情境化的、社会共享的（socially distributed）、动态的心智—语言—社会的环境体系”（Langlotz，2010：167）。

人际意义的认知过程始于在社会交往中对“社交刺激（social stimuli）”的感知。为了理解社交刺激的社会意义，交际者必须考虑交际事件的当前交际情境，激活长期记忆中相关的社会知识（social knowledge），基于记忆中的社会现实类型（social categories），通过模拟或映射，建构对当前社会现实的概念化认知，并以此为基础建构特定情境的心智解读（situation-bound mental construal）或社交刺激的表征（representation of the social stimuli）。交际者对当前社交刺激本身及其触发的相关社会现实知识进行加工，并基于这二者之间的互动，对社交刺激的社会意义进行心智解读。随着交际中新社交刺激的出现，心智解读过程也相应地动态展开。如图 3－1 所示：

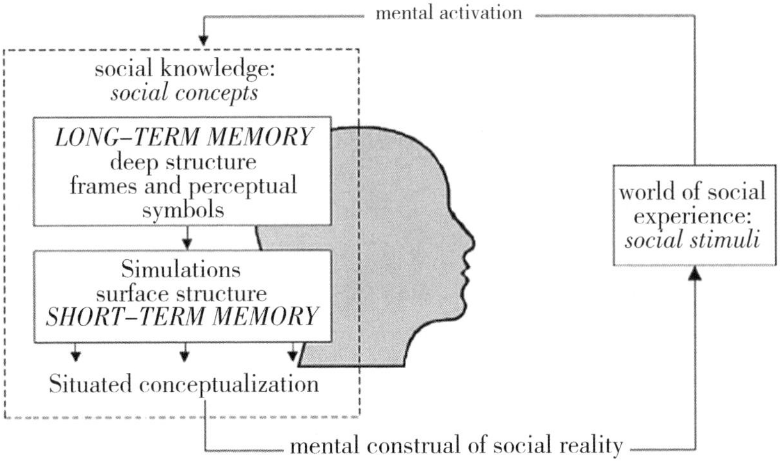

图 3－1　社会现实的情境心智加工（Langlotz，2010：177）

从情境化的社会认知视角来看，本质上，礼貌是可以通过各种方式传递的一种主要的人际意义类型。要解读出话语的礼貌意义，受话人在对话语进行解码之外，还需要激活长期记忆中关于礼貌的相关社会知识，包括礼貌规则、礼貌规则的实现形式等。通过激活长期记忆中与礼貌相关的社会知识，受话人对话语形成概念，并在此基础上解读发话人的话语行为是礼貌的、中性的，还是不礼貌的。

Chen（2014a）指出，运用 Langlotz 的情境化社会认知模式分析话语的礼貌性，还需要解释交际者如何选择与礼貌相关的社会知识：围绕某个社交活动，有诸多不同的社会知识，如语言礼貌程度的元概念，或在饭店点餐的社会经验等。受话人是否在所有情境中都必须激活所有的以及同样的社会知识？受话人会激活哪些社会知识？激活多少？这些问题与礼貌的解读有关，可借助关联理论的认知原则和交际原则加以解释。

3.3.2 最佳关联引导下礼貌交际的情境化社会认知

关联理论提出交际的认知效果源于话语表达的新假设与受话人从其认知环境中提取的旧假设之间的互动。新旧假设的互动有三种形式：①增强旧假设；②与旧假设冲突并消除旧假设；③与旧假设结合，产生语境隐含。基于此，Chen（2014a）提出话语礼貌性的认知效果可以分为三种：①行事性认知效果（transactional cognitive effects）；②人际性认知效果（interpersonal cognitive effects）；③诗意认知效果（poetic cognitive effects）。行事性认知效果来自受话人对话语的明示意义和隐含意义的加工；人际性认知效果来自受话人对话语情感的加工。

从受话人视角来看，礼貌是交际情境中话语的一种属性，是来自话语解读的社会意义。话语的礼貌性加工是最佳关联引导下的情境化社会认知。受话人接收到一个明示话语，即开始推理过程。该过程可能包括以下认知任务：

A. 通过解码或充实当前话语解读出新的假设。

B. 激活背景假设。发话人的明示话语所触发的心智激活使一套潜在的语境假设（更加）明示，其中，有的假设是作为框架、场景、脚本等存储于交际者长期记忆中的社会知识，即关于礼貌的行为规范或社会规约、某些“礼貌”形式或策略及其使用条件的假设。

C. 评估当前交际情境，建构当前交际情境的构成、交际者之间的距离和权势关系等。评估当前交际情境有助于在线交际的心智加工，它随交际过程的推进不断更新，但在当前交际事件发生之初可能就已开始。

A、B、C 三个认知过程同时进行，共同影响受话人对话语礼貌性的评价。

礼貌交际是交际的一种，因此其情境化社会认知也受最佳关联假定的引导。一个合格的发话人使用的任何方式都促成受话人产生最佳关联期待，并期待付出的认知努力与获得的人际性认知效果之间能够平衡。因此，受话人的心智激活和识解过程都受最佳关联期待的制约。换言之，以框架、场景、脚本等形式存储于长期记忆中的社会知识并非同时自动或机械地出现，并影响受话人对当前交际情境的评估，其选择与修订受最佳关联假定的制约。这使得“人类对以语言为媒介的社会交往的认知行为具有浮现特征（emergent property）”（Langlotz，2010：181）。

Chen（2014a）分析了“礼貌”形式、礼貌内容和礼貌联想三种情境下话语交际的礼貌解读结果。

在“礼貌”形式情境中，发话人使用了规约化礼貌表达（如“请”）。受话人对礼貌语言形式（如疑问句式、情态动词 could possibly 以及规约化礼貌标记语 please）的解码会激活长期记忆中作为社会知识存储的相关背景假设。这些假设不是被同等激活，受话人会自动选择有助于他获得符合最佳关联期待解读的假设。被关联取向的认知系统自动激活的背景假设能够与受话人从当前交际情境评估中获得的假设进行互动。对当前交际情境的评估会使某些假设明示或增强其明示程度，如交际者之间的身份关系、交际发生的场所等。受话人整合来自社会知识的假设和来自当前交际情境评估的假设，如果发现当前交际情境下，发话人的礼貌语言形式并非该情境下的规约礼貌表达，就可能将其解读为表达人际意义的礼貌，获得人际认知效果；如果发现当前交际情境下，发话人的礼貌语言形式是该情境下的规约礼貌表达，则会将其解读为规约化礼貌或行事性礼貌（conventionally polite or politic），获得行事认知效果；如果发现当前交际情境下，发话人的礼貌语言形式所激活的背景假设与该情境中其他信息（如表明发话人态度的不礼貌声调、其他不礼貌词汇、生气的面部表情等）相矛盾，则会将其解读为不礼貌的，甚至粗鲁的。

礼貌形式的规约用法表达的是高阶明示意义（higher-order explicature），可表述为“说话人在礼貌地实施 P（如请求、拒绝、同意、建议等）”。因其“礼貌”形式已经规约化了，所以识解过程不是概念性的，而是高度自动化的程序性过程。规约化礼貌的缺失会在两种情况下增加认知的付出：①评估礼貌的缺失：发现期待的礼貌形式没有出现，或不期待的礼貌形式却出现了。②发现礼貌形式与社会规范的期待不一致：加工话语所获得的假设与当前交际情境不匹配，话语形式比期待的更加礼貌，就可能会产生标记性礼貌的解读（即前文所说的人际性认知效果）。相反，如果话语形式不如期待的礼貌，（其中的礼貌表达）就可能被解读为不那么礼貌，甚至是不礼貌的。加工规约化“礼貌”形式，能够使某些背景假设以及通过评估当前交际情境获得的假设（更加）明示，并使受话人之前关于交际者之间关系的假设得到微弱显明。

在礼貌内容情境中，发话人的话语中没有规约化礼貌表达，但话语内容可能是礼貌性的，此时，Leech 的礼貌准则影响话语礼貌性的判断。受话人在加工话语时获得假设，并由此激活长期记忆中该特定社交语境下与礼貌相关的假设。如果这两套假设彼此匹配，且与评估当前交际情境获得的假设匹配，则受话人会将发话人话语解读为具有人际礼貌性。但是，以下三种情况下发话人的话语不会被解读为礼貌性的：

（1）评估当前交际情境获得的假设阻碍激活与礼貌相关的背景假设。

（2）受话人的长期记忆中没有支持礼貌解读的背景假设，或者所拥有的背景假设与礼貌解读相矛盾。

（3）发话人使用的线索与礼貌解读冲突。

在礼貌联想情境中，无论语言形式还是话语内容与人际礼貌似乎无关，发话人似乎只是在描述或解释，但受话人还是有可能通过联想解读出话语的弱暗含，即在当前交际情境中，该话语意图表达礼貌。受话人结合解码话语获得的假设和评估当前交际情境获得的假设，将发话人的描述或解释当作间接请求，这一理解会激活或显化礼貌观念的相关背景信息。这些被激活的背景信息防止发话人被误解为是在实施不必要的冒犯行为。这种情况下，礼貌是通过弱暗含传递的，是人际意义的礼貌。与“礼貌”表达和礼貌内容这两种情境一样，礼貌联想情境中的话语也未必一定会被解读为礼貌的。比如，以下三种情况下，发话人的话语不会被解读为礼貌性的：

（1）评估当前交际情境获得的假设使话语解读停留在字面义。

（2）评估发话人性格获得的假设阻碍激活对礼貌敏感的背景假设。

（3）从当前交际情境评估中获得的假设和加工前述话语获得的假设阻碍提取对礼貌敏感的背景假设。

总之，在上述三种情境中，受话人以三个方面获得的假设为基础来评价发话人话语的礼貌性：解码正在加工的话语获得的假设、评估当前交际情境获得的假设以及激活背景获得的假设。三种情境获得礼貌性解读的方式不同，但这些礼貌形式的加工都产生人际认知效果。礼貌是一种交际情境中话语传递的人际认知效果，而非话语本身固有的一种属性，无论这一认知效果是通过使用礼貌语言形式或策略、礼貌内容，还是礼貌联想获得的，它都是受话人在话语理解的过程中，受关联引导的情境化社会认知的结果。

Chen（2014a）强调，礼貌意图的交流是在共享认知环境中，交际双方共同行为的结果。作为社会人，交际者在人际交往中，带着礼貌期待进入交际事件。当发话人比期待的更加礼貌，或者不如期待的礼貌时，可能会提供额外的线索来帮助受话人解读话语。在现实交际中，交际双方的认知过程都是受关联引导的情境化社会认知，因此，当双方期待、识别或提取的礼貌相关假设不匹配时，就可能产生误解。

Chen（2014a）提出的 PPSSC 模式在 RT 的基础上主要有两大发展。

首先，关联理论提出，认知效果来自新旧假设的互动。Chen（2014a）的 PPSSC 模式将之运用到礼貌现象的分析之中，指出礼貌加工是关联引导的社会认知。礼貌作为人际认知效果，来自三种假设在情境中的互动。三种假设分别来自加工当前话语、评估当前交际情境以及加工存储于长期记忆中的相关社会文化中的礼貌行为、规范和礼貌的语言表现方式等。礼貌的交际预设了交际双方共同拥有普遍的礼貌期待。所以，当发话人不想表现礼貌时，他可能会提供必要的线索，如声音的高低、面部表情等。另外，当受话人发现三种假设之间不匹配时，往往也不会将话语解读为礼貌性的。

其次，关联理论强调，在话语解读的过程中，受话人动态地从其长期记忆中选择语境假设。在此基础上，Chen（2014a）进一步强调受话人在解读话语的礼貌性时，不仅动态选择语境假设，而且对当前交际情境进行动态评估，形成语境模拟（contextual simulation）。语境模拟帮助并验证语境假设的选择结果。也就是说，在礼貌的情境化社会认知模式中，受话人所选择的语境假设不是直接运用到明示意义/隐含意义的推理过程中，而是先经过（交际者之间的关系、交际情境的类型等）当前交际情境的评估。如果所选择的假设与情境评估冲突，则该假设不会进入到意义生成的最后阶段，而另一种语境假设如果与当前交际情境的评估匹配的话，则会被激活并提取。关于话语整体理解的理论启发我们，理解话语的过程并不是尝试—错误—再尝试的过程，即并非如果第一解读与交际情境不匹配，则重新开始整个解读过程。受话人背景假设的情境化激活是基于对当前交际情境的动态评估的，无论评估的结果对错与否，都会产生符合其最佳关联期待的第一解读。通过情境语境检验的解读往往是正确的解读，尽管解读路径的复杂程度不同。这也能在部分程度上解释话语理解的即时性与迅捷性，以及误解的可能性。

Chen（2014a）提出的 PPSSC 能够更加充分地解释话语理解中的礼貌现象，对话语交际的情感效果和修辞效果也有所启发，特别是该理论所强调的当前情境评估，有助于我们分析在委婉语的解读过程中，核心共享信息与浮现信息的互动，以及受话人是如何选择这些信息，并最终择定解读结果的。

3.4 基于社会—认知语用学的委婉语解读分析框架

通过梳理上述三种理论模式，我们发现三者对言语交际的认识有以下共识：

首先，三种理论都强调不同受话人对同样话语的解读结果可能不同，受话人对话语意义的理解与发话人意欲表达的意义可能不同。其原因在于话语解读过程中，个体的不同经历会使不同受话人所建构的语境不同。

其次，三种理论都强调受话人在建构语境时需要话语以外的背景信息。在 RT 和 PPSSC 中，受话人的信息来源有解码话语获得的信息、从百科知识或长期记忆中提取的信息、话语推理过程中产生的信息以及从当前交际情境中感知的信息。SCA 将背景信息称为共享信息，从范围上分为集体共享信息和个体独有信息；从动态性上分为核心共享背景和浮现共享背景。

最后，RT 和 SCA 都强调注意在认知加工中对信息凸显的作用。RT 指出，人类的认知机制使某些现象尤其凸显。当某个现象被注意到，即明示了，与之相关的某些假定也就比其他的假定可及性更高。SCA 也指出，交际者的前经验导致凸显，凸显进而导致话语解读的自我中心行为，进而驱动交际者注意交际中的信息。

虽然三种理论存在以上共识，但这些共识也存在一定的差异。

首先是语境建构方面。在语境信息的来源上，RT 和 PPSSC 的百科知识或长期记忆中的知识实质上涵盖了 SCA 的共享信息，是一个笼统概念，包罗万象。由于 RT 关注的是受话人对话语解读结果的差异性，因此对百科知识也强调的是其变异性、开放性和经过受话人加工后的个体性，对其中群体共享信息的社会性和稳定性重视不够。这导致两个结果：①招致一些学者的批评，认为 RT 忽略交际的社会规约，忽略社会文化对交际的影响（如 Talbot，1998；Goatly，1994）。②在运用 RT 分析影响话语解读的因素以及因素之间的互动时，很难对其共性特征进行操作。这也是为何 RT 似乎除了最佳关联假定引导的话语理解程序外，其解读话语的分析在影响因素层面很难有深入的交际者之间共性因素的分析，往往只是对某个个体解读过程的单独分析。

相较于 RT，PPSSC 和 SCA 模式更加重视社会规约等社会因素。PPSSC 强调话语加工过程长期记忆中的社会现实知识的提取与加工，同时强调当前交际情境评估对社会现实的模拟与验证。PPSSC 中的社会现实知识更多体现的是其进入交际情境前的群体共享性，其个体性和变异性主要体现为在加工话语的过程中，受话人的不同认知结果；对进入交际前社会知识的个体性未加以说明。

SCA 则对语境和共享背景进行了分类，将语境分为前语境和现实情境语境，前语境又进一步分为集体前语境和个体前语境。集体前语境体现社会因素，个体前语境体现交际者的个体因素。SCA 还对构成语境的共享背景信息进行了分类，有集体共享信息和个体独有信息，分别对应集体前语境和个体前语境。同时，SCA 还从时间维度将共享信息分为核心共享信息和浮现共享信息。前者是相对静态的、普遍的和共有的知识，是针对某一言语社团而言；后者是相对动态的、特殊的和个体的知识，是针对交际个体而言。

SCA 和 PPSSC 都重视语境中的社会因素，且 SCA 对语境和共享背景信息的分类，PPSSC 的当前交际情境评估对社会现实的模拟与验证，以及不同来源的假设之间的互动或匹配增加了言语交际分析的操作性。

基于对上述三种模式间知识关系的梳理，本书拟采用 SCA 的分类，将群体共享的和个体独有的记忆知识加以区分。SCA 将其两种不同类型知识的上位概念称为“共享知识”，本书认为这容易产生歧义，让人误以为“个体独有知识”也是共享的。尽管个体独有的知识中有一部分确实来自群体共享的知识，但它是经过个体认知加工后的知识，体现的是差异而非共性，故本书对它们的上位概念不采用 SCA 的“共享知识”，而借鉴 RT 和 PPSSC 中的“记忆知识”这一表达。由此，本书对这类信息以图 3－2 表示：

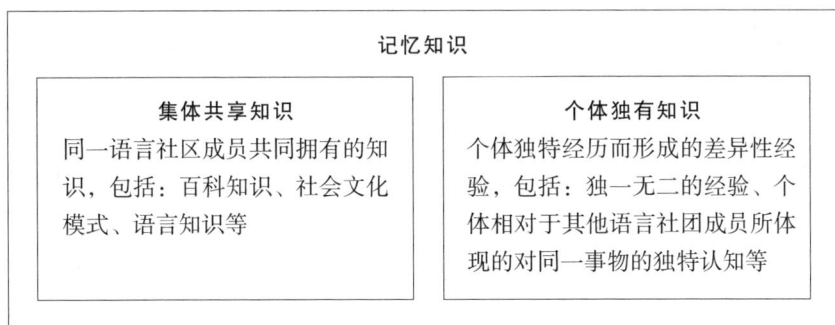

记忆知识	
集体共享知识 同一语言社区成员共同拥有的知识，包括：百科知识、社会文化模式、语言知识等	**个体独有知识** 个体独特经历而形成的差异性经验，包括：独一无二的经验、个体相对于其他语言社团成员所体现的对同一事物的独特认知等

图 3－2　交际者的记忆知识构成

其次，RT 和 SCA 虽然都强调话语解读过程中的凸显，但在两种理论中，凸显与注意之间的关系不同。RT 中的凸显是结果，是注意的结果：当某个现象被注意到，该现象就获得了凸显，因此可及性就高。然而，在 SCA 中，凸显是引导机制（guiding mechanism），即交际者倾向提取可及性强的记忆资源并将其带入注意力层面的思维过程（Kecskes，2011；周红辉，2012）。

SCA 中，凸显义与关联的关系在于两种机制运作的先后，凸显义以其自动性和无意识性总是扮演"先锋"的角色，而关联则起到滤器的作用。根据 SCA，话语的语言形式所产生的联想必然会优先激活前语境中最熟悉的凸显义，之后，注意力介入并帮助选择与意图和当前语境最为适切的意义，并对该意义进行关联性判断（周红辉，2014：34）。

SCA 所说的凸显本质上是各类意义的凸显，凸显义因其凸显度高而比其他凸显度低的意义更容易获得受话人的注意，因此更容易提取。可见，SCA 中，凸显引发注意。

SCA 关于凸显和注意的讨论没有涉及话语被接收到的初始阶段的情况。RT 则恰恰相反，它认为注意处于交际的初始阶段：先是注意引发人们去关注某种现象（包括话语刺激），该现象得到凸显，获得认知加工。在 RT 中，注意引发凸显。

本书赞同 RT 的观点。言语交际也是一种现象，在交际者所处的万千现象中要想获得认知加工，首先要获得注意资源，才具备凸显的可能。这也正是 RT 的最佳关联假定合理之处：发话人发出一个话语，不但在向受话人明确表示该话语值得付出认知努力，而且在向他明确表示该话语是最佳关联的，比其他现象或其他话语凸显度高，即最凸显的。由于话语本身传递最佳关联假定，因此在话语理解的初始阶段，受话人的自我中心性并不明显。而当话语刺激一旦被接收，进入推理理解阶段，受话人会从记忆信息、当前交际情境以及话语解码所获得的信息中选择信息建构语境。在这一过程中，受话人仍然会受注意的制约，但其自我中心的认知倾向会影响其注意哪些资源。根据 SCA 的凸显观，在该阶段，凸显度高的含义会优先获得提取。本书暂且接受这一观点，但将在有声思维实验中对其加以验证。

至此，本书暂时将含有委婉语的话语解读过程以图 3－3 呈现如下：

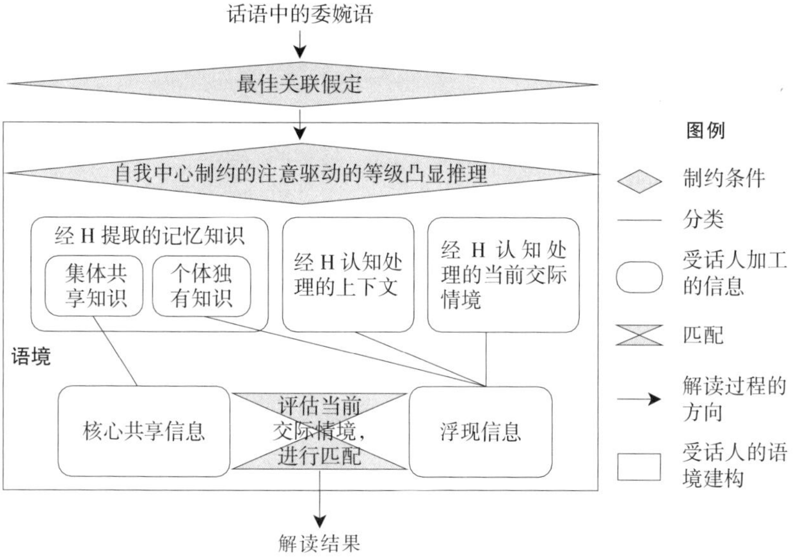

图 3-3 委婉语解读的流程

图 3-3 是本书基于 RT、SCA 和 PPSSC 构拟的委婉语解读的流程。流程图顶端为“话语中的委婉语”，表明本书建构的框架图强调的是交际中的委婉语，而非静态的、脱离语境情况下的委婉语解读。因此，本书框架图的分析对象可能是受话人对规约委婉语在交际中的具体使用所进行的解读，也可能是受话人对话语中临时创造的、动态的新颖委婉语的解读。图中箭头表明解读过程的方向。该流程表明，受话人接收到含有委婉语的话语，即假定该话语是最佳关联的，产生最佳关联期待（图中以菱形框表示），在该期待的引导或制约下开始建构解读委婉语的语境（图中以矩形框表示）。在建构语境时，受话人提取并加工记忆知识（包括集体共享知识和个体独有知识）、上下文和当前交际情境中的信息。从记忆知识中提取的集体共享知识构成解读委婉语的核心共享信息，从个体独有知识、上下文和当前交际情境中提取的信息构成解读委婉语的浮现信息（图中以圆角矩形框表示上述信息）。受话人通过评估当前交际情境，将核心共享信息与浮现信息进行匹配（图中以尖头对立三角形表示），最终形成解读结果。提取和加工上述信息时，受话人的认知受具有自我中心性质的注意驱动，导致可供其提取的信息具有不同的凸显程度。受话人一旦从建构的语境中获得满足最佳关联期待的解释，其解读过程即结束。最佳关联假定置于方框外顶端，表明该假定不仅引导整个解读过程，而且在话语解读的一开始就产生作用。

第四章 研究设计

本章详细介绍本书的研究思路和研究步骤。首先介绍研究问题及其理据，接着介绍调查对象，即参与本书研究的被试的各项信息，然后从语料的熟悉度、规约度和语境透明度三个维度解释本书研究所用的语料选择标准，最后详细介绍本书数据收集的方法、步骤以及相应的数据分析方法。

4.1 研究问题

在文献回顾部分我们指出，从受话人视角对委婉语解读进行的研究很少，留下了以下问题有待解答：进入交际的委婉语是否被解读为委婉义？其实际交际效果如何？影响委婉语解读的因素有哪些？受话人在解读过程中都考虑了哪些因素？这些因素是如何作用于受话人的解读过程的？

基于上述问题，本书拟从三个方面进行研究：

（1）委婉语解读的结果及关联因素；

（2）委婉语准确解读的路径；

（3）委婉语偏离解读的原因。

第一个方面的问题试图考察的是委婉语的解读结果，本书从语言层面控制变量，将委婉语分为不同的类型，考察受话人对不同类型委婉语的解读结果。在委婉语的理解研究中，被频繁提及的影响委婉语解读的因素有规约度、熟悉度、语境，还有些研究提及隐喻能力、对社交准则和规范的期待。隐喻能力对委婉语解读的影响是 Pfaff（1997）研究的重点，检验语境蕴含的隐喻概念对隐喻类委婉语解读的影响。仔细阅读 Pfaff 的文章后，我们发现其本质是委婉语与隐喻语境匹配度对委婉语理解产生的影响，因此还是语境透明度的问题。对社交准则和规范的期待是 Makin（2003）研究的重点。Makin 检验了当发话人使用委婉语时，受话人对交际者之间的权势和距离的推理。这是对委婉语所达到的交际效果进行的研究，且受话人的推理结果与委婉语的规约度和使用语境关系密切。综上所述，本研究在选取实验用的语料时，考虑了规约度、熟悉度和语境透明度三个变量，在分析委婉语的解读结果时分别从这三个变量的角度讨论委婉语意义和交际效果的解读结果。

第二个方面的问题考察的是在准确解读委婉语的过程中，受话人可能提取哪些信息来建构语境，以及这些信息的语境建构路径。基于 Sperber & Wilson 的关联理论和 Kecskes 的社会—认知语用模式，本研究将可供受话人提取信息的认知环境分为三大类：来自当前话语处理的假定、来自记忆提取的假定和来自当前交际情境认知的假定。

第三个方面的问题考察导致委婉语解读偏离的原因，重点考察偏离解读发生时受话人提取的语境假设是如何影响其建构语境的。

根据关联理论，话语理解应为受话人在最佳关联假定引导下，寻求认知努力与认知效果之间的平衡。受话人的最佳关联假定一旦获得满足，话语解读过程即停止。在关联理论中，首先是对信息的注意，注意引发凸显，凸显制约信息的可及性。根据社会—认知语用模式，受话人解读话语的过程具有自我中心性，自我中心导致凸显，凸显制约注意资源，注意资源制约信息提取的可及性。本书将重点考察最佳关联假定、注意、凸显三者对信息提取的制约，以及受话人提取的信息之间的互动。

为了使上述三个方面的研究更具有操作性，本书将三个方面具体细化为以下研究问题：

（1）受话人对特定情境中委婉语的解读结果如何？解读结果如何受到关联因素的影响？

①受话人是否将委婉语解读为委婉义？

②受话人认为特定情境中的委婉语有何交际效果？

③受话人的解读结果与委婉语的规约度、熟悉度、语境透明度之间有何关联？

（2）哪些因素促成了受话人对委婉语的准确解读？

①哪些委婉语获得了准确解读？

②受话人在对委婉语作出准确解读时提取了哪些因素？

③这些因素是如何促成委婉语的准确解读的？

（3）什么原因导致了委婉语的偏离解读？

①哪些委婉语的解读发生了偏离？

②受话人对委婉语的解读发生偏离时提取了哪些因素？

③这些因素是如何导致委婉语解读结果的偏离的？

4.2　调查对象

由于有声思维实验需要性格相对外向的被试，因此笔者利用自己在安徽科技学院教学工作的便利条件，在教学过程中注意观察学生的性格，从中选择了16位性格相对外向、愿意与人沟通的同学参加实验。由于其中一位被试始终只能默读，无法在阅读的同时将自己的思维同步说出来，不适宜进行有声思维，最终未参加实验；另有一位被试的有声思维录音录像未能成功保存，该被试的数据最终也被剔除，因此，有效被试为14位。14

位被试中有7位女生，7位男生。被试的专业分别为语言类和农学类，平均年龄约21岁。被试均为通过高考进入大学学习的学生，就母语交际水平而言，这些被试对活动任务的认知能力、母语的理解能力和表达能力均能满足本研究的基本需求。被试信息如表4-1所示。

表4-1　调查对象信息表

被试序号	性别	年龄	专业类别	受教育程度
1	女	20	语言	本科
2	女	19	语言	本科
3	女	18	语言	本科
4	男	20	语言	本科
5	男	21	农学	本科
6	男	23	农学	本科
7	男	23	农学	本科
8	男	20	农学	本科
9	男	22	农学	本科
10	女	21	农学	本科
11	女	20	农学	本科
12	女	22	农学	本科
13	男	22	农学	本科
14	女	20	农学	本科

4.3　语料来源

本书以汉语委婉语为语料，语料来源渠道多元，既包括委婉语词典收录的，也包括笔者平常随时收录的。平时收录的委婉语来自笔者与他人日常交流或无意中听到的他人之间的交流、网络新闻或新闻跟帖、高校论坛或BBS、微信群或QQ群中的聊天记录、小说、语料库、电视综艺节目等。

除了汉语委婉语词典中收录的委婉语以外，笔者自己收录的表达是否属于委婉语，所依据的判断标准即本书的操作定义。方便起见，重复如下：

如果在特定语境中，发话人使用了情感色彩中性或积极的表达 E1，其所指有另一个对应表达 E2，且 E2 指向禁忌、敏感或粗俗的事物或事件，则 E1 为委婉语。

例如，在笔者用于有声思维实验的委婉语中有一个表达“嗯嗯”，这是笔者在南京大学图书馆的卫生间里无意中听到两位女生在对话中使用的，其中一位女生在提到“解大手”时用“嗯嗯”代替，问另一位女生：“你在嗯嗯吗?”之后又说，“完了，好像我也要嗯了。”这里的“嗯嗯”符合本书的操作定义：表达 E1“嗯嗯”所指称的行为有另一个表达 E2“解大手”，E2“解大手”指向分泌与排泄这一粗俗事件，且 E1“嗯嗯”字面义是表示同意，情感色彩为中性，因此属于本书界定的委婉语范畴。

为了考察受话人的解读结果与委婉语的规约度、熟悉度、语境透明度之间的关联，本研究在筛选实验用语料时分别按照熟悉度—规约度—语境透明度的顺序进行了设计。

4.3.1　语料熟悉度的判定

参照张瑜等（2012）、张辉等（2013）、陈士法等（2016）、昂晨等（2016）等调查熟悉度的方法，笔者设计了委婉语熟悉度调查问卷。问卷包含 93 个委婉语，其中既有规约委婉语，也有新颖委婉语。问卷于 2016 年 12 月 6 日请笔者的两位同事发放。共有 50 位不参与实验的大学二年级学生对问卷中委婉语的使用进行熟悉度判断，有两位同学对 93 个委婉语的选择答案都选择很熟悉，笔者认为这两位同学没有认真作答，视为无效问卷剔除，因此有效问卷为 48 份。

熟悉度采用李克特量表的五点法，分为很不熟悉、不熟悉、较熟悉、熟悉和很熟悉。1 代表很不熟悉，5 代表很熟悉。笔者将问卷结果输入 SPSS，选择描述性频率统计，获得每个表达各选项的人数频次。熟悉度的标准借鉴张瑜等（2012）的标准：一个委婉语的委婉义如果有 75% 以上的被试选择了很熟悉、熟悉和较熟悉，则该委婉语便是熟悉的，否则即被认为是不熟悉的。举例如下：

亲爱的同学，你好！为了研究汉语交际中语言的使用和理解，我们制定了本问卷。请根据你的语言使用经历，判断你对下列词汇用于表达某种意义的熟悉程度。本调查只用于研究，不涉及你的任何识别性信息，请放心如实填写。非常感谢你的支持和帮助！

2	以“富态”表达胖	1. 很不熟悉	2. 不熟悉	3. 较熟悉	4. 熟悉	5. 很熟悉
9	以“爽快”表达放荡	1. 很不熟悉	2. 不熟悉	3. 较熟悉	4. 熟悉	5. 很熟悉

对于以“富态”表达“胖”，85.4%的人选择很熟悉、熟悉和较熟悉，平均值为3.77，属于熟悉度高的委婉语。对于以“爽快”表达“放荡”，只有20.8%的人选择很熟悉、熟悉和较熟悉，平均值为1.88，属于熟悉度低的委婉语。

最终结果显示，93个委婉语中，共有32个属于高熟悉度用法。其余的为低熟悉度委婉语（见附录1）。

4.3.2 语料规约度的选择

对于委婉语的规约度，现有研究没有具体的定义，但有其他非字面语言及结构的规约度定义可供我们参考，如成语、隐喻、省略、（不）礼貌程式语的研究。

Titone & Connine（1999）把成语的规约度定义为某一特定结构的词在特定语境中表达非字面义之间关联的程度。王小潞、郭晓群（2016）在此基础上提出，非字面语言系统的规约度特指某一固定非字面语言结构与其隐喻性范畴指称（特定非字面义）之间联系的紧密度和可接受度，紧密度、可接受度越高，约定俗成的程度就越强，规约度也就越强。不断涌现出来的新颖隐喻，其某一固定的非字面义被重复使用后就逐渐演变成了规约隐喻。

李小军（2011）依据省略对语境的依赖程度，将省略分为规约性和非规约性的两种。

> 规约性省略指不依赖于语境，具有约定性和程式化特点的省略，比如话语标记“你看你……”，无论在何语境下，后面是否有接续性话语，都表责怪，因而属于规约性省略。后者指以语境为依托，意义与具体语境紧密相关的省略。比如“他昨天……”后面的省略部分就需要借助语境来理解。不过非规约性省略与规约性省略处在一个连续统中，如果非规约性省略使用扩展、固化，就会发展成为规约性省略。
>
> （李小军，2011：36）

Terkourafi（2002，2005）在界定规约化礼貌程式语时，认为特定的语言表达作为实施特定行为的无争议（unchallenged）的实现方式，与特定语境有规律地共同出现，这样的特定表达就是规约化表达。正是这种规律性的共现，使我们获得关于在什么语境中用什么样的表达的百科知识（2002：197）。与之类似，Culpeper（2011：129－133）认为，规约化不礼貌程式语指那些“意义稳定、跨语境性强的、难撤回的‘高浓度’冒犯性言语表达”。当某语言形式反复、有规律地在不礼貌语境中出现，人们每次看到或者听到这样的语言形式就会联想到相应的不礼貌语境，我们就可以说，该表达形式的不礼貌含义规约化地逐渐沉淀下来。王仁强、陈和敏（2014：21）强调规约化指存在于一个语言社团全体成员脑子里的模式和常规。语文词典的处理对象是语言中词项的规约化用法（Hanks，1990：32）。

参考上述规约化语言与非规约化语言的观点，本书从张拱贵（1996）的《汉语委婉语词典》、洪成玉（2010）的《谦词敬词婉词词典》（增补本）和王雅军（2005）的《实用委婉语词典》中选取用于有声思维实验的规约委婉语，结合熟悉度调查结果，最终将规约委婉语定为“富态”“不太高”“同志”和“弥留之际”。其中“富态”和“不太高”为高熟悉度规约委婉语，“同志”和“弥留之际”为低熟悉度规约委婉语。

参考上述成语、隐喻、省略、（不）礼貌程式语等研究，本书将那些词典里没有收录的且需要借助交际语境才能确定委婉义的表达看作新颖委婉语。比如，以“嗯嗯”表达“解大手”，无论是专门的委婉语词典，还是普通的汉语词典，都未见将“嗯嗯”解释为“解大手”的含义。此外，如果该表达脱离具体的卫生间情境，则很难将其与“解大手”的含义关联起来，因此是新颖委婉语。以此为标准，结合熟悉度调查结果，本书最终选择了笔者从电视综艺节目、小说和现实生活对话中收集的四个新颖委婉语用于有声思维实验，分别是“你这个形象”（婉指长得丑）、“时间不多了”（婉指即将死亡）、“爽快”（婉指放荡）和“嗯嗯”（婉指解大手）。“你这个形象”和“时间不多了”为高熟悉度新颖委婉语，“爽快”和“嗯嗯”为低熟悉度新颖委婉语。

4.3.3　语料语境透明度的设计

语境透明度又被称为语境强度（contextual richness），是指目标词所在上下文为目标词语义猜测所提供的各类信息的丰富程度。上下文语境为目标词语义猜测提供的信息越多，则语境越强，猜词成功的可能性越大（Webb，2008；洪炜等，2017）。

本书的语境透明度包括上下文为目标词提供的信息，但除此之外，还包括当前交际情境和话语唤起的记忆知识的明示程度。同一个话语片段中不一定这三个因素同时都明示，但无论明示的因素有多少，如果某语境足以帮助受话人解读出委婉义，则认定为高语境透明度的语境，否则，则为低语境透明度。如例4－1和例4－2：

例4－1：

方达生：竹均，怎么你现在这样——

陈白露：（口快地）这样什么？

方达生：这样地**爽快**。

（根据曹禺《日出》略加修改）

例4－2：

【得知陈白露（以前叫竹均）在天津是个交际花，与多位男性同时交往，方达生心里不痛快。】

方达生：竹均，怎么你现在会变成这样——

陈白露：（口快地）这样什么？

方达生：（叫她吓回去）呃，呃，这样地好客，——呃，我说，这样地**爽快**。

陈白露：我原先不是很爽快么？

方达生：（不肯直接道破）哦，我不是，我不是这个意思……我说，你好像比从前大方得——（忽然来了勇气）嗯——对了。你是比以前改变多了。你简直不是我以前想的那个人。你说话，走路，态度，行为，都，都变了。我一夜晚坐在舞场来观察你。你已经不是从前那样天真的女孩子，你变了。你现在简直叫我失望，失望极了。（痛苦）失望，嗯，失望，我没有想到我跑到这里，你已经变成这么随便的女人。

（选自曹禺《日出》，方括号中内容为笔者根据研究需要添加）

与例4－1相比，例4－2提供了交际的当前情境：方达生对陈白露与多位男性同时交往的行为感到不满、欲言又止的说话方式和表情；还提供了上下文语境，即后文的“我不是这个意思”“失望”“随便”；此外，汉语的社会文化对异性之间交往的行为规范等核心共享知识也会被激活，这些语境信息都可能促使受话人将例4－2中的“爽快”解读为“随便”或“放荡”等委婉义。例4－1则没有例4－2的语境信息。例4－2为高语境透明度的话语片段，例4－1则为低语境透明度的片段。

再如：

例 4-3

方英达：（拍着方怡的头，感叹道）爸谢谢你。我知道我的**时间不多了**。

方怡：嗯，还有三个月。

（摘自北京大学 CCL 语料库）

例 4-3 中，方怡的话语“还有三个月”既可能表示“还有三个月就要离开人间”，也可能表示“还有三个月要离开某个地方或岗位（如方英达可能因贪污而即将被抓捕）”。此外，通常情况下，如果亲人即将去世，我们一般不会在与该亲人当面谈话时，对他说他“还有三个月”的寿命。因此，例 4-3 中的话语片段本身提供的语境信息并不足以促使受话人将“时间不多了”解读为“即将死亡”，并且有可能引导受话人将之理解为“做某件事情的时间不多了”。这样的语境即本书所说的低透明度语境。

4.4 数据收集

本书采用有声思维实验、访谈和问卷调查三种方式收集数据。有声思维实验用于收集受话人解读委婉语过程中提取的各种信息；访谈用于补充和核实有声思维实验中受话人未提及的或者提及了但笔者有疑惑的信息；问卷调查用于收集两方面的数据：委婉语意义和交际效果的解读结果。

三种数据收集方式相互检验和支撑，使数据更加有力、可信。在数据收集过程中，笔者先请未参加实验的学生对委婉语的熟悉度进行判断，然后结合委婉语词典和对语境的依赖度，从高熟悉度和低熟悉度的委婉语中分别选择 4 个，共计 8 个表达，再为选择出的 8 个委婉语分别配上高透明度和低透明度的语境，形成共计 16 个话语片段。为避免出现实验效应，笔者将这些话语片段分为两组，每个表达在同一组只出现一次，即同一个表达被试只会看到一次。而且，同一个表达若在第一组处于高语境透明度的片段，则在第二组处于低语境透明度的片段，同一组的 8 个话语片段的语境透明度高低交错搭配。比如，“不太高”一词在第 1 组出现的语境为低语境透明度，在第 2 组则为高语境透明度（参见附录 2 和附录 3）。

4.4.1 有声思维实验

有声思维是一种任务参与者在执行任务的同时陈述其思想和行为的口

头报告（Block，1986：463）。在话语理解的过程中，“有声思维”是通过在阅读过程中用言语讲述思维的过程，包括如何将不同的事实联系起来、如何确定文本中各部分的含义、如何进行预测以及如何对文本的总体含义或目标作出推断或结论等，将读者所运用的各种策略都清晰地展现出来（陈琴，2016：69）。

作为洞察认知过程的重要媒介（Wang & Wen，2002；耿华等，2015），有声思维的目的之一是探查人们执行任务时的认知过程，被广泛应用于一语或二语的认知加工和认知策略的研究（Bowles，2010；Lin & Yu，2015），是目前探索语言思维过程最有力的工具之一（郭纯洁，2007：155）。作为一种过程导向的研究方法，可用于探究话语理解过程中“黑匣子”的运作机制，因此被认为特别适用于探测参与者在完成任务时会注意到什么，能最直接探究参与者的思维过程（Wigglesworth，2005；李德超、王巍巍，2011；谢元花、魏辉良，2016）。

鉴于有声思维的上述特征与优势，为了回答研究问题中的第二、第三两个问题，即影响受话人准确或偏离解读委婉语的因素以及这些因素之间的制约与互动，本书主要采用有声思维实验的方法来收集相关数据。

实验从 2017 年 3 月 15 日开始，持续至 5 月 4 日。共有 16 位学生被笔者选择参与有声思维实验，最终 14 位被试的数据有效①。

实验场所选在笔者的办公室，安静明亮，录音录像过程中无人干扰。

有声思维数据的收集步骤如下：

先是笔者在教学过程中注意观察学生，从中选取性格较为开朗外向、愿意主动与人交流的学生作为参加实验的备选人员，共选中了 16 位同学，向他们说明了实验的需要和要求，征得他们的同意后，约定时间，进行实验。实验后每位同学获得 50 元报酬。

被试来到笔者办公室后，笔者先是通过闲聊让被试放松，接着向其解释实验的内容、过程和要求。告诉被试将阅读 8 个很短的对话，在阅读对话的同时，把自己对会话中有下划线的词汇的理解过程同步说出来，包括对该下划线词汇含义的理解以及该词汇让被试想到的任何其他方面的信息。在解释任务要求时，笔者只说明是对下划线表达的理解，但不透露下划线词汇与委婉语有关。

在被试理解了任务要求之后，笔者开始对被试进行有声思维培训。讲解完有声思维的要领和方式后，笔者做了一个示范，然后给被试提供了一份练习文本（附录 4），该练习文本的目的是为了检验被试是否适合进行有

---

① 有 1 位被试不适宜进行实验，另有 1 位被试数据失效，原因参见 4.2 节。

声思维实验，并同时熟悉实验的过程，与正式实验的文本和语言现象均无关。练习文本中有三个下划线词汇，要求被试朗读文本，并在遇到下划线词汇时口头报告对下划线意义的理解，以及脑中想到的相关信息。为了让被试放松并熟悉正式实验的过程，非下划线的文本内容，被试只要想说一说，完全可以，一切在被试放松的状态下进行。练习文本如下：

我终于还是一个没忍住，脱口而出："少辛，你怎么胖成这样了？"

她呆了一呆，颊上腾地升起两朵红晕来，右手抚着隆起的肚腹，很有点手足无措的意思，嗫嚅（nièrú）道："少辛，少辛……"

嗫嚅了一半，大抵是反应过来我刚那话不过是个招呼，并不是真正要问她为什么长胖。又赶忙深深伏地对我行了个大揖，道："方才，方才自这花园里狂风拔地，海水逆流，少辛，少辛想许是破云扇，许是姑姑，便急忙跑过来看，果然，果然……"说着又要流泪。

我不知她那眼泪是为了什么，倒也并不讨厌。

破云扇曾是我赠她的耍玩意儿，那时她大伤初愈，极没有安全感，我便把这扇子给了她，哄她："若是再有人敢欺负你，就拿这扇子扇她，管教一扇子就把他扇出青丘。"虽从未真正使过，她却当这扇子是宝贝，时时不离身边，可离开狐狸洞的时候，却并未带走。

（节选自唐七公子著《三生三世十里桃花》第三章）

在练习过程中，笔者在旁边观察，如果被试长时间未说话，笔者则在旁边提醒被试把文本读出声，并把脑子里想到的东西也说出来。有 4 位被试一开始不太适应，均沉默地看文本本身，于是笔者先示范一次，请她们练习第一段，但仍然是默读。4 位被试均表示平常没这么做过，不适应。笔者又示范了一遍，又给她们约 5 分钟练习。其中 3 位后来达到实验要求，1 位表示实在不习惯这种方式，只好放弃。因此，最终参加正式实验的被试为 15 位，又因另 1 位被试录音录像未能成功保存，有效数据为 14 位被试。

有声思维培训和练习结束后，随即进入正式实验阶段。被试分别看 8 个篇幅较短的会话片段（附录 5 和附录 6），每个会话片段中有一个下划线表达，请被试说出该表达的含义，以及该表达引发的任何相关信息。在正式实验阶段，笔者同时录音和录像，期间笔者不发出任何声响，但在笔者自留的一份备用材料上做相关记录，主要是记录被试提到了什么方面的信息，在随后的访谈里需要与之交流什么方面的信息等。由于之前任务讲解得很清晰，且做过示范和练习，因此正式实验阶段较为顺利，几乎没有出现被试在目标词处沉默不语的情况。实验中被试的有声思维过程示例如下：

例4－4：

“背景：四太太在去绸缎铺的路上遇到了三太太。三太太在老爷子死后离开付家，嫁给了香油坊的二少爷。四太太说，你过得富贵吧？看着你比过去<u>富态</u>多了。**富态，这个词，【斜抬头思考】在我第一印象中，是指一个人的身体发福了或者是长胖了，嗯，但是我感觉在这个语境里，这个富态这个词有一些讽刺的意味。也就是说，【斜抬头思考】她在自己家庭老爷子死后，她离开了这个家去到了另一个家嫁给了一个香油坊的二少爷，可能有一种讽刺她，【斜抬头思考】嗯，攀附权贵的意思在里面。离开了这一个困难的困境，去寻找一个比较好的地方去生活，可能更多的可能更多的不是指单指她的身体发福了长胖了，而更多的是一种讽刺的意味在里面。**三太太说，指着自己的肚子说，我这是有了，才三个多月，就显怀了。**那读到这里，才感觉到，上一个词的解释可能有点，有点错误。但是，呃，越往下读才会越明白这段话具体说的是什么意思。也许三太太是说，指着自己的肚子是说，我这是有了，有了，【斜抬头思考】可能就是指她有孩子了，三个多月就显怀了，也就是，相当于给她一个回应，给她讽刺她的一段话的话一个回应，就是说，我这不是长胖了，也不是去了一个更好的地方生活，而是说，我这是有孩子了。**”

（被试9，片段2，“富态”，有声思维）

（注：例4－4中黑体部分为被试的有声思维内容，仿宋体部分为被试朗读的话语片段中的内容。）

4.4.2 访谈

本研究采取访谈法收集数据的初衷在于防止被试的有声思维遗漏重要的观测信息，与有声思维形成互补数据。在实际操作过程中，少数被试也确实出现因集中于对下划线表达的意义的理解，而忘记口头汇报该表达在其脑中激活的其他信息。这些被遗漏的信息可以在紧随其后的访谈中得到补充。访谈的步骤如下：

在实验准备阶段，笔者针对每一个话语片段预测了受话人解读过程中可能会提取的语境信息，并打印出来。如表4－2所示：

表 4-2 话语片段信息及被试解读过程中可能提取的因素

序号	变量			解读时可能涉及的因素	实验用话语片段
	规约度	熟悉度	语境透明度		
5	-	+	+	1. 上下文 2. 情境信息 3. 语言知识	【背景:《缘来非诚勿扰》节目中，主持人孟非问相貌平平的男嘉宾是否接受过专门的语言交际培训。】 孟非：你，你，你有，呃，你说话有经过那种培训的那种吗? 男嘉宾：呃——，真的没有，但是当婚庆主持一直是我的一个叫业余爱好也好还是—— 孟非：刚才跟你说话的那个女嘉宾就是个婚庆主持! 女嘉宾：哎，男嘉宾，<u>你这个形象</u>，会不会扣分啊，会不会扣钱啊? 孟非：（手指了一下女嘉宾）你这个形象都没有扣分，他这个形象为什么要扣分?! 女嘉宾：（撒娇状）我长得明明就是貌美如花好不好呀，孟爷爷!

在实验过程中，笔者坐在同一个房间里离被试稍远的地方。每一位被试在进行有声思维时，笔者会留心听其口头报告的内容，如果被试提及了预测的因素，笔者即在相应的因素上做出标记。因此，当一个话语片段的有声思维结束时，笔者就很清楚想考察的哪些因素受话人已经提及，哪些因素没有提及。如果被试几乎没有汇报任何背景信息，而只是汇报了目标词的含义，笔者会在随后的访谈中，有意识地与受话人交流之前预测的可能影响因素。比如，被试6关于话语片段5的有声思维如下：

“片段5。背景:《缘来非诚勿扰》节目中，主持人孟非问相貌平平的男嘉宾是否接受过专门的语言交际培训。孟非：你说话有经过那种培训的那种吗? 男嘉宾：呃——，真的没有，但是当婚庆主持一直是我的一个叫业余爱好也好还是——孟非：刚才跟你说话的那个女嘉宾就是个婚庆主持! 女嘉宾：哎，男嘉宾，**<u>你这个形象</u>**，会不会扣分啊，会不会扣钱啊? **肯定说他形象长得不是特别让人满意，就是，不怎么好看。**孟非：（手指了一下女嘉宾）你这个形象都没有扣分，他这个形象为什么要扣分?! 女嘉宾：（撒娇状）我长得明明就是貌美如花好不好呀，孟爷爷！”

（被试6，片段5，“你这个形象”，有声思维）

被试6的有声思维中只涉及了对目标词“你这个形象”意义的理解，仅凭有声思维，我们无法得知在该被试的解读过程中，是否还有其他因素发生了作用。因此在访谈时笔者会特别注意相关信息。如下：

笔者：嗯，然后还有那个，【被试：片段5】对片段5的这个，“你这个形象”，你也把他理解为是说，指的是男嘉宾这个形象不怎么好看？

被试6：嗯，对。

笔者：为什么呢？为什么就不一定他挺好看的呢？

被试6：因为上面已经说了，孟非问相貌平平的男嘉宾，肯定是指他的相貌，从下面这个女嘉宾：我长得明明就是貌美如花，两个一对比，肯定指的是他的相貌。

笔者：嗯，呃，你们平常说一个人长得不怎么好看会怎么说呢，就是说你这个形象。

被试6：嗯，一般不这么说。

笔者：一般不这样说，那假设你要用这个短语“你这个形象”，你是说他好还是不好呢？

被试6：嗯，有形容，一般是相貌不好。

笔者：形容相貌不好，很少用来形容相貌好的时候，是吧？

被试6：或者有时候扩散的话看后面接什么话，如果说，你这个形象怎么可能没有男朋友或者女朋友，那肯定说你长得好嘛，如果说你这个形象肯定没有男朋友，肯定是她长得丑。

（被试6，片段5，“你这个形象”，访谈）

上述访谈中，我们挖掘到的信息很好地补充了有声思维的内容。被试6的话语内容表明在解读话语的过程中，对其发生作用的影响因素有话语片段中除“你这个形象”之外的其他话语信息（“上面已经说了，孟非问相貌平平的男嘉宾”，“从下面这个女嘉宾：我长得明明就是貌美如花，两个一对比，肯定指的是他的相貌”，后续话语“你这个形象怎么可能没有男朋友或者女朋友”或“你这个形象肯定没有男朋友”），记忆知识中的个体独有知识（被试6一般不用“你这个形象”来表达“长得不好看”）。

4.4.3　问卷调查

在访谈结束后，被试继续完成两份问卷：问卷 1（附录 7 和附录 8）调查被试对下划线表达意义的理解，同时调查被试认为发话人使用该表达的原因。这份问卷能够补充有声思维和访谈的数据。问卷 2（附录 9 和附录 10）旨在调查被试对下划线表达所能产生的交际效果的理解。问卷 1 和问卷 2 中的话语片段与有声思维中的片段相同。两份问卷各举一例如下：

有声思维阶段调查问卷 1：第 1 组

同学您好！为了解人们日常生活中理解交际的实际情况，我们需要您的帮助。请您不要有什么顾虑，本调查只是想了解您对一些词汇是如何理解的，您的回答我们只是作为研究资料使用，不会用于其他目的。问卷中的答案无所谓对错，只希望您能独立如实填写您的理解，以保证本次调查的可信度。万分感谢您在百忙之中的合作！

您的性别：____　您的年龄：____　您的专业：____________

序号	话语片段	
1	【背景：主持人采访 x① 的现场】 主持人：y② 在你们心中是一个什么样的导演？ x：（思考了一下）我觉得 y 是一个身高<u>**不太高**</u>的导演。	1. “<u>**不太高**</u>”在这里的意思是： ____________________。 2. 您认为 x 为什么用“<u>**不太高**</u>”这个表达？

有声思维阶段调查问卷 2：第 1 组

片段 1

【背景：主持人采访 x 的现场】

主持人：y 在你们心中是一个什么样的导演？

x：（思考了一下）我觉得 y 是一个身高<u>**不太高**</u>的导演。

1. 您认为“<u>不太高</u>”在这里是委婉语吗？

（1）是　　（2）不是　　（3）不确定

---

①② 该话语片段为真实访谈，因其中涉及公众人物的隐私，故在本书出版之际，将其中的人物姓名改为 x 和 y。在实验阶段，出于研究需要，我们呈现给被试的是真实姓名。

2. 您认为“不太高”在这里的委婉程度如何?

（1）不委婉　（2）较委婉　（3）委婉　（4）非常委婉

3. 您认为“不太高”在这里的礼貌程度如何?

（1）不礼貌　（2）较礼貌　（3）礼貌　（4）非常礼貌

4. 如果您是主持人，您会认为 x 用“不太高”能够________。（可多选）

（1）让您觉得他说话比较礼貌

（2）让您觉得他说话比较委婉

（3）让您觉得他说话比较优雅

（4）降低因为说 y 老师个子不高而冒犯他的可能性

（5）让您感到不那么刺耳，心理上感到更加愉悦

（6）掩饰 y 的真实身高

（7）通过调侃 y 身高制造幽默效果

（8）通过调侃 y 身高讽刺 y

（9）其他（请写出您的看法）：________________________________。

由于在问卷 2 的选项中用到了委婉、礼貌、优雅、掩饰、调侃等具有暗示性的表述，为了避免暗示效应的产生，笔者在实验过程中，将三种数据收集方式的先后顺序安排如下：有声思维实验→访谈→调查问卷 1→调查问卷 2。被试做完问卷 1，笔者立即收回，然后发放问卷 2。

4.5 数据分析

4.5.1 委婉语意义和交际效果的解读结果分析

以熟悉度、规约度和语境透明度为变量，分别统计三个维度的委婉语在意义、交际效果两方面的解读结果。

意义解读结果根据问卷 1 和有声思维进行统计，交际解读结果根据问卷 2 进行统计。

数据处理的步骤如下：

（1）把被试的委婉语意义解读结果输入电脑，存成 txt 文档，分别放在第一组话语片段和第二组话语片段两个不同的文件夹里，命名均标明是原始数据。把被试的有声思维转录文本形式保存。

（2）根据被试实际的解读情况，将委婉语意义的解读结果分为四类：

1 = 不确定，2 = 错误，3 = 直陈义和 4 = 委婉义。

将问卷 1 和有声思维转录文本中被试对委婉语的解读结果赋码，分为“意义解读：不确定”“意义解读：错误”“意义解读：直陈义”“意义解读：委婉义”四类。遇到被试没有明确写出含义的时候，再结合有声思维实验中的录音和访谈，因为有声思维是在问卷之前做的，故以有声思维的结果为准。

关于交际效果，将问卷 2 中被试的选项输入 Excel 表，对问卷中的前三题（是否为委婉语？委婉程度如何？礼貌程度如何？）统计每个选项选择的被试人数，对第四题（交际功能）则先是统计每个选项选择的人数，然后再将功能按照选择人数的多少进行排序。除此以外，还进一步将每个委婉语具体的功能归纳为三大类：对他人礼貌、对自己礼貌和不礼貌，将对应的选择人数统计出来进行分析。

将问卷 2 的选择结果与有声思维里提到的交际效果进行比对，看一致情况如何。根据被试有声思维提及的交际效果，将其分为八小类，分别赋码如下：“交际效果解读：间接”“交际效果解读：直接”“交际效果解读：讽刺”“交际效果解读：委婉”“交际效果解读：调侃”“交际效果解读：幽默”“交际效果解读：双关”“交际效果解读：规避另一个敏感话题”。进一步归纳为三大类后的赋码如下：“交际效果解读：对他人礼貌”“交际效果解读：对自己礼貌”“交际效果解读：不礼貌”。

（3）用 Antconc 软件检索四种意义解读结果出现的频次，用 Excel 软件统计交际效果各选项的频次，将结果与熟悉度、规约度、语境透明度三个变量对应统计，用卡方检验三个变量之间的差异显著性，分析委婉语的这三个变量是否影响了被试关于委婉语意义和交际效果的解读结果。

4.5.2 委婉语解读影响因素的数据分析

影响因素的数据根据有声思维和意义调查问卷中的第二问（发话人为何使用该表达）进行分析。步骤如下：

（1）将被试提到的因素进行赋码，结合本书第三章提出的理论分析框架，将影响因素进行分类标注，如“因素：上下文”“因素：记忆知识：集体共享知识”“因素：记忆知识：个体独有知识”“因素：当前交际情境：副语言”等。

（2）将提取的因素在 Excel 表中与每个委婉语一一对应输入，以便分析影响因素与委婉语的语言特征之间的关系。

4.5.3 委婉语准确与偏离解读的过程分析

结合本书第三章提出的框架，从核心共享信息和浮现信息这两大类分析被试提及的因素如何受自我中心制约的注意驱动，进行具有等级凸显特征的推理理解，建构解读委婉语的语境，分析受话人如何匹配核心共享信息和浮现信息，以及在整个解读过程中，最佳关联假定如何激活受话人的心智，引导其建构语境，并从语境中进行意义选择，最终确定委婉语的意义和交际效果。

这一部分的分析主要为定性分析，笔者对被试个体的有声思维转写文本进行深入细致的话语分析，以期找到互动的相关线索。如果受话人处理当前话语、提取记忆知识和加工当前交际情境所获得的假定发挥不同的作用，或者发生结合，笔者即将这些假定视为发生了互动，亦即相关因素发生了互动。在此基础上，笔者还将试图分析互动发生的制约条件，以及这些因素对委婉语准确或偏离解读的作用。

第五章

委婉语的解读结果

本章试图回答第一个研究问题，即受话人对特定情境中委婉语的解读结果。根据有声思维实验、访谈、意义调查问卷和交际效果调查问卷，本章从三个方面进行分析：①受话人是否将委婉语解读为委婉义？②受话人认为特定情境中的委婉语有何交际效果？③受话人的解读结果与委婉语的规约度、熟悉度、语境透明度之间有何关联？

本章首先分析受话人对委婉语意义的解读及其与规约度、熟悉度和语境透明度之间的关联，接着分析受话人对委婉语的意义解读结果与语境之间的匹配与失配，其后，分析委婉语意义与交际效果的解读之间的匹配情况，最后是本章小结。

5.1 委婉语解读结果的总体情况

有声思维实验和意义解读调查问卷显示，被试对委婉语意义的解读结果可分为委婉义解读和非委婉义解读，非委婉义解读包括不确定解读、错误解读和直陈义解读。

不确定解读是指被试明确表示不知道目标词在话语片段中的意义，即没有给出目标词的意义。这一结果在“嗯嗯”的意义解读中很典型。以下两个被试都明确提到对“嗯嗯”的意义没有把握，也没有给出明确的解读结果。

嗯，这一个，其实我不是特别的准确，因为上下文给的提示有点少。

（被试6，片段8，“嗯嗯”，访谈）

因为没有上下文这个环境，只有这一句的话挺难理解的。

（被试11，片段8，“嗯嗯”，访谈）

错误解读是指被试明确说出了自己对目标词的理解，但该意义不是目标词所具备的义项。这一结果集中出现在“弥留之际”的解读中。例如：

弥留之际，嗯？这里——像，弥留之际，应该是，应该，可以去出发。

（被试3，片段3，“弥留之际”，有声思维）

直陈义解读是指被试没有将目标词看作委婉语，并且解读出的意义是其义项之一的直陈义。例如：

爽快就是，嗯，通常理解就是，爽快就是答应什么事情很爽快或者做一件事情就是很干脆利落。这样地爽快，在这里，嗯，这样地爽快就是，就是回答得很干脆，很快。

（被试2，片段7，“爽快”，有声思维）

委婉义解读则是指被试将目标词看作委婉语，并且解读出的意义是符合交际情境中的委婉含义。例如：

“你这个形象”【吸气】，感觉是对这个人，对这个形象不怎么满意啊……

（被试7，片段5，“你这个形象”，有声思维）

5.1.1 委婉语的意义解读

本实验选用了8个委婉语，每个委婉语均有14位被试进行解读，即每个表达被解读的任务次数为8×14=112次。为了分析的方便，本书将上述被试解读的意义类型分为两大类：委婉义与非委婉义（具体每个表达每位被试的详细解读结果，请参见附录11）。分别统计各表达两类解读结果的频次，如表5-1所示。

表5-1 各维度下委婉语意义解读结果的总体情况①

		委婉义	百分比（%）	非委婉义	百分比（%）	卡方检验
语境透明度	高	47	83.9	9	16.1	$\chi^2=10.811$
	低	31	55.4	25	44.6	$P=0.001$
熟悉度	高	46	82.1	10	17.9	$\chi^2=8.278$
	低	32	57.1	24	42.9	$P=0.004$
规约度	高	42	75	14	25	$\chi^2=1.520$
	低	36	64.3	20	35.7	$P=0.218$
小计		78	69.6	34	30.4	

① 14位被试看到的某个委婉表达或为高语境，或为低语境，但同一个被试不会同时看到两种语境中的同一个表达，因此，同一个类型的语境中，只有7位被试看到该表达，因此8个表达在同一类语境中被解读的总次数为7×8=56。而熟悉度和规约度，则是每位被试解读8个表达中的4个，因此总数是4×14=56。

委婉语的意义解读结果呈现出以下特征：

第一，根据表5－1，在112次的解读任务中，委婉义和非委婉义的解读次数比例分别为69.6%和30.4%，绝大多数的委婉语被解读为委婉义。

第二，从不同的控制变量来看，各变量呈现出类似的共性特征：纵向维度看，高语境透明度、高熟悉度和高规约度的委婉语与低语境透明度、低熟悉度和低规约度的相比，均为前者委婉义的解读次数多于后者，非委婉义的解读次数则为后者多于前者。横向维度看，三个变量在高、低两个水平上，都是委婉义的解读次数多于非委婉义的解读次数。仅凭频次数据的表象来看，三个变量对委婉语的意义解读均产生相当重要的影响。卡方检验结果显示，对于委婉语被解读为委婉义还是非委婉义，熟悉度和语境透明度能够带来显著差异；规约度也产生影响，但不产生显著的差异。

第三，虽然语境透明度高、熟悉度高、规约度高的委婉语更多地被解读为委婉义，但我们还是可以从表5－1的数据中发现，这些维度下仍然有被试没有按照委婉义进行解读。呈现出受话人解读话语的个体差异。表5－2是各个表达的解读结果，我们看到，即便是对于高熟悉度且高规约度的委婉语，且语境透明度高，即有语境信息导向委婉义理解的，也有1位被试解读为非委婉义（“不太高”）。另外，即便是低熟悉度且低规约度的委婉语，且语境透明度低，即没有语境诱发受话人按照委婉义理解目标表达，也还是有1位被试将表达理解为委婉义（“嗯嗯”）。

表5－2　各维度下各委婉语不同意义解读结果的频次

委婉语	规约度	熟悉度	高语境透明度		低语境透明度	
			委婉义	非委婉义	委婉义	非委婉义
“不太高”	高	高	6	1	5	2
“富态”			7	0	5	2
“弥留之际”	高	低	6	1	2	5
“同志”			6	1	5	2
“你这个形象”	低	高	7	0	6	1
“时间不多了”			3	4	7	0
“爽快”	低	低	7	0	0	7
“嗯嗯”			5	2	1	6
小计			47	9	31	25

第四，由表5－2可以看出，解读结果受语境透明度影响最为显著的类型是低规约度、低熟悉度的委婉语，即新颖不熟悉委婉语。高、低语境透明度中的委婉义解读次数分别为：爽快（7：0），嗯嗯（5：1）。高规约度低熟悉度的表达之一“弥留之际”也类似。

第五，除了被试间表现出的共性特征和个体差异，本研究发现，解读结果还出现了一个有趣的现象：

根据现有文献，理论上，规约度高的委婉语是固化了的语言形式，其含义的解读不依赖语境，因此实验前笔者据此形成假设一：规约化委婉语，无论是用于高透明度语境，还是低透明度语境，被试都会将其解读为委婉义。规约度低的委婉语是新颖用法，语境依赖度高，因此形成假设二：在低语境透明度中，新颖委婉语被理解为委婉义的结果低于高语境透明度。

但实验结果表明，假设一只在一个熟悉的规约表达上得到了验证（“富态”），其余三个规约表达均有低语境中解读为非委婉义的情况，表达“弥留之际”尤为突出：不仅在低语境中有高达5位被试未解读为委婉义，而且即便是高语境透明度中也有1位被试没有解读出委婉义。此外，规约表达“不太高”和“同志”也分别有2位和3位被试未解读为委婉义，“不太高”和“同志”甚至还分别有1位被试阅读的是高语境透明度的片段。

假设二只在两个熟悉度低的新颖委婉语（“爽快”和“嗯嗯”）上得到了验证。在另外两个熟悉度高的新颖委婉语中，低语境透明度中被理解为委婉义的次数等于（“你这个形象”）甚至高于（“时间不多了”）高语境透明度。

5.1.2　委婉语的交际效果解读

在交际效果问卷中，我们请被试完成以下四项任务：

（1）判断话语片段中的目标词是否委婉；

（2）判断目标词的委婉程度；

（3）判断目标词的礼貌程度；

（4）判断目标词的功能。

目标词是否委婉的选项有三个，分别为是、不是和不确定；委婉程度的选项有四个，分别为不委婉、较委婉、委婉和非常委婉；礼貌程度的选项也有四个，分别为不礼貌、较礼貌、礼貌和非常礼貌。基于文献梳理，功能的选择主要从三个维度进行设计：对他人礼貌、对自己礼貌和不礼貌，具体如下：对他人礼貌的功能选项有照顾受话人或话题指涉方的心理、掩饰缺陷、夸赞、幽默等；对自己礼貌的功能选项有建构发话人说话礼貌、委婉或优雅的形象；不礼貌的功能选项有讽刺，各选项的具体表述方式根据目标词和话语片段的特点进行调整（参见4.4.3节有声思维阶段调查问卷2第4题）。

由表5-3可见，委婉语的112次解读任务中，绝大多数的解读结果是认为目标词是委婉语（85次，76%），但也有24%的解读结果认为目标词不是委婉语。

表5-3　委婉语交际效果的总体解读结果①

委婉语否		委婉度				礼貌度				功能②		
N	Y	NE	RE	E	VE	NP	RP	P	VP	PO	PS	NP
27	85	18	67	18	9	18	60	27	7	193	158	22
24%	76%	16%	60%	16%	8%	16%	54%	24%	6%	52%	42%	6%

在委婉程度四个等级的感知上，被试选择最多的是较委婉（67次，60%），非常委婉的比例不高，仅为8%，值得注意的是，不委婉的比例也高达16%。

与委婉程度类似，在礼貌程度四个等级的感知上，被试选择最多的是较礼貌（60次，54%），其次为礼貌。不礼貌的比例也高达16%。

被试对委婉语的交际功能感知中，认为委婉语能够对受话人和话题指涉方表达礼貌的最多，表达对自己礼貌的次之，表达不礼貌的最少。

表5-4是委婉语总体在各维度下的交际效果解读结果。表中数据显示，与委婉语的意义解读结果相似，对目标词是否是委婉语、委婉的程度、礼貌的程度，也呈现了共性特征：无论语境透明度、熟悉度和规约度三个变量的高低如何，均为认为是委婉语、较委婉和较礼貌的频次最高，且多数变量维度下没有显著差异。但被试对不同熟悉程度的委婉语其礼貌程度的判断出现了显著差异（$P=0.012<0.05$）。

---

① N = 不是和不确定，Y = 是，NE = 不委婉（non-euphemistic），RE = 较委婉（relatively euphemistic），E = 委婉（euphemistic），VE = 非常委婉（very euphemistic），NP = 不礼貌（non-polite），RP = 较礼貌（relatively polite），P = 礼貌（polite），VP = 非常礼貌（very polite），PO = 对他人礼貌（politeness to others），PS = 对自己礼貌（politeness to self）。

② 由于选项是根据具体的委婉表达及其话语片段设计的，因此有的选项是每一个话语片段都有的，因此被答次数为8（片段）×14（被试）=112次；而有的选项是某些话语片段才有的，比如夸赞，只是出现在3个话语片段中，因此被答次数为3（片段）×14（被试）=42次。为了方便比较，本书将功能的原始频次折合为基数为100的标准频次。

表 5－4　各维度下委婉语的总体交际效果解读结果

		语境透明度		熟悉度		规约度	
		高	低	高	低	高	低
是否委婉语	是	43	42	41	44	45	40
	不是	13	14	15	12	16	11
	卡方检验	$\chi^2=0.049$ $P=0.825$		$\chi^2=0.439$ $P=0.508$		$\chi^2=0.330$ $P=0.566$	
委婉度	不委婉	8	10	10	8	7	11
	较委婉	34	33	36	31	34	33
	委婉	8	10	9	9	10	8
	非常委婉	6	3	1	8	5	4
	卡方检验	$\chi^2=1.459$ $P=0.692$		$\chi^2=6.040$ $P=0.110$		$\chi^2=1.237$ $P=0.744$	
礼貌度	不礼貌	11	7	14	4	10	8
	较礼貌	28	32	31	29	28	32
	礼貌	14	13	10	17	13	14
	非常礼貌	3	4	1	6	5	2
	卡方检验	$\chi^2=1.335$ $P=0.721$		$\chi^2=11.008$ $P=0.012$		$\chi^2=1.812$ $P=0.612$	
意义与交际效果	一致	32	28	32	29	33	26
	不一致	24	28	24	27	23	30
	卡方检验	$\chi^2=0.574$ $P=0.449$		$\chi^2=0.324$ $P=0.569$		$\chi^2=1.755$ $P=0.185$	

两两比较发现（表5－5），不礼貌与较礼貌、礼貌、非常礼貌的评判在熟悉度上表现出显著差异。对于熟悉度低的委婉语，被试判断为不礼貌的结果显著少于较礼貌和礼貌，而对于熟悉的委婉语，被试判断为不礼貌的则显著多于非常礼貌的判断。此外，无论熟悉与否，判断为礼貌与非常礼貌的结果之间也有显著差异：认为委婉语是礼貌的显著多于非常礼貌的感知。

表 5-5　熟悉度与委婉语的礼貌程度评估

	卡方值	自由度	P 值
不礼貌 vs 较礼貌	3.868	1	0.049
不礼貌 vs 礼貌	7.202	1	0.007
不礼貌 vs 非常礼貌	10.163	1	0.001
较礼貌 vs 礼貌	1.559	1	0.206
较礼貌 vs 非常礼貌	1.392	1	0.238
礼貌 vs 非常礼貌	5.400	1	0.02

5.2　委婉语与语境匹配的意义解读

语境透明度指委婉语的委婉义与语境的匹配度。本书所使用的话语片段涉及的语境因素包括上下文语境、当前交际情境以及语义激活的记忆知识。三种语境因素分别举例如下：

上下文语境和当前交际情境语境：以“同志”话语片段的两个版本为例。

版本 1：

【背景：酒吧里，赵紫薇趁陈怡慧扭头的时候吻她，陈怡慧就回吻她的嘴唇。从旁边的桌子传来了惊呼声。】

A：原来这两个女孩是同志啊！

B：啊，她们那么漂亮，真可惜，男人没份了！

C：啊，不会吧，刚才我还想上去搭话，她们可能是等不到男人了，才自己解决吧！

（摘自北京语言大学 BCC 语料库，略有修改）

版本 2：

莘琳灵话锋一转，说：“听说外面很多人都以为你是同志?”

“你认为呢?”秦观涛不正面回答，把她拉回自己的怀里，坐到沙发上。

（摘自北京语言大学 BCC 语料库，略有修改）

版本 1 的背景中提供了两个女性亲吻这一情境信息，且 B、C 的话语中有“男人没份了”“等不到男人了”和“自己解决”这些下文信息，这些信息增加了受话人将“同志”解读为委婉义“同性恋”的可能性。相反，版本 2 仅有“同志”一词，没有提供与其委婉义匹配的语境信息。因此，版本 1 的语境透明度高于版本 2。

语义激活的记忆知识语境：以“不太高”话语片段的两个版本为例。

版本 1：

【背景：主持人采访 x 的现场。】

（a）主持人：y 老师在你们心中是一个什么样的导演？

（b）x：（思考了一下）我觉得 y 是一个身高不太高的导演。

（c）（身旁好友笑着说）：这么敢说！

（d）主持人：哇！这么敢说！

（摘自 2015 年 5 月 13 日中国新闻网新闻《y 被 x 译“不太高”放话：有人欠我个解释》，略有改编）

版本 2：

【背景：主持人采访 x 的现场。】

（a）主持人：y 在你们心中是一个什么样的导演？

（b）x：（思考了一下）我觉得 y 是一个身高不太高的导演。

与版本 2 中的 y 相比，版本 1 中的 y 能够明确激活关于 y 的个子矮这一记忆知识，增加了语境透明度。当然，版本 1 中作为上下文语境因素的话轮（c）和（d）也增加了将“不太高”理解为“矮”的可能性。

在上一节的分析中，我们指出，从语境透明度维度来看，并非所有高语境透明度中的委婉语都被解读为委婉义，也并非所有低语境透明度中的委婉语都被解读为非委婉义。也就是说，委婉语的意义解读与语境透明度之间不是完全的匹配。笔者将与语境透明度吻合的解读结果称为匹配解读，将与语境不吻合的解读结果称为失匹配解读。本节分析匹配解读的结果。

匹配解读体现在两个方面：①在高语境透明度中，按照委婉义来理解委婉语；②在低语境透明度中，按照非委婉义来理解委婉语。以下依次分析。

5.2.1 高语境透明度中的委婉义解读

表5－1显示，高语境透明度中委婉语获得委婉义解读的次数为47次，占高语境透明度解读任务次数的83.9%。高语境透明度中获得委婉义解读的表达，在各类条件下的委婉语中均有分布，且分布较为平均：表5－2显示，四类条件下高语境透明度的委婉义解读结果分别为规约熟悉委婉语13次，规约不熟悉委婉语12次，新颖熟悉委婉语10次，新颖不熟悉委婉语12次。

5.2.1.1 高语境透明度中低规约度低熟悉度委婉语的委婉义解读

卡方统计显示，语境透明度的高低显著影响被试的意义解读结果（$\chi^2=10.811$，$P=0.001<0.05$，见表5－1）。因此，可以推断：其他条件相同的情况下，语境透明度越高，表达被按照委婉义解读的可能性越高。这一规律在新颖不熟悉委婉语的解读中得到了验证。这类委婉语的用法规约度低，往往是语境中的临时用法。对于这类表达，语境信息发挥了至关重要的作用。

从附录12的第36－47行的解读任务可见，将“爽快”（表中委婉语7）和“嗯嗯”（表中委婉语8）解读为委婉义的被试，他们从记忆中提取的共享语言知识都是两个表达的直陈义，或者说没有提取委婉义（第47行被试12的有声思维和访谈没有表现出提取了直陈义知识，但也没有表现出提取了委婉义知识）。而且，除了被试3表示曾经在小时候会用“嗯嗯”来表达“解大手”之外，其余按照委婉义理解“嗯嗯”的被试没有相关的语言使用经历。例5－1中，被试10就是在充分提取语境信息后才最终选择了委婉义作为满足话语最佳关联假定的解读结果。

例5－1：

【背景：王丽丽和陈秀娟在卫生间里。】王丽丽：娟儿，你也来啦？陈秀娟：嗯。你也来啦？王丽丽：你在<u>嗯嗯</u>吗？陈秀娟：嗯。【然后两人谈了关于天津那边发来的奖金之事】王丽丽：完了，好像我也要嗯了。**（6秒）【语气流露出不解】卫生间里嗯嗯【右手托右脸腮】（15秒）【边说边挠头】卫生间里嗯嗯这是什么（5秒）嗯首先就是**王丽丽你也来啦，嗯你也来啦。**（4秒）【低声读文本】娟儿，你也来啦，嗯你也来啦。首先就是，按照女生的想法就是，一开始就是【玩手指】两，两个女生在厕所，然后噢在卫生间，然后王丽丽你在嗯嗯吗，然后陈秀娟嗯，这个嗯又可能是她们姐妹俩的一个代号，然后，其实我并不太理解，因为我们平常不这样说，**然后，两人谈了关于天津那边发来的奖金之事，**然后，谈奖金的话**

就是正规说正规的，然后再自己上自己的，然后自己说，王丽丽完了，我好像也要嗯了**（2 秒）。谈完了这个事然后再嗯（4 秒）这个嗯应该跟前面（5 秒）这个嗯（2 秒）嗯不一样（9 秒）。这个嗯应该，这个嗯，前面这个嗯应该是——嗯上——上大号的意思吧，然后，后面叫王丽丽感觉到了自己也想上大号这个意思。应该，按照简单的理解应该是这样【双手摸脸】。然后，因为【右手托右脸腮】在厕所不可能讲那么正经的事情，而且这个场合不是，不是【笑】正经的场合。大概就这样子吧。**

（被试 10，片段 8，“嗯嗯”，有声思维）

被试 10 的思维过程显然不是很顺利。被试明确表示没有类似本片段中的“嗯嗯”的使用经历，但其较长的停顿思考的时间、挠头、回读文本的现象又表明，她发现该表达不是在传递应答这一直陈义。虽然被试注意到交际场合是在卫生间里，但此时还是“不太理解”，并且强调了不理解的原因是因为不具备相关的语言使用经历。不过，被试后来注意到“完了，我也要嗯了”中的“嗯”与陈秀娟话轮中的“嗯”在语义上的差异，进而推理出目标表达“嗯嗯”与“我也要嗯了”中的“嗯”是同样的含义，并且又再一次提取了卫生间这一当前交际情境信息，上下文与当前交际情境信息在被试的语境中互动，最终认为“上大号”就是“嗯嗯”的合理解释。也就是说，被试虽然几经周折，但最终在下文近义表达“嗯”的触发下，还是找到了使“嗯嗯”满足最佳关联期待的解读结果。

下文例 5－2 中，被试 9 的有声思维也表明“嗯嗯”作为应答语气词的用法，给他的解读带来了困难，但最终交际场合（卫生间）获得了再次注意，被试在犹豫和对该信息思考 3 秒之后，将意义基本锁定为“上厕所”，或者“别的什么事情”。尽管被试没有精准地说出“嗯嗯”是“解大手”，但他已经明确说出此处的“嗯嗯”与用作语气词的“嗯嗯”“指代的不一样的意思”。从其有声思维可见，交际场合这一情境知识是关键。

例 5－2：

ang，片段 8。背景。王丽丽和陈秀娟在卫生间里。王丽丽就说，娟儿，你也来啦？陈秀娟呢，嗯。你也来啦？王丽丽说，你在，嗯嗯吗？**嗯嗯，我感觉从字面上来说，【斜抬头思考】，就是我们，呃，普通的，对话之间，呃，你问我在做一件什么事情吗？我嗯嗯或者是不是，这样一个——口语气词，语气词，用得，比较多。或者是回答一个人的，嗯，否定或者是肯定的额疑问句的时候用嗯嗯或者是不是来回答得比较多。《因素：记忆知识：集体共享知识：语言知识》然后在这个具体的语境当中我**

可能，觉得这个嗯嗯就是指代她们之间她们俩所知道的一件事情。呃（3秒），在卫生间里《因素：当前交际情境：场合》，可能就是上厕所呀或者是别的什么事情，她们俩知道的事情，指代的不一样的意思。〈意义解读：委婉义〉ang，这个嗯嗯。ang 然后是陈秀娟回答，嗯。然后两个人谈了关于天津那边发来的奖金的事。王丽丽说，完了，我好像也要嗯了。ang，**这句话，第八段就到此结束了，然后，前面的如果还有不读的话，我再，我还可以再说说。**

（被试9，片段8，“嗯嗯“，有声思维）

从被试提取的语境假设来看，在解读新颖不熟悉委婉语的过程中，被试的记忆知识情况是只有直陈义知识，没有委婉义知识供其提取；多数也没有相关概念信息（如“爽快”片段的出处，即戏剧《日出》），也没有将这两个表达用作委婉语的使用经历，但他们都或多或少地提取了当前交际情境中的人际关系、副语言、言行举止、交际场合和上下文信息，并在认知上对这些信息付出了更多的努力。

此外，在被试3对“嗯嗯”的解读中（参见附录12第43行），由于具有个人语言使用经历（小时候用过），其理解过程很快。当然，她所提取“嗯嗯”是声音这一共享语言知识，以及该声音与解大手之间的概念联系也发挥了重要的作用。见例（5－3）：

例5－3：

王丽丽和陈秀娟在卫生间里。王丽丽就说，娟儿，你也来啦？陈秀娟呢，嗯。你也来啦？王丽丽说，你在，嗯嗯吗？陈秀娟说，嗯。**嗯嗯，应该是指她在，嗯，上，上厕所，上大号吧。〈意义解读：委婉义〉**然后两人谈论了关于天津那边发来的奖金之事。王丽丽说完了，我好像也要嗯了。

访谈：

笔者：嗯，刚刚你第八个那个嗯嗯你是说是上大号，这个是上大号的意思，你在嗯嗯吗？这个是**【这时，笔者看到被试3似乎想说话】**，嗯。

被试3：就是，就是。

笔者：怎么就是上大号的意思？

被试3：嗯，因为不是上大号的时候需要用劲啊，然后就会发出一些声音。**《因素：记忆知识：集体共享知识：语言知识》《因**

素：记忆知识：集体共享知识：概念信息》

…………

笔者：这里面如果没有那个王丽丽和那个陈秀娟在卫生间里的话噢，你还会把，这个背景给它删掉的话，你还会把它理解成是上大号的意思啊？

被试3：也会，第一反应会是在上大号。

笔者：第一反应也是上大号。

被试3：对。

笔者：噢——，为什么呢？你们平常自己用这个词儿吗？上厕所的时候。

被试3：嗯我们现在就是呃年龄、特别大一点是不这么说的。就小的时候。**《因素：记忆知识：个体独有知识》**

笔者：昂，小时候说，是吧？

被试3：对，嗯。

（被试3，片段8，"嗯嗯"，有声思维及访谈）

显然，被试3因为有相关的语言使用经历，其解读过程比上面的被试9和被试10要更加轻松，速度也更快。

5.2.1.2　**高语境透明度中高规约度和/或高熟悉度委婉语的委婉义解读**

除了新颖不熟悉委婉语，从附录12中，我们还可以发现，除了第4行被试8对委婉语1（"不太高"）的解读没有表现出对情境信息和上下文的提取，其他被试也都不同程度地对上述两方面的信息进行了加工。

对于熟悉度高的委婉语，被试的记忆知识中基本上都具有委婉语的相关委婉义语言知识（附录12中显示只有被试15对委婉语3"弥留之际"不具备委婉义知识）。分析这些被试的有声思维文本和访谈文本，笔者发现对于熟悉度高的表达，或者规约度高且被试具有委婉义知识的表达，有三种情况：

第一，在解读过程中，尽管语境透明度高，被试也往往是依靠其记忆知识，直接提取委婉义，直陈义根本没有被从记忆中提取出来，没能进入到语境的建构中。如例5－4被试3对"富态"的解读：

例5－4：

四太太在去绸缎铺的路上遇到了三太太。三太太在老爷死后离开付家，嫁给了香油坊的二少爷。四太太问三太太，你过得富贵吗？看着你比过去富态多了。**说她富态，应该是显得比较臃肿。《因素：记忆知识：集**

体共享知识：语言知识》〈意义解读：委婉义〉三太太指着自己的肚子，我这是有了。才三个月，就显怀了。**难怪她说她富态。《因素：上下文》**

（被试3，片段2，“富态”，有声思维）

例5－4中，被试3在看到“富态”的初始阶段已经按照委婉义来理解了，此时依靠的主要是其记忆知识中的共享信息，当上下文信息出现，被试为自己的解读找到了证据支持。

第二，被试在建构语境的过程中提取了表达的直陈义知识，并与委婉义发生互动，解读出语境隐含，被试因此获得更大的认知效果。如例5－5：

例5－5：

片段六，女嘉宾：（对男嘉宾说）我觉得我们有一个共同的想法，就是，我是想在30岁之前完成生小孩这个，呃，这个愿望，因为我也很喜欢小孩，而且我觉得按照你的时间进程计算的话，我还有三年，你还有，你也差不多有三年半吧。孟非：你们的时间不多了。（众人笑）男嘉宾：我觉得我们都是比较有使命感的人。**他们这个时间不多了应该结合，上文，《因素：上下文》应该就是讲，（1秒）这里面我理解应该有两种意思。第一个是孟非调侃，因为时间不多了都是在指快要去世的那种，《因素：记忆知识：集体共享知识：语言知识》这在主持这方面应该是一个用来调侃的，《因素：当前交际情境：场合》但是再结合上文就是说毕竟还有三年嘛，他们这个时间确实不多了《因素：记忆知识：集体共享知识：语言知识》，孟非这一，一语双关【清嗓子】〈意义解读：直陈义〉〈意义解读：委婉义〉《交际效果解读：调侃》《交际效果解读：双关》**

（被试5，片段6，“时间不多了”，有声思维）

例5－5中，被试5不仅提取了“时间不多了”的直陈义（即做某件事情时间不多了），而且还提取了委婉义“快要去世”，并将这两个从记忆知识中激活的知识进行互动结合，获得了孟非意欲一语双关的语境隐含。

第三，在47次将高语境透明度中的委婉语解读为委婉义的任务中，有27次的解读任务提取了社会规范知识，包括矮和胖是缺陷或敏感话题、公众场合避免谈论敏感话题、同性之间交往的行为规范、职业对从业者形成的典型形象期待、夸赞别人会直接说、交际中要给对方留面子、谈论隐私或粗俗的话题时不便直接表达等等。有17次解读任务提取了概念信息来建构语境，比如对y身高的了解、生活条件好人的身体就可能发胖等。可见社会规范及禁忌/敏感话题和概念信息也是被试建构理解委婉语的重要语境构成要素。有的被试在有声思维中还明示了对该类知识的提取和加工。如例5-6：

例5-6：

【清嗓子】主持人：y老师在你们心目中是一个什么样的导演。x思考了一下：我觉得y是一个身高【歪头】不太高的导演。**【有点笑】因为第一个嗯y大家都知道他身高确实不是很高，甚至说可以有点矮，〈意义解读：委婉义〉《因素：记忆知识：集体共享知识：概念信息》但是处于x在这种场合公众场合《因素：当前交际情境：场合》他只能说不太高，也比较符合当时的情境。《因素：记忆知识：集体共享知识：社会规范》**身旁好友笑着说：这么敢说？哇，这么敢说。**呃从这一点来看，x也是一个（1秒）啧直言不讳的人，也是一个比较坦率的明星。**

（被试4，片段1，“不太高”，有声思维）

5.2.2　低语境透明度中的非委婉义解读

表5-1显示，低透明度语境中委婉语被解读为非委婉义的次数为25次，在56次该语境解读任务中占比为44.6%。

5.2.2.1　规约度与低语境透明度中的非委婉义解读

在5.1.1节我们提到过，根据现有研究，高规约度委婉语对语境的依赖度低，因此即使语境透明度低，也往往应该会被理解成委婉义。但由表5-2可见，低语境透明度中，高规约度委婉语被解读为非委婉义的多达11次，占该语境下非委婉义解读总数的44%。这意味着在低语境透明度中，规约度发挥的作用与语言研究者的预期不一致。

1. 高规约度委婉语在低语境透明度中的非委婉义解读

从附录13中具体的表达来看，四个高规约度委婉语都有被按照非委婉义来理解的情况。其中，表达1（“不太高”）、表达2（“富态”）和表达4（“同志”）分别有2位被试，而表达3（“弥留之际”）更多，有5位被试。

从这些表达的具体意义解读结果来看，有三种情况：

第一，解读为直陈义。表达1“不太高”是被解读成了直陈义，两位被试（被试9和被试10）认为片段中的“不太高”不是“矮”，而是“不高，但也不矮”。其中，被试10还认为这是一种交际策略：通过说当事人个子“不太高”来回避当事人导演水平的问题。表达4“同志”的情况类似，两位表达按照直陈义“有共同爱好者”来理解。

第二，解读结果不确定。没有将表达2“富态”解读为委婉义的两位被试，都是在解读过程中既提取了表达的直陈义，也提取了表达的委婉义，但因为语境信息不足，没有选择确定的解读结果。表达3“弥留之际”也有1位被试的解读结果为不确定，但该被试不是由于不知在直陈义和委婉义中该选择哪个作为最终解读结果，而是由于不知道该怎么理解。

第三，解读结果错误，即被试解读出的含义不是委婉语的义项。“弥留之际”中有4位非委婉义解读者都是给出了自己的理解，但都不是该表达的义项，比如被试2理解成“急得不能往后再拖了”，被试3理解成“可以去出发”，被试7理解为“走之前非常短的时间”，被试10理解成“一个事物的时间”。

2. 低规约度委婉语在低语境透明度中的非委婉义解读

附录13中第12－25行为低规约度委婉语在低语境透明度中的非委婉义解读案例，共有14个。可以看出，只有1个是表达5“你这个形象”，其余的均为表达7“爽快”和表达8“嗯嗯”。

从表达本身来看，这三个表达中，“爽快”和“嗯嗯”是低规约度和低熟悉度的，即新颖不熟悉委婉语。“你这个形象”则是规约度低但熟悉度高的，即新颖熟悉委婉语。

从表达的具体解读结果来看，有两种情况：

第一，解读为直陈义或中性含义。7位低语境透明度的被试中，全部将表达7“爽快”解读为直陈义，3位将表达8“嗯嗯”解读为直陈义，1位将表达5“你这个形象”解读为直陈义。“爽快”和“嗯嗯”是由于语境透明度低，且被试的语境假设中只有直陈义；而“你这个形象”被解读为直陈义，是由于被试5（附录13第12行）看到了下文“客户很多”这一非委婉义导向的信息后，将之前理解的“你这个形象不好”调整为“长得帅”了。

第二，解读结果不确定。3位被试对于表达8“嗯嗯”表示“不太理解”。

5.2.2.2 熟悉度与低语境透明度中的非委婉义解读

由表5－2可见，低语境透明度中，熟悉委婉语被解读为非委婉义的仅为5次，占该语境下非委婉义解读总数的20%；不熟悉委婉语被解读为非委婉义的为20次，占80%。可见，当语境透明度低时，被试对委婉语的熟悉程度对其解读结果产生了重要影响。

1. 高熟悉度委婉语在低语境透明度中的非委婉义解读

本书实验设计的8个表达中，有4个熟悉委婉语：表达1“不太高”、表达2“富态”、表达5“时间不多了”和表达6“你这个形象”。从附录

13 可见，低语境透明度中，表达 1“不太高”、2“富态”和表达 5“你这个形象”均出现了非委婉义解读的结果。表达 6“时间不多了”在低语境透明度全部被解读为委婉义，没有非委婉义的解读结果。

从表达的具体解读结果来看，有两种情况：

第一，解读为直陈义。直陈义的解读发生在 2 位被试对“不太高”和 1 位被试“你这个形象”的解读中。这两个表达与前文 5.2.2.1 规约度的表现重合，具体解读结果已在前文分析（“不太高”参见“高规约度委婉语在低语境透明度中的非委婉义解读”部分的分析；“你这个形象”参见“低规约度委婉语在低语境透明度中的非委婉义解读”部分的分析），不再赘述。

第二，解读结果不确定。这一结果发生在 2 位被试对“富态”的解读中。与前文规约度的表现也有重合（见“高规约度委婉语在低语境透明度中的非委婉义解读”部分的分析），亦不赘述。

2. 低熟悉度委婉语在低语境透明度中的非委婉义解读

低熟悉度委婉语占低语境透明度中非委婉义解读的大多数。涉及的表达也有四个：表达 3“弥留之际”、表达 4“同志”、表达 7“爽快”和表达 8“嗯嗯”。附录 13 显示，四个低熟悉度表达在低语境透明度中均有被解读为非委婉义的情况，主要是表达 3、7 和 8 居多，表达 4 有 2 位被试。

各表达的具体解读结果也有 3 种情况：

第一，解读为直陈义。相关表达分别为表达 4“同志”（2 位被试）、表达 7“爽快”（7 位被试）和表达 8“嗯嗯”（3 位被试）。

第二，解读结果不确定。相关表达为表达 3“弥留之际”（1 位被试）、表达 8“嗯嗯”（3 位被试）。

第三，解读错误。相关表达为表达 3“弥留之际”（4 位被试）。

四个表达三种解读的具体情况与前文规约度的表现也有重合，亦不赘述。

5.3 委婉语与语境失匹配的意义解读

5.3.1 高语境透明度中的非委婉义解读

高语境透明度中的非委婉义解读是少数，56 次解读任务中仅有 9 次，约占 16%（见表 5-1）。

5.3.1.1 规约度与高语境透明度中的非委婉义解读

高语境透明度中，按照非委婉义理解的表达中，3 次是高规约度的，6

次是低规约度的。涉及3个高规约度表达，2个低规约度表达。

1. 高规约度委婉语在高语境透明度中的非委婉义解读

高语境透明度中被解读为非委婉义的3个高规约度的表达分别为表达1“不太高”、表达3“弥留之际”和表达4“同志”。

表达1和表达4都是被试将表达解读为直陈义。表达3是被试解读出的含义是表达本身不具备的义项。这些是已经高度规约化的表达，且又处于线索丰富的语境中，理论上来说，即使被试没有相关的语言知识，还是有可能按照委婉义来理解表达的。因此，究竟是什么因素导致被试的解读与语境失匹配了呢？

笔者深入到被试的有声思维和访谈，发现被试11对表达1“不太高”的解读与低语境透明度中被试10的情况相似：她们认为这里的“不太高”就是“不高不矮”，且被试11也认为该表达有另一个交际意图：通过说身高“不太高”来隐含“别的地方高……学位啊，什么导演的，与人相处交流啊”等。

被试7对表达4“同志”也是按照直陈义来解读，但与被试11不同：他不是由于将表达解读出另外一个隐含意义而导致的，而是对上下文和情境信息的解读不充分导致。

例5－7：

【背景：酒吧里，**嗯，那种消费场所，比较闹腾，去过一趟，【笑】**赵紫薇趁陈怡慧扭头的时候吻她，吻她，啊。陈怡慧就回吻她的嘴唇。**嗯，打kiss啊，【笑】**从旁边的桌子传来了惊呼声。**】大叫的声音，惊呼声【清嗓子】惊呼声。**A：原来这两个女孩是同志啊！**同志，哦——。同志在我印象当中是（1秒）在，（1秒）毛主席领导共产党那个环节，对同志这个称呼是比较看重的，就是一种比较尊重的称呼，尤其是，是那个年代吧，称呼。《因素：记忆知识：集体共享知识：语言知识》〈意义解读：直陈义〉**B：啊，她们那么漂亮，**比较感叹的那种，那么漂亮，就是非常惊讶嘛。**真可惜，男人没份了！**男人没份了，没份，肯定就是，没份了，听过这口语，就感觉没有意思那种，没有机会了。啧，也是平常不怎么说的，就是没机会了。**C：啊，不会吧，刚才我还想上去搭话，**搭话，搭话，就平时也比较常说的一句，搭话，搭讪，搭腔的那种。**她们可能是等不到男人了，（1秒）才自己解决吧！

（被试7，片段4，“同志”，有声思维）

在紧随其后的访谈中，被试也明确表示没注意下文的信息。

例 5 - 8：

被试七：对，因为同志，感觉像他们父辈那时候，无论是成，只要是成年人吧，小孩有时候也可以称为同志。呃，就是比较普遍的用，用到的这个称呼吧。

笔者：嗯，那后面那个 B 说啊，他们那么漂亮，真可惜，男人没份了。然后 C 说不会吧，我刚才还想上去搭话呢。他们可能是等不到男人了才自己解决吧。他俩也把那个同志把 A 说的同志理解成革命同志是吧。

被试七：这个——，我倒没去注意。**《因素：上下文》**

（被试 7，片段 4，“同志”，访谈）

但在有声思维和访谈结束之后，笔者随即发放的意义调查问卷中，被试 7 填写的意义为“同性恋”，而笔者在访谈中只是凸显了情境信息，并未暗示具体含义。这说明访谈中笔者对下文信息的提问引起了被试的注意，下文信息于是变得凸显。本例也说明被试原本是有能力将该表达解读为委婉义的。

被试 4 将表达 3 “弥留之际” 解读为 “情况紧急”，属于错误解读。其原因与被试 7 类似：从有声思维和访谈来看，被试 4 没有该表达相关的语言知识，但片段中下文的近义表达 “不行了” 还是能让受话人解读出委婉义的，但被试 4 没有对这一信息做任何认知处理，导致了错误解读。

2. 低规约度委婉语在高语境透明度中的非委婉义解读

高语境透明度中被解读为委婉义的低规约表达有两个：分别为表达 6 “时间不多了” 和表达 8 “嗯嗯” （附录 12 中第 48 - 53 行），都是将表达解读为直陈义。

从有声思维和访谈来看，被试基本上也都提取了情境信息或上下文信息。但对上下文信息的加工并非都导向委婉义。

附录 12 第 48 - 51 行的委婉语 6 “时间不多了” 的情况最为明显。从提取的信息看，4 位被试都提取了情境信息中的话题（在三年或三年半时间完成生孩子的愿望），而他们也都是将注意的资源更多地分配给该话题，因此将表达解读为 “生孩子的时间不多了”，被试 10 在访谈中表示还可以理解为 “节目剩下的时间不多了”，这本质上还是该表达的直陈义用法。

附录 12 第 52 - 53 行的两位被试对表达 8 “嗯嗯” 的解读情况相同：都是直接提取了直陈义，并为了让直陈义能够解释得通，特地创设交际情境，对片段中已给的交际场合（卫生间）和上下文信息（“完了，我也要嗯了”）未进行充分的提取和加工。如例 5 - 9。

例 5 -9:

片段八【背景:王丽丽和陈秀娟在卫生间里。】王丽丽:娟儿,你怎么也来啦?陈秀娟:嗯。你也来啦?(1 秒)王丽丽:你在嗯嗯吗?陈秀娟:(2 秒)嗯。**可能这个嗯嗯,(2 秒)应该是她俩,见面比较尴尬,可能就是两个,【清嗓子】或许她俩是,然后,结合后文《因素:上下文》**然后两人谈了关于天津那边发来的奖金之事**可能,【斜抬头思索了一下】有好几种情况,可能是,她们本来是竞争对手,或者是因为两个女生本来就是比较,【抿嘴】谁也不喜欢谁的那种,但是又关于奖金,所以说你在嗯嗯吗,我也嗯,无言以对,这种感觉。【清嗓子,抬头】完了。〈意义解读:直陈义〉**

(被试 5,片段 8,“嗯嗯”,有声思维)

访谈中笔者凸显了交际场合这一信息,问被试 5 认为两人在卫生间里干吗,被试认为是在化妆,可见,被试 5 对卫生间相关概念的提取也是导向直陈义解读的因素之一。在随后的意义调查问卷中,被试填写的意思仍然是“嗯嗯”的直陈义:“语气词,不屑或没空搭理”。对于“您认为陈秀娟为什么使用‘嗯嗯’这个表达”这一问题,被试填写的答案是:“背景在卫生间,可能两人在化妆,两人也可能不对头(因后文牵扯到奖金,两人也许存在竞争)。”可见,对交际参与者人际关系的判断也对被试的解读产生了影响。

5.3.1.2 熟悉度与高语境透明度中的非委婉义解读

从熟悉度来看,高语境透明度中被解读为非委婉义的表达中有 5 次为熟悉表达,4 次为不熟悉表达。涉及 2 个高熟悉度表达,3 个低熟悉度表达。

高语境透明度中被解读为委婉义的 2 个高熟悉度的表达分别为表达 1“不太高”和表达 6“时间不多了”。

高语境透明度中被解读为委婉义的 3 个低熟悉度的表达分别为表达 3“弥留之际”、表达 4“同志”和表达 8“嗯嗯”。

各表达的具体解读情况在 5.3.2.1 节规约度中已分析,不再赘述。

5.3.2 低语境透明度中的委婉义解读

低透明度语境中,委婉语被解读为委婉义的次数为 31 次,占总计 56 次解读任务中的 55.4%。其中高规约度表达为 17 次,占比 54.8%;低规约度委婉语为 14 次,占比 45.2%。高熟悉度委婉语为 23 次,占比 74.2%;低熟悉度委婉语为 8 次,占比 25.8%(表 5 -2)。前文指出,卡方检验表明，规约度对委婉语意义的解读不产生显著影响。从低语境透明度中委婉义解读在高、低规约度中的分布来看，二者比例基本相当。卡方检验表明，熟悉度对委婉语意义的解读能够产生显著影响。从低语境透明度中委婉义解读在高、低熟悉度中的分布来看，熟悉委婉语解读为委婉义的远远多于不熟悉委婉语（74.2%：25.8%）。

本节因为解读的结果统一，都是委婉义，因此主要分析被试解读中提取的假设。

1. 高规约度委婉语在低语境透明度中的委婉义解读

尽管语境透明度低，但4个高规约委婉语（表达1、2、3、4，见附录13第26－42行）都有被解读为委婉义的情况。其中，10次为高熟悉度表达，7次为低熟悉度表达。高、低熟悉度总体基本相当，除了表达3“弥留之际”，其余3个表达都是委婉义解读结果占解读任务的大多数。

但“弥留之际”作为高规约度委婉语，却只有2位被试解读为委婉义。根据有声思维和访谈，可以发现，这两位被试都具有与之相关的共享语言知识，即“快要离世”。比如，例5－10中，被试9的有声思维显示出对该表达的直陈义和委婉义都非常了解。

例5－10：

ang，片段3。背景。李隆基刚要下旨回宫，忽然，一名小太监急匆匆跑来，满头大汗。**这个急匆匆我感觉【斜抬头思考】，嗯，第一个，可能是李隆基毕竟他是皇上，ang，然后，如果，有要急的要紧的事情的话，因为小太监是他的下属，他如果有事情必然是需要急匆匆地跑过来第一个，以最快的速度向他的去皇上禀告他的事务。呃，这个急匆匆我觉得，可以很好地反映出一个人的心理状态，呃，以及这件事情的紧急的程度所以证明，这件事情确实是很紧急的。《因素：当前交际情境：副语言》呃**小太监说，皇上。不行了，已到弥留之际，**已到弥留际，弥留之际，【斜抬头思考】在我们学过的词语的意思可能从片面的来说就是一个人的生命快要终结，快要终止，《因素：记忆知识：集体共享知识：语言知识》〈意义解读：委婉义〉呃，但是他还没有完全地离开这个世界，也就是说他已经病入膏肓或者是已经——无药可救那么就接下来，皇上可以去——可以去看看他或者是ang可以去——可以去，嗯，看看他，呃，现在的状态怎么样。**李隆基说，摆驾吧！朕去看看。**从这里来说，朕去看看这个【斜抬头思考】这段话，我感觉，呃，能看出他李隆基可能并不是特别地去关心这个这个在弥留之际的人，可能这个人对于他来说并不是特别的重要。**

（被试9，片段3，“弥留之际”，有声思维）

低语境透明度中，被试解读高规约度委婉语时，所提取的语境假设有以下六种情况：

第一，具有委婉义知识，在解读过程中，直接将该知识从记忆中提取。这种情况最多。如被试15对表达2“富态”的解读：

例5-11：

四太太在去绸缎铺的路上遇到了三太太。三太太在老爷死后离开付家，嫁给了香油坊的二少爷。你过得富贵吧？看起来你比过去富态多了。**比过去胖一点。〈意义解读：委婉义〉**

（被试15，片段2，“富态”，有声思维）

第二，既具有直陈义知识，也具有委婉义知识，也将两者都从记忆知识中提取了出来，但选择委婉义作为解读结果。如上文例5-10中被试9对“弥留之际”的解读。从附录13可以看出，第29行被试7对表达1“不太高”、第38行被试6对表达4、第41行被试13对表达4的解读都是如此。

第三，提取概念信息，并与语言知识互动。如被试3对表达1“不太高”的解读：

例5-12：

y在你们心目中是一个什么样的导演呢？x思考了一下，我觉得y是一个身高<u>不太高</u>的导演。**身高不太高，可能（1秒）觉得y长得比较矮吧。《因素：记忆知识：集体共享知识：语言知识》〈意义解读：委婉义〉**

访谈：

笔者：嗯。那个片段1的不太高，我刚才可能在忙别的事儿，这个不太高，你刚才理解成是什么意思？

被试3：身高不太高【笔者：y是一个身高不】，y是一个身高不是很高的那种，给人的第一印象。**《因素：记忆知识：集体共享知识：概念信息》**

（被试3，片段1，“不太高”，有声思维及部分访谈）

第四，提取社会规范信息，包括禁忌和敏感话题以及谈论此类话题时的策略。这在“不太高”的解读中出现得最多。被试认为说个子矮是缺陷，因此不宜直接表达，直接表达会“给他带去一种挫折感”（被试

12 语）。

第五，提取情境信息和上下文信息。事实上，本研究在设计语料时，对于低透明度话语片段的把握如下：或是上下文和情境中没有导向委婉义解读的信息，或是有导向直陈义解读的信息。但分析被试的思维和访谈文本发现，在低透明度语境中，被试仍然可能会从情境信息和上下文提取信息，而且在提取了的情况下，并没有因此取消委婉义的解读，将结果调整为直陈义。如例 5－13 中被试 8 对表达 2“富态”的解读。

例 5－13：

然后片段二，【背景：四太太在去绸缎铺的路上遇到了三太太。三太太在老爷死后离开付家，嫁给了香油坊的二少爷。】**【读背景时语调惊奇】【吸气】，这个背景应该是介绍了，四太太，四太太遇到了三太太，三太太是【3 秒】老爷死后离开付家。**四太太说：你过得富贵吧？看着你比过去富态多了。**因为，因为前面有一个“你过得富贵吧”，所以我想这个富态应该是指她生活状态比以前好，《因素：记忆知识：集体共享知识：概念信息》《因素：上下文》所以长得【2 秒】，比以前，【1 秒】胖吧，《因素：记忆知识：集体共享知识：语言知识》〈意义解读：委婉义〉应该是这个意思。**

（被试 8，片段 2，“富态”，有声思维）

例 5－13 中，被试 8 提取了上文信息“过得富贵”，也解读成“生活状态比以前好”，这其实也是与“富态”的直陈义相关的一个概念：生活好，除了可能因为吃得好导致身体发胖（委婉义），还可能因此面色红润，有富家气质（直陈义）。但被试显然只提取了委婉义，且将因提取上文中的“过得富贵”而激活的概念信息作为解读的理由。

第六，提取语言知识，并与情境信息互动，在两种语义之间选择委婉义。低语境透明度中，只有被试 1 将“嗯嗯”解读为委婉义。该被试提取了“嗯嗯”作为解大手时发出声音的象声词知识，被试还从情境中提取了人际关系信息（女生之间）和社会规范知识（女生之间私下里说话比较随便）。

最后，需要强调的是，高规约度委婉语在低透明语境中也被解读为委婉义的居多，在注意到这一现象的同时，我们还应注意到，每个高规约度委婉语也还都有没被解读为委婉义的结果发生，在“弥留之际”上尤为突出。其具体解读情况与原因，在前文关于低语境透明度中的非委婉义解读一节已经分析。

2. 低规约度委婉语在低语境透明度中的委婉义解读

三个低规约度委婉语为表达5“你这个形象”、表达6“时间不多了”和表达8“嗯嗯”（附录13第43－56行）。主要为表达5和表达6，即高熟悉度委婉语。低熟悉度委婉语7“爽快”在低语境透明度中全部被解读为直陈义，没有委婉义的解读结果，表达8“嗯嗯”也只有1次被解读为委婉义。

同高规约度委婉语在低语境透明度中解读为委婉义情况类似的是，这些表达虽然规约度低，但被试对其委婉义用法熟悉，具有相关的共享知识，在解读过程中也往往是仅仅提取委婉义。如例5－14。

例5－14：

《缘来非诚勿扰》节目中，主持人孟非问男嘉宾是否接受过专门的语言交际培训。孟非说你说话有经过那种培训、培训的那种吗？嗯，男嘉宾说呃——，真的没有，但是当婚庆主持一直是我的一个业余爱好，一，一直是我的一个叫业余爱好，还是——孟非说刚才跟你说话的那个女嘉宾就是婚庆主持！女嘉宾对男嘉宾说，男嘉宾，你这个形象做婚庆主持，客户——**这个女嘉宾肯定是在嫌弃男嘉宾形象不太好。《因素：记忆知识：集体共享知识：语言知识》〈意义解读：委婉义〉嗯**，男嘉宾就说客户很多。

访谈：

笔者：也就是说即使后面男嘉宾说了客户很多，那么前面这个女嘉宾你这个形象仍然还是指的是你这个形象【被试3：呃，这里我觉得】不太好。

被试3：你这个形象，嗯，（声音变小，边读边想）你这个形象，你这个形象，也有，也有可能是女嘉宾为了，呃，就是，呃，吸引男嘉宾的注意【笔者：嗯】，说，嗯，就是，你这个形象怎么怎么样，可能只有我能看上吧（笑）。**《因素：记忆知识：集体共享知识：社会规范》**

笔者：昂——你这个形象可能只有我能看上【被试3：对】。也就是说你这个形象是不会用来指你长得不错的时候，“哎，你这个形象挺好的，挺适合做演员的”，不会有这个意思吗？

被试3：嗯，不会。

（被试3，片段5，“你这个形象”，有声思维及部分访谈）

被试3对“你这个形象”解读的结果是委婉义：女嘉宾嫌弃男嘉宾形象不好。有声思维中，似乎对下文的“客户很多”没有进行认知加工。从后续的访谈来看，该被试认为“你这个形象”不会用于描述形象不错，即其记忆知识中没有关于该表达的中性或积极用法。所以即使在访谈中笔者把下文可能取消委婉义导向的信息“客户很多”显化出来，被试因此又把“你这个形象”读了好几遍，但从其加工的结果来看，她是在努力寻找让“形象不好”的解释说得通的语境假设，即让“形象不好”这一解读结果满足最佳关联期待，包括提取“形象差一般会被别人嫌弃”这一社会规范知识，作为支持委婉义解读的证据之一。

被试2也将“你这个形象”理解为委婉义，而且也是有声思维阶段没有加工下文信息，在访谈中凸显了该信息之后，仍然按照委婉义来解读。被试2在访谈中的思维过程则表明，她记忆知识里的职业期待这一社会规范知识在一开始就可能会引导了对意义的选择。如例5－15：

例5－15：

《缘来非诚勿扰》节目中，主持人孟非问男嘉宾是否接受过专门的语言交际培训。孟非说你说话有经过那种培训的那种吗？男嘉宾：呃——，真的没有，但是当婚庆主持一直是我的一个叫业余爱好，也好，也好还是——孟非就说刚才跟你说话的那个女嘉宾就是个婚庆主持！女嘉宾说男嘉宾，你这个形象做婚庆主持，客户——**这个，你这个形象就是，就是不太喜欢他这种，他这种形象。〈意义解读：委婉义〉就是，感觉他不，他的外表他的外在呈现出来的，还有，给人的感觉就是，你不适合做一个婚庆主持。《因素：记忆知识：集体共享知识：语言知识》**男嘉宾就说客户很多。

访谈：

被试2：就是可能，我，我没看过这个，我我可以这样猜，就是，他，就是一个人他的外表，有时候就与他的职业，有时候是感觉，你感觉这个人他不是做这个职业的，但恰恰相反，他正是做这个职业的。**《因素：记忆知识：集体共享知识：社会规范》**

笔者：噢，那那这，那在这句话里面她到底，她说你这个形象，到底指的是说他是做婚庆主持的？就是女嘉宾觉得这个男嘉宾确实是做婚庆主持的还是不是做婚庆主持的？

被试2：我觉得不是。

笔者：噢，就是从你这个形象来看，你应该不是做婚庆主持的，这个意思是吧？

被试2：对，而且你看就是男嘉宾，嗯，女女嘉宾她最后你们客户什么什么，男嘉宾就就立马就开始接，客户很多。**《因素：上下文》**

笔者：嗯，这不是说是做婚庆主持吗？是婚庆主持呀，要不然怎么客户很多呢？

被试2：（4秒）我，我觉得就是——这个女嘉宾，就是，觉得这个男嘉宾他的【笑】形象与他就是，他的形象，感觉，就是看起来不像做婚庆主持。**〈意义解读：委婉义〉**

笔者：是因为形象怎么了就不像做婚庆主持的呢？

被试2：呃，可能是个光头【笑】，【笔者：噢，可能是个光头】【被试2笑】可能是比较就是，呃，身体比较的，呃，肥胖，就是没有做婚庆主持的那种就是，给人一种的那种，呃，内涵。

（被试2，片段5，“你这个形象”，有声思维及访谈）

从被试2的有声思维来看，她在一看到“你这个形象”的时候就将它按照形象不好来理解了。在随后的访谈中，她假设的男嘉宾可能是个光头、身体肥胖也验证了她是这样理解的。在有声思维中，被试读到下文的“客户很多”，没有对该信息进行任何认知处理。在随后的访谈中，该信息得到了被试的注意，凸显了出来，被试对该信息进行了加工，但加工的方向仍然受委婉义的引导，包括提取出婚庆主持的职业期待这一社会规范知识，来努力证明“男嘉宾形象不好”就是女嘉宾意欲传递的信息，即是满足该表达最佳关联期待的解读。

也有被试在解读过程中尽管提取了直陈义，但仍然选择委婉义作为确定的解读结果。如例5-16：

例5-16：

片段6。方英达拍着方怡的头，感叹道：“爸谢谢你。我知道我的时间不多了。”**时间不多了，嗯，印象中有两种概念，一种是，就是平常做事情，用的时间，时间的多少。《因素：记忆知识：集体共享知识：语言知识》还有一种，嗯，就是生命，嗯，生命的终结，就是没有多少活着活的日子了。《因素：记忆知识：集体共享知识：语言知识》〈意义解读：委婉义〉**方怡说：“嗯，还有三个月。”

访谈：

笔者：……片段6里面，时间不多了你是说通常看到这个词你觉得它有两个意思是吧？【被试13：嗯】其中有一个意思你是说表示一个人的生命要终结了【被试13：嗯】，嗯，就这里面它可是，你，你觉得它是那两个意思当中的哪一层？

被试13：（4秒）这里，他，嗯，方怡说，还有三个月（4秒），感觉应该就是生命快终结了那种。

（被试13，片段6，“时间不多了”，有声思维及访谈）

最后，对于低语境透明度中的低规约度低熟悉度委婉语“嗯嗯”，只有被试1将其解读为委婉义。被试1在解读过程中从当前交际情境中提取了交际者之间的人际关系信息，从其记忆知识中提取了更多的信息，包括社会规范知识（如女生之间私下里的交谈方式）、共享语言知识（嗯嗯是象声词）和概念信息（上大号会发出声音）。

5.4　委婉语意义和效果的匹配与失匹配

表5－4还表明，委婉语的意义解读与交际效果解读的结果有一致和不一致两大类，且二者出现的次数大致相当。一致的关系较为清晰：将目标词解读为委婉义，也认为目标词是委婉语，且具有委婉和礼貌属性；或者将目标词解读为非委婉义，也认为目标词不是委婉语，也不具有委婉和礼貌属性。理论上，当我们认为一个表达是委婉语，也往往会认为该表达是委婉的、礼貌的；反之亦然。而实际结果表明，语境透明度、熟悉度和规约度这三个维度都出现了二者之间的不一致，且关系相当复杂，共有11种不一致的表现（表5－6）（具体每个委婉语的情况，参见附录11）。

表5－6　委婉语意义与交际效果的解读结果之间的不一致关系①

对应情况	委婉义	是否EU	委婉属性	礼貌属性	熟悉EU	不熟悉EU	规约EU	新颖EU
1	+	+	+	－	+	+	+	+
2	+	－	－	－	+	+	+	+
3	+	－	－	+	+	+	+	－

① EU即euphemism（委婉语），+表示“是”或者“有”，－表示“否”或者“无”。

(续上表)

对应情况	委婉义	是否 EU	委婉属性	礼貌属性	熟悉 EU	不熟悉 EU	规约 EU	新颖 EU
4	+	-	+	-	+	+	+	-
5	+	-	+	+	+	+	+	-
6	-	+	+	+	+	+	-	-
7	-	+	-	-	-	-	-	+
8	-	-	+	+	-	+	+	+
9	-	-	+	-	+	-	-	-
10	-	-	-	+	-	+	-	+
11	-	-	-	-	-	+	-	+

具体而言，11 种不一致的情况分别为：

按照委婉义解读的结果，在交际效果上有 5 种情况：

第一，认为该表达是委婉语，达到较为委婉的程度，但却认为该表达是不礼貌的。

第二，不认为是委婉语，交际效果上也被解读为不委婉和不礼貌的。

第三，不认为是委婉语，在交际效果上解读为不委婉但却是礼貌的。

第四，不认为是委婉语，在交际效果上也解读为是较为委婉的，但却是不礼貌的。

第五，不认为是委婉语，而在交际效果上却又解读为委婉和礼貌的。

按照非委婉义解读的结果，在交际效果上有 6 种情况：

第六，认为是委婉语，且具有委婉和礼貌属性。

第七，认为是委婉语，但既不具有委婉属性，也不具有礼貌属性。

第八，不认为是委婉语，且具有委婉和礼貌属性。

第九，不认为是委婉语，具有委婉属性，但不礼貌。

第十，不认为是委婉语，不具有委婉属性，但礼貌。

第十一，不认为是委婉语，既不具有委婉属性，也不礼貌。

5.5 本章小结

通过分析被试对委婉语的解读，我们发现，委婉语的解读结果有四种：不确定、错误、直陈义和委婉义。委婉义的解读结果多于非委婉义。

从语料本身的影响因素来看，语境透明度和熟悉度对委婉语的解读结果产生显著影响：语境透明度高，解读为委婉义的次数显著多于非委婉义；语境透明度低，则解读为委婉义的次数显著少于非委婉义。新颖委婉语（“爽快”和“嗯嗯”）的解读尤其如此。

委婉语的熟悉度高，解读为委婉义的次数也显著多于非委婉义；熟悉度低，则解读为委婉义的次数少于非委婉义。对此，“弥留之际”的解读体现得很充分。

规约度对表达被解读为委婉义还是非委婉义有一定影响，但不产生显著差异。此外，规约委婉语在高、低语境透明度中均有被解读为非委婉义的情况，“弥留之际”在低语境透明度中甚至是非委婉义的解读结果多于委婉义。新颖委婉语对语境的依赖程度也没有预期的高。两个新颖委婉语（“你这个形象”和“时间不多了”在低语境透明度中也是非委婉义解读结果多于委婉义。上述三个表达，“弥留之际”是规约但不熟悉的，而“你这个形象”和“时间不多了”是新颖但熟悉的，二者联系起来，可以推断：熟悉度对委婉语解读的影响大于规约度。

虽然委婉语更多地被解读为委婉义，但三个变量维度下，都有被试没有按照委婉义进行解读。这说明受话人对委婉语的解读具有个体差异。

交际效果上，大多数目标词被认为是委婉语，且具有委婉和礼貌属性。被试对委婉语的交际功能感知中，认为委婉语能够对受话人和话题指涉方表达礼貌的最多，表达对自己礼貌的次之，表达不礼貌的最少。这与大多数文献对委婉语功能的看法一致：受交际中对他人礼貌的社会心理驱动，委婉语主要旨在传递礼貌，同时满足发话人自己建构形象的需求。但被试认为委婉语能够建立发话人优雅形象的很少。此外，对于熟悉的委婉语，被试判断为不礼貌的则显著多于非常礼貌的判断。这说明，随着表达的委婉用法被交际者越来越熟悉，其礼貌程度可能会因此削弱。

从委婉语意义和交际效果解读的一致性来看，二者之间不是简单的对应关系，不仅并非如此，关系其实相当复杂。值得注意的是不一致的情况：委婉语确实被理解成委婉义，但在是否是委婉语、是否具有委婉和礼貌属性的感知上，或全部，或其中某一两个被判断为否，这表明被解读为委婉义的表达，不一定就因此在交际效果上被认为是委婉的或/和礼貌的。这与我们在第二章对委婉语定义的思考一致：委婉语是语言层面的，而委婉是经过受话人在特定情境中认知加工后的属性，二者可能一致，即委婉语确实被认为是委婉的、礼貌的；也可能不一致，即尽管从语言形式上来看是委婉语，但并不具有委婉和/或礼貌属性。因此，委婉语的定义必须考虑这一现象。

从解读结果与语境的匹配角度来看，被试的解读结果既表现出与语境导向一致的结果，也有不一致的情况。前者表现为在导向委婉义解读的高语境透明度中，将表达解读为委婉义，或者在没有委婉义导向线索的低语境透明度中，将表达解读为非委婉义。不一致的情况表现为在高语境透明度中，将表达解读为非委婉义；以及在低语境透明度中，将表达解读为委婉义。

第六章

委婉语准确解读的路径分析

上一章我们以语言本体层面的委婉语为出发点，考察了第一个研究问题：受话人对特定情境中的委婉语是如何理解的。我们分析了受话人对委婉语的实际解读结果、委婉语的交际效果及其与规约度、熟悉度和语境透明度之间的关联。本章我们基于上一章的结果，但转换视角，以意义解读的结果为出发点，以意义偏向为标准，回答第二个研究问题，即委婉语准确解读的路径分析。首先，我们分析哪些委婉语的意义获得了准确解读，接着梳理被试在对这些委婉语的意义做出准确解读时，都提取了哪些因素，在此基础上，分析（非）委婉义准确解读的路径，最后，对本章进行总结。

6.1 委婉语解读的准确与偏离

6.1.1 准确与偏离解读的界定

本书准确与偏离解读的判断标准以委婉语自身和语境的解读偏向为标准。从委婉语自身来说，如果一个表达在没有特定语境的情况下，往往被按照委婉义来理解，我们即认为该表达具有委婉解读的偏向。如果某个委婉语的委婉义用法已经高度规约化了，意味着该表达的委婉义相关知识约定俗成的程度高，已经“固化在语言使用者的概念系统中”（陈新仁，2015：847），因此，规约委婉语自身具有委婉义解读倾向。基于此，本书实验中，规约委婉语所处的语境无论透明度是高还是低，都应该是委婉义的解读为准确解读，非委婉义的解读为偏离解读。

语境的解读偏向与新颖委婉语的解读结果有关。在本书实验中，高语境透明度的话语片段里，从上下文、当前交际情境或激活记忆知识的角度提供了偏向委婉义解读的信息。因此，高语境透明度中的新颖委婉语，如果被解读为委婉义，则为准确解读；被解读为非委婉义，则为偏离解读。而在低语境透明度中，由于没有明显的信息导向委婉义解读，或者有信息导向非委婉义解读，因此，语境偏向是非委婉义。这种情况下，非委婉义解读是准确解读，委婉义解读是偏离解读。

表 6 – 1 更为清晰地呈现意义偏向与解读之间的关系，以及本书实验所采用的八个表达的准确与偏离解读标准。

表 6-1　意义偏向与解读结果的对应关系

委婉语		语境透明度	意义偏向	准确解读	偏离解读
“不太高”“富态”“弥留之际”“同志”	规约委婉语	高	委婉义	委婉义	非委婉义
		低	委婉义	委婉义	非委婉义
“你这个形象”“时间不多了”“爽快”“嗯嗯”	新颖委婉语	高	委婉义	委婉义	非委婉义
		低	非委婉义	非委婉义	委婉义

根据表 6-1，准确解读和偏离解读各有四类。准确解读的四类中有三种为委婉义解读，一种为非委婉义解读；偏离解读的四类则恰好相反，三种为非委婉义解读，一种为委婉义解读。

准确与偏离解读与第五章的匹配与失配解读既有重合，也有区别。匹配与失配是完全以意义解读结果与语境是否吻合为标准的，如高透明语境中解读为委婉义为匹配解读结果，解读为非委婉义则为失匹配解读结果；低语境透明度中解读为非委婉义则为匹配解读，解读为委婉义则为失匹配解读。

为了更加直观地呈现获得准确解读的委婉语的信息，本书将所有准确解读与偏离解读的委婉语集中起来（见附录 14 和附录 15），并根据规约度、熟悉度和语境透明度分类统计，检验差异的显著性（表 6-2）。

表 6-2　委婉语的准确与偏离解读频次及差异显著性

		准确	偏离	卡方检验
规约度	高	42	14	$\chi^2=1.520$
	低	36	20	$P=0.218$
熟悉度	高	34	22	$\chi^2=1.98$
	低	34	12	$P=0.159$
语境透明度	高	47	9	$\chi^2=10.811$
	低	31	25	$P=0.001$
合计		78	34	

统计结果显示，总体上，委婉语获得准确解读的次数为 78 次，占解读任务总次数的 70%；偏离解读的次数为 34 次，占 30%。从各变量维度看，无论规约度、熟悉度和语境透明度是高还是低，均为准确解读的次数多于

偏离解读的次数，高语境透明度条件下的解读结果更是如此。

尽管从横向看，各维度的同一条件下，均为准确解读的频次更高，但卡方检验显示，对委婉语究竟是被准确解读还是偏离解读，规约度和熟悉度不产生显著差异。而语境透明度则会导致显著差异：透明度高，则偏离解读的显著更少；透明度低，则偏离解读显著更多。

6.1.2　准确解读的委婉语

从附录 14 来看，对委婉语的准确解读在 8 个委婉语上均有分布。各表达获得准确解读的频次及相关信息如表 6－3。

表 6－3　准确解读的委婉语频次与相关信息

序号	委婉语	规约度	熟悉度	语境透明度①	准确解读类型	准确解读频次
1	“不太高”	高	高	高、低	委婉义	6＋5＝11
2	“富态”	高	高	高、低	委婉义	7＋5＝12
3	“弥留之际”	高	低	高、低	委婉义	6＋2＝8
4	“同志”	高	低	高、低	委婉义	6＋5＝11
5	“你这个形象”	低	高	高、低	委婉义、直陈义	7＋1＝8
6	“时间不多了”	低	高	高	委婉义	3
7	“爽快”	低	低	高、低	委婉义、直陈义	7＋7＝14
8	“嗯嗯”	低	低	高、低	委婉义、直陈义	5＋6＝11

从表 6－3 可见，首先，与语义偏向最为一致的是新颖不熟悉委婉语，“爽快”的一致性最强，即语境信息充分则解读为委婉义，没有语境支持则解读为非委婉义。另一个新颖不熟悉委婉语“嗯嗯”也基本上呈现出与语义偏向一致的趋势。

其次，规约委婉语总体上也基本与语义偏向一致。如前文所指出的，“弥留之际”是例外，低语境透明度中仅有 2 次是准确解读。

再次，新颖但熟悉的规约表达解读准确的最少，“你这个形象”在低语境透明度中只有 1 次解读准确，而“时间不多了”仅在高语境透明度中

① 指准确解读出现的语境，比如“富态”，在高、低语境透明度中都有准确解读：高语境 7 次，低语境 5 次，共计 12 次。

有准确解读，且只有3次。

6.2　促成委婉语准确解读的因素

在将有声思维和访谈转录为文本后，笔者仔细研读和分析两类文本，对其中被试提到的与其话语解读有关的影响因素进行赋码。比如，例6－1中，被试7对“富态”进行解读时，在说出其含义为“身体发福”之后，还提到了在“小学学过富态”，这表明该被试具有与“富态”相关的一般性语言知识，这样的语言知识是汉语语言社团的共享知识，存储于被试的长期记忆中，故笔者为之赋码《因素：记忆知识：集体共享知识：语言知识》。

例6－1：

【背景：四太太，**四太太，排行老四的太太？哦应该是的**hao，在去绸缎铺的路上遇到了三太太。**三太太应该比她要要排行要靠前一点。**三太太在老爷死后离开付家，付家应该是老爷的那家。嫁给了香油坊的二少爷。】四太太：你过得富贵吧？**【舔嘴唇】富贵吧，感觉是，过得应该有滋有味，嗯，生活上比较富裕那种。**看着你比过去<u>富态</u>多了。**【吸气，眨眼，挠腮】富态，是，是身体发福，富态，小学学过富态，《因素：记忆知识：集体共享知识：语言知识》就是看着比较像大家【笑】，因为吃的比较好感觉是这样，所以说富态。**三太太：（指着自己的肚子）我这是有了。才三个多月，就显怀了。**显怀，是比较明显的怀孕的一个，啧，那是一个迹象吧。**

（被试7，话语片段2，“富态”，有声思维）

访谈中，被试7的表述显示，其认知语境中还有另外两个假设可能影响他对“富态”含意的解读：一是中国人说话方式间接含蓄；二是直接说可能会伤害对方面子。这两个假设与整个社会对交际方式的认知或期待相关，反映的是整个社会群体的特征，因此，笔者也将其归类为记忆知识中的集体共享知识，赋码为《因素：记忆知识：集体共享知识：社会规范》。见例6－2。

例6－2：

笔者：……那个片段二里面就是那个说四太太对三太太对吧【被试7：

嗯对】说你现在过得富贵吧，看着你比过去富态多了。嗯，富态，是身体发福的【被试7：嗯】这个这个感觉。身体发福是什么意思啊？

被试7：富态，身体发福应该就是发胖吧。

…………

被试7：但是我觉得这个富态，就是我理解的这个富态感觉。呃，就是我当时想到这个富态这个词的话，就是不是在这个，不是在这个背景这个环境里面，而是说这个富态，在现实，呃，生活当中富态就是，比较好的那种。**《因素：记忆知识：集体共享知识：语言知识》**

…………

笔者：哦——，说明了并不是说你体型不好看。【被试7：对对方的一个赞美】噢，是赞美她【被试7：对对对】，嗯嗯。

被试7：但是如果富态要是在一定的情境里面可能就是有那种，你看“你比较富态”，就是会损这人比较胖啊，【笔者：对，不好意思直接说你】发福了【笔者：胖】。对，如果是直接说的话会会觉得丢他面子。**《因素：记忆知识：集体共享知识：社会规范》**

…………

被试7：对，因为中国人就是比较含蓄。说说得太直白，很难。**《因素：记忆知识：集体共享知识：社会规范》**

（被试7，话语片段2，“富态”，访谈）

总体来看，有声思维和访谈结果显示，被试解读委婉语的过程中，提取了以下信息：社会规范、共享语言知识（委婉义、直陈义、其他近义委婉语等）、委婉语激活的概念信息、话题的禁忌性或敏感性、个人的语言使用经历、个人拥有的目标表达非共享的语言知识、交际中的人际关系、交际参与者的言行举止（包括态度、意图、性格、外貌等）、交际发生的场合、交际中谈论的话题以及上下文中的关联表达（近义表达、替换表达、上下义表达）和关联信息。根据这些要素的属性，结合 RT、SCA 和 PPSSC，本书将它们进行归类，如图 6 - 1：

- 影响因素
  - 经受话人提取的记忆知识
    - 集体共享知识
      - 社会规范与禁忌/敏感话题
      - 共享语言知识
      - 概念信息
    - 个体独有知识
      - 个人经历
      - 个人独有的语言知识
  - 经受话人认知处理的当前交际情境
    - 人际关系
    - 言行举止
    - 交际场合
    - 话题
  - 经受话人认知处理的上下文
    - 关联表达
    - 关联信息

图6－1　影响受话人解读委婉语的因素

首先，从附录14中关于准确表达的各项信息中，我们可以发现，对委婉语作出准确解读的被试中，最大的共性特征在于拥有与语义偏向一致的共享语言知识，即规约委婉语的委婉义用法和新颖委婉语的直陈义用法。从表中第15、16、33、35、36、61、62、75、78行的解读任务来看，这些被试没有再提取任何其他语境假设，但也对委婉语作出了准确的解读。

其次，本研究还发现委婉语的解读过程中，被试从记忆知识中提取较多的另一类知识是关于人际交往的一些群体性认知，本书将其简称为社会规范与禁忌/敏感话题。例如，个子矮或肥胖是消极形象，不宜当面或公开谈论对方的缺点，直接谈论对方的缺点会伤害对方的面子，交际中不能答非所问，交际中对敏感话题要规避，死亡是禁忌，不便直说，同性之间接吻过于亲密，传统的女孩感情专一，婚庆主持应该形象较好，大小便是隐私/粗俗话题，夸赞对方会直接表达，等等。

再次，对于表达1“不太高”和表达2“富态”，被试提取概念信息的次数较多，主要为y个子不高，以及生活条件好，吃得多，于是就会发胖。

除了上面三个方面的共享知识外，被试提取的记忆知识还涉及个人经历（特别是相关表达的使用经历）和个体语言知识。这方面信息总体被提取的次数不多。

此外，当前情境信息显然对委婉语的准确解读起到了积极的影响。人际关系、副语言、言行举止、场合和话题五个方面的信息在准确解读中都或多或少地被提取到被试的语境中。这些情境信息的提取基本都能帮助被试准确解读委婉语，对表达7“爽快”和表达8“嗯嗯”的解读尤其能够体现这一点。下文将重点分析被试对这两个表达的准确解读过程。

最后，上下文信息也是被试提取较多的信息。如果被试注意到上下文，并对其进行充分加工，大多数都能对委婉语作出准确解读。而对低语境透明度中的新颖不熟悉委婉语，有些被试表现出很强的语境意识，有的明确表示“片段太短”“没有上下文”“没有语境”，并因此最终没有选择一个确定的解读，或者按照直陈义解读。需要强调的是，根据我们关于准确解读与偏离解读的界定，非委婉义的解读结果在这种情况下是准确解读。被试在诉求上下文无果后，决定不择定唯一解读，恰好从上下文缺失的角度反证语境的重要作用。当然，被试所说的上下文包括本书所说的当前交际情境信息在内。

6.3 委婉语准确解读的路径分析

本节我们基于被试的实际解读案例，结合第三章提出的语境建构框架，分析上一节我们梳理出的被试提取的因素如何作用于委婉语的解读过程。通过分析，我们发现，被试之所以能够准确解读委婉语，主要是得益于所提取的语境假设从四种路径发挥的作用：基于记忆中共享知识的引导、基于记忆知识与当前交际情境/上下文信息的互动、基于当前交际情境信息和/或上下文的充分加工以及基于个人独有知识的帮助。

6.3.1 基于记忆中共享知识的引导

记忆中的共享知识类似于SCA模式中的核心共享背景，是一种相对静态的、普遍的和共有的知识，针对某一言语社团而言。

被试在解读委婉语的过程中，在解码意义上体现出相当程度的一致，所激活的记忆知识表征也表现出一定程度的一致：被试提取出的社会规范、概念信息等内容大致相同。这些一致性信息往往引导委婉语趋向准确解读。

6.3.1.1 共享语言知识的引导

共享语言知识对受话人解读过程的引导往往发生在解读过程的最初阶段，且具有迅捷性。表现在几个方面：

第一，受话人在最佳关联假定的引导下，不提取上下文和情境信息，也不进行情境评估，直接将提取的共享语言知识作为满足最佳关联期待的解读。这种情况下，受话人付出的认知努力最少，因此获得的语境效果也最小，往往只是解读出表达的显义。低透明度语境下新颖不熟悉委婉语的解读往往如此。如例6－3中被试2对“爽快”的解读：

例 6－3：

然后，片段 7。方达生说，竹均，怎么你现在这样——。陈白露口快地说这样什么？方达生说这样地爽快。**爽快就是，嗯，通常理解就是，爽快就是答应什么事情很爽快或者做一件事情就是很干脆利落。这样地爽，在这里，嗯，这样地爽快就是，就是回答得很干脆，很快。**

（被试 2，片段 7，“爽快”，有声思维）

例 6－3 被试 2 的有声思维表明，她对自己的第一解读没有发生质疑，用关联理论的话来说，即第一解读就满足了受话人的最佳关联期待，因此停止了解读过程。

第二，受话人提取共享意义的同时，提取了其他语境假设，并发现二者冲突。此时，受话人的关联期待具体化为期待所提取的共享意义得到最佳关联。为了满足这一期待，甚至付出更多的认知努力，创设语境，使共享意义达到最佳关联。比如，对于与例 6－3 同样的话语片段，例 6－4 中被试 5 的解读过程没有像被试 2 那样迅捷地结束，但最终也还是将直陈义作为满足关联期待的结果。而其最佳关联期待之所以得到满足，是因为被试从自己主动创设的交际情境中找到了满足最佳关联期待的语境假设。

例 6－4：

片段七，方达生：竹均，怎么你现在这样——陈白露（口快地）这样什么？方达生：这样地爽快。**嗯，【咬嘴唇】这个爽快——，应该是（1 秒），嗯，这个片段太短，但是这个爽快（2 秒）【吸气，右手握成空心拳，捂了一下嘴唇，同时又吸气】浅层次的，就是，非常直爽，答应得（1 秒）非常快，这对方达生来讲应该是一种非常惊讶的（1 秒）语气，可能是陈白露（2 秒）又或者是某一个情景，方达生可能是个男的，但陈白露是个女的或者是其他的情景，反正方达生应该是有求于陈白露，而且求了很久，但这次可能是，或者是陈白露这个人的性格不是太，好说话，但这次答应了所以说她这样的爽快（3 秒）就是感觉有种惊讶的感觉。**

（被试 5，片段 7，“爽快”，有声思维）

被试 5 刚一看到目标词“爽快”，就表示“片段太短”，即没有足够的上下文信息。但同时，被试已经从记忆知识里提取了该表达的直陈义为“非常直爽”这一语言知识，并加工了方达生惊讶的说话语气这一当前交际情境信息。根据本书第三章图 3－3，被试 5 从记忆中提取的集体共享的语言知识构成了语境中的核心共享信息，从当前情境中提取的语气这一副语言信息构成浮现信息，被试5将二者匹配，进行评估，发现二者冲突。此时，被试对“爽快”的最佳关联期待的具体内容实际上已经从笼统的“发话人能够并愿意使用的表达”具体化为“发话人能够并愿意使用爽快来表达直爽”。由此，接下来的解读都是围绕找到让这一具体化了的关联期待获得满足的语境假设。当前语篇没能找到，于是被试不惜付出更多的认知努力，创设出方达生有求于陈白露且曾遭到拒绝的情境。尽管被试创设的情境与该片段的出处《日出》中的实际情境完全不同，但作为受话人的被试通过该情境满足了关联期待，解读过程就此结束。在随后的意义调查问卷中，被试填写的意思为：“豪爽，答应得干脆。”说明被试“颇费周折”地发挥想象，最终确定的解读结果还是一开始就提取的意义。

被试13和被试15对“嗯嗯”的解读与被试5的过程类似。为了使语义偏向的解读满足最佳关联期待，他们也假设情境，付出了更多的认知努力。

第三，受话人记忆知识供其提取的意义既有符合语义偏向的，也有偏离语义偏向的，符合语义偏向的意义引导受话人获得准确解读结果，并可能因此而得到更多的语境效果。如例6－5：

例6－5：

片段6。女嘉宾说，女嘉宾对男嘉宾说，我们有一个共同的想法，就是，我是想在30岁之前生，完成生小孩这个，呃，这个愿望，因为我，也很喜欢小孩，而且我觉得按照你的时间进程计算的话，我还有三年，你还有，你也差不多还有三年半的时间。孟非回答说，你们的时间不多了**【微笑】**，众人笑。**这个时间不多了，孟非，他，我感觉，他指代的时间不多了并不是指，女嘉宾和男嘉宾，完成一个共同的想法，30岁之前生完小孩，这个那么这个三年三年半，并不是孟非的意思并不是说，ang，可能就是说你们如果要完成这个愿望的话，三年半的时间三年的时间对于你们来说可能，呃，不多了。并不是说他们的时间，不多了，而是说，嗯，他们如果想在三年半之内要生完这个小孩的话，可能需要更加努力，尽，加快，呃，完成女嘉宾和男嘉宾之间的一些感情的碰撞与交流，尽快地凑成一对，然后去工作，然后去完成自己的这个共同的想法，生完小孩。并不是说，嗯，他们留在人世间的时间不多了，从字面上意思可能会让人误解为这个时间不多了，〈意义解读：委婉义〉《因素：记忆知识：集体共享知识：语言知识》就是，呃，【斜抬头思考】你留在人世间的时间不多了，《因素：记忆知识：集体共享知识：语言知识》可能众人发笑的原因也就是这个原因。**

访谈：

被试9：孟非他——这个人有时候就是，他非常的刻薄，他说话很刻薄，但是有时候也很幽默，也很搞笑，就是说他，用一个非常通俗的语言折射出一个非常不同的含义在里面我感觉有时候他说话就是这样。**《因素：记忆知识：个体独有知识》**那些那些做《非诚勿扰》的那些什么爱情顾问啊，什么那些老师啊，说话都是这样的【我：噢——】，**《因素：记忆知识：集体共享知识：社会规范》**都是很刻薄很尖酸的，但是他说的也有一定的道理。

笔者：就是类似于忠言逆耳之类的。

被试9：对。

笔者：嗯，然后你刚才是说一般来说时间不多了是指人活在世上的时间不长了，但是只不过在这里它不是这个意思。**《因素：当前交际情境：话题》**

被试9：嗯，它意思不一样，嗯，但是……

笔者：时间不多了一般都是用来指人要去世了吗？

被试9：也不是啊，也不是，也也有就是做事情或者是时间很紧迫确实是时间不多了，时间很少了，但是这，ang——，在这个语境当中，我感觉人家嗯众人笑的原因并不是说ang在他们的理解可能他的这个意思并不是让人曲解为你们要做的事情时间不多了，而正是让你们曲解为你们俩所剩的生命的时间不多了。**《因素：当前交际情境：副语言》《交际效果解读：调侃》**

笔者：所以才好笑。

被试9：ang，所以才好笑，**《交际效果解读：幽默》**如果在这里面理解成我要做这件事情的时间不多了，我要等着去干吗，这句话就不好笑了。

（被试9，片段6，“时间不多了”，有声思维及部分访谈）

例6－5是高语境透明度的片段，语义偏向是委婉义，即“时间不多了”表达“即将死亡”。提取了这一意义的被试9，其实同时也提取了直陈义“做某事的时间不多了”。在我们的框架中，即被试从集体共享知识中提取了两个语言知识信息，形成核心共享信息。而被试显然还注意到情境信息（众人笑），并提取到语境中，构成浮现信息。被试评估当前交际情境，将核心共享信息与浮现信息进行匹配，发现如果仅仅选择“做某事的时间不多了”来与众人笑这一浮现信息匹配，不符合关联期待，正如被试访谈中所说：“如果在这里面理解成我要做这件事情的时间不多了，我要等着去干吗，这句话就不好笑了。”

其实，从被试的思维陈述来看，被试在情境评估的时候还匹配了另一对语境假设，并发现冲突：即将死亡这一委婉义与情境信息中的交际参与者都还是健康的人之间冲突。而这层含义可以借助于“生小孩的时间不多了”取消其不适宜性，加上被试提取的孟非的话语风格信息，共同形成了幽默的语境效果。

6.3.1.2 社会规范与禁忌/敏感话题的引导

除了共享知识，受话人从记忆知识中提取的另一类集体共享信息也常常对准确解读起导向作用，即社会规范与禁忌/敏感话题。

通过分析被试的有声思维和访谈，我们发现，在委婉语的解读过程中，社会规范和话题的禁忌/敏感知识的提取从三个方面对其准确解读进行引导：

第一，在委婉语解读发生前就发挥作用，引导受话人对委婉语意义的激活与选择。如例6－6。

例6－6：

ang 片段4，背景。酒吧里，赵紫薇趁陈怡慧扭头的时候吻她，陈怡慧就回吻她的嘴唇。从旁边的桌子传来了惊呼声。**惊呼声让我，感觉到，可能，赵紫薇在趁陈怡慧抬头的时候吻她，而陈怡慧就回吻她的嘴唇，旁边既然传来了惊呼声，就证明有两种可能，第一种。ang，可能就是旁边的观众看到呃两个人接吻就确实是传来了由心里发出的一种惊呼起哄那样的意思，而第二种意思就是两个人的关系可能不是像正常的关系那样的《因素：记忆知识：集体共享知识：社会规范》呃状态所以才会传出惊呼《因素：当前交际情境：副语言》**A：原来这两个女孩是<u>同志</u>啊！**同志【斜抬头思考】，ang 在中文的意思可能就是说，呃，让我想起了，让我想起了一些，嗯入党的积极分子，为我们中国的革命事业做出奋斗的一些呃革命干部，他们互相会称之为同志，呃，【搜寻思考的眼神】也有可能是我们同学之间为了同一个目的，比如考研，然后我们互相之间可能会互相称之为考研狗，或者是同志，也会称之为同志。《因素：记忆知识：集体共享知识：语言知识》但是在这个语境里，我感觉这个同志应该是同性恋的意思，两个女生同性恋的意思，〈意义解读：委婉义〉所以才称之为同志，这是一个不一样的地方，在这段在这段话。**B：啊，她们那么漂亮，真可惜，男人没份了！C：啊，不会吧，刚才我还想上去搭话，她们可能是等不到男人了，才自己解决吧！ang，**这段话让我让我想到了，嗯，今天这个社会上的一些与以往我们父辈 ang 母辈他们那个年代所不同的地方，然后是这个年代的价值观思想观呃以及人生观可能不同，也有可能是经济的发展社会的开放所导致的呃这一些同志们啊玻璃们啊这些一类人的出现。《因素：记忆知识：集体共享知识：社会规范》**

（被试 9，片段 4，“同志”，有声思维）

例 6－6 中，被试 9 在还没有读到目标表达时，就提取了情境信息中副语言信息（惊呼声），并在为惊呼声寻找最佳关联假定的过程中激活了人们发出惊呼的两种可能情况，其中，第二种情况与人们对同性之间正常的行为规范方面的认知有关。社会群体普遍拥有的行为规范会形成典型行为期待，如对不符合规范的异常行为感到惊讶。被试提取的该社会规范期待也对他解读下文的“同志”起到了引导或制约作用：被试的思维过程表明，其语境假设中具有“同志”的直陈义知识和使用经历，但并未因此将片段中的表达解读为志同道合者。我们不妨用 Sperber & Wilson 的分析来解释被试 9 的思维：除非有具体的信息与之不同，否则，受话人会按照典型假设和期待来理解话语（1986/1995：88）。

被试中多数被试提取的规范期待和禁忌/敏感话题的假设对委婉语解读所产生的影响，都与被试 9 的表现类似。正如陈新仁所指出的，面对说话人的话语选择，受话人会对其进行评估，评估的依据是“适用于当下语境的社会秩序或道德秩序”（2018b：10）。具体到说话人使用的委婉语，规范期待和禁忌/敏感话题即社会秩序或道德秩序的具体表现，当受话人需要对具有歧义的委婉语作出意义抉择时，它们往往成为受话人选择某种意义的主要依据。

第二，社会规范和话题的禁忌/敏感知识作为证据，支持受话人提取的语义假设。以被试 8 对“不太高”的解读为例：

例 6－7：

片段一，【背景：主持人采访 x 的现场】主持人：y 在你们心中是一个什么样的导演？x（思考了一下），**应该是他思考，就是想了一下：**我觉得 y 是一个身高不太高的导演。**不太高就是讲他身高比较矮【笑】**（身旁好友笑着说）：这么敢说！**这么敢说应该是一种比较夸张的说法，就是说 x 这属于一个爆料【笑，摸嘴】，稍歧视的说法其实，然后**主持人：哇！这么敢说！**也是表示很惊讶的想法。**

（被试 8，片段 1，“不太高”，有声思维）

从被试8的有声思维中，我们可以看出，他一看到“不太高”就将其理解为“矮”。这个结果是以脱口而出的形式表现出来的，可见其解读起来毫不费力。从访谈可以看出，被试8有关于个子矮是缺陷，因此不能直接说的交际规范知识。见例6－8。

例6－8：

笔者：……这这这不也没直接说他矮，怎么身旁的好友还说“这么敢说”，他不就说了，也没直接说。

被试8：因为你看你讲一个人，正常讲一个人矮，就会感觉有点——**《因素：记忆知识：集体共享知识：社会规范》**

笔者：太……

被试8：矮就是相当于一个劣势的一方面吧就可以说，然后就相当于，嗯，揭他老底儿那种感觉，就讽，讽刺他那种感觉了就，就跟说你长得好丑那种感觉，就你长得好矮。**《因素：记忆知识：集体共享知识：禁忌或敏感》**

（被试8，片段1，“不太高”，访谈）

从被试8的思维过程中，我们无法判断社会规范与禁忌或敏感话题在哪个阶段对其解读发挥影响，但访谈中的内容可以看出，正是此类知识使他认为“矮”是使“不太高”获得最佳关联的解读。

第三，社会规范和话题的禁忌/敏感知识还可能引导受话人通过付出更多的努力获得额外的认知效果。

上例被试8在解读“不太高”的过程中，其注意资源显然几乎全部在于身高的话题和关于忌讳谈论个子矮的规范知识，导致在其语境假设中，个子高矮的话题与相关共享知识和概念信息最为凸显，可及性最高，而前序话语中关于y导演水平的话题没有得到注意。

与之不同的是，另外4位受话人（被试4、5、6、12）的语境中，处理前序话语中激活的社会规范和禁忌知识（节目中谈论y的导演水平很敏感）仍然占有其注意资源，对委婉语的解读而言仍然凸显，与之相关的假设也因此具有高可及性。这4位受话人加工的信息比被试8多，付出了更多的认知努力，并解读出比被试8更多的认知效果：除了解读出x是在委婉表达y个子矮或不高之外，还分别解读出以下语境隐含：暗示y导演水平不高或不适合做导演（被试4）、以众所周知的一个事实回避另外一个更加敏感的问题（被试5、6、12）。上述4位被试之所以解读出这些隐含的交际效果，除了“导演水平”这一前序话题本身的影响之外，显然还有公众场合尽量避开敏感话题的交际规范产生了影响。见例 6 –9。

例 6 –9：

【清嗓子】主持人：y 老师在你们心目中是一个什么样的导演。x 思考了一下：我觉得 y 是一个身高**【歪头】**不太高的导演。**【有点笑】因为第一个嗯 y 大家都知道他身高确实不是很高，甚至说可以有点矮，〈意义解读：委婉义〉《因素：记忆知识：集体共享知识：概念信息》但是处于** x **在这种场合公众场合《因素：当前交际情境：场合》他只能说不太高，也比较符合当时的情境。《因素：记忆知识：集体共享知识：社会规范》**身旁好友笑着说：这么敢说？哇，这么敢说。**呃从这一点来看，**x **也是一个（1 秒）啧直言不讳的人，也是一个比较坦率的明星。**

访谈：

笔者：哦，嗯，然后这个嗯，他，x 不是问那个呃回答那个主持人问题的时候他说我觉得 y 老师是一个身高不太高的导演，对吧，他这个身高不太高是什么意思呢？指的是说他指的是 y 老师的个子，嗯，他，如果说不这么说能怎么说？

被试 4：因为他讲他是一个什么样的导演，他应该讲他的性格，不应该讲他的身高，**《因素：记忆知识：集体共享知识：社会规范》**或者他现在讲这个身高不太可能有，更深层的一个含义吧，可能，也就是说他，啧，他的，他的才华不是很，不适合太，做一个导演。有可能有这层意思。**《交际效果解读：规避另一个敏感话题》**

（被试 4，片段 1，“不太高”，访谈）

与被试 8 一样，被试 4 也提取了个子矮的禁忌话题和交际规范，因此认为 x 只能说“不太高”。但被试 4 还提取了另一个与交际有关的社会规范：回答问题不应文不对题。根据最佳关联假定，话语处理者不会为获得既定的认知效果花费不必要的认知加工（陈新仁，2014：36）。换句话说，受话人付出了更多的认知努力，也就会期待得到更多的认知效果。Sperber & Wilson（1986/1995：142）还强调，提取语境假设，如同在语境中加工某个信息一样，也需要付出认知努力。从被试 4 的解读过程来看，他付出比被试 8 更多认知努力提取和加工另一个社会规范知识，也会在最佳关联假定的制约下，为自己付出的额外努力寻求回报，表现为寻求 x 不直接回答 y 导演水平如何的真正意图：暗指 y 不是很适合做导演。这一暗含是基于被试提取的社会交往中问答的交际规范，并非当前话语“身高不太高”若要满足关联期待所必须补充的。关联理论将这种受话人自己产生的、不是发话人鼓励的暗含称为弱暗含，弱暗含能够传递诗意效果，往往需要付出更多的认知努力才能获得。

6.3.1.3 概念信息的引导

实验中，被试提取概念信息最多的是与“不太高”和“富态”相关的概念：即 y 的身高不高这一事实，以及生活好、吃得好与发胖之间的联系。通过分析，我们发现被试提取的这两个表达的概念信息对准确解读委婉语也能起到引导的作用。被试往往在一看到“不太高”，就提取出 y 身高不高的事实（如上例 6－9），并受此引导，为发话人用“不太高”而不用“矮”去寻找语境假设。上一小节分析的社会规范方面的假设，有些情况下也是被试在概念信息已经提取，为了让经由概念信息激活的话语意义获得最佳关联而提取的。

通过以上分析，我们可以发现，在受话人解读委婉语的过程中，从记忆知识中提取的共享知识主要是引导受话人找到关联的语境假设，或者自身作为假设，为受话人提取的意义提供关联性，促成受话人准确解读委婉语。

当所提取的记忆知识与委婉语的解读偏向一致，受话人的记忆知识往往能引导其通向准确解读，路径或简单或复杂：可能会跳过情境评估，直接由记忆知识通达结果（如例 6－3）；也可能会进行情境评估，并发现冲突，但解决冲突的方式受记忆知识的引导，努力寻找乃至创设让记忆知识满足关联期待的语境假设（如例 6－4）。此时，虽然被试的解读路径中有情境评估过程，对核心共享信息和浮现信息进行匹配，但其结果是核心共享信息更加凸显，对解读结果更具有导向性。

委婉语是一种社会文化信息丰富的语言现象。本节的分析表明，委婉语的解读表现出明显的社会维度：特定的社会规范引发的谈论禁忌或敏感话题时应该采取的语言形式和交际策略，委婉语在语言体系中已经固化的含义及用法，或者尚未固化到成为超越直陈义的凸显义（主要与熟悉的新颖委婉语有关，比如“你这个形象”和“时间不多了”），但也已经为言语社团高度熟悉的委婉义用法，以及群体共享的概念信息或者百科知识（如生活好吃得好，于是可能发胖）等。这些具有高度群体规约性的知识具有集体凸显性，可能会超越浮现信息的凸显（Kecskes，2014：184），导致在不具有委婉义偏向的语境中将委婉语解读为委婉义，使解读发生偏离。这种语境下，受话人需要充分注意当前交际情境信息与上下文信息，并对提取的信息进行充分加工，才能避免解读结果的偏离。

记忆中共享知识对受话人委婉语解读的影响在一定程度上与 Rodd 等（2016）关于歧义词语义加工的研究发现一致。Rodd 等人的研究发现，与歧义词某个意义相关的经历能够对受话人选择该意义的偏好产生累积性影响，导致其在解读歧义词时语义选择偏好发生变化，这些变化直接影响语境中意义加工的难易程度。在加工规约委婉语时，如果受话人具备相关的语言知识、社会或社交规范、敏感或禁忌话题知识，或者相关的概念信息等与委婉义相关的语言使用经历，则往往提取委婉义作为第一解读结果（如例6－6、例6－7和例6－9）。

6.3.2 基于记忆知识与当前交际情境/上下文信息的互动

当前交际情境是言语交际中的非语言成分，亦被某些理论和学者称为物理环境（如关联理论）或物理世界（如顺应论）、情景知识（即来自物理语境的具体场合因素）（如何兆熊，1987；熊学亮，1996；2012）、客观的言辞外语境（如王建平，1989）、言伴语境（如王建华等，2002）等。就构成要素而言，当前交际情境包括交际的时间、地点、场合、交际话题、事件、交际的正式程度、交际者个人特点相关的因素（如身份、相互关系、情绪、体态、语气、声调等）（何兆熊，1987；王建平，1989；王建华等，2002）。影响交际现实的是语言与语境在具体互动中的在线、浮现关系，当前交际情境正是这种在线、浮现关系发生的主要处所之一。

上下文即语言层面的语言环境，也被称为语言语境或言内语境，是由语法、词汇、语音、语码转换等组成语篇的变量（Gumperz & Cook-Gumperz，1976；朱永生，2005：9；肖好章，2009：15）。何自然（2011：1）也指出，上下文是语境的一个组成部分，“常见于句段、篇章，它可能指词语与上下句段或篇章之间的意义关系”。

上述这些情境信息和上下文信息是否得到被试的注意和充分加工，对于规约委婉语而言，总体影响不大。① 但对于不熟悉的新颖委婉语，会给解读结果带来显著差异：受话人注意到并充分加工上述信息，则可能做出准确解读，如“爽快”；反之，如果受话人没有注意到，或者注意了，但没有充分提取相关信息的明说与暗含，则仍然可能导致偏离解读。

我们以被试对新颖不熟悉委婉语“爽快”的解读为例，来说明受话人如何基于当前交际情境与上下文信息的互动，最终准确解读委婉语的。

① 虽然有被试的解读结果是偏离的，但除了“弥留之际”，其余三个规约委婉表达的偏离解读均为少数。

例 6-10：

得知陈白露（以前叫竹均）在天津是个交际花，与多位男性同时交往，方达生心里不痛快。方达生：竹均，怎么你现在会变成这样——陈白露：这样什么？方达生（把她吓回去）：呃，呃，这样地好客，——呃，我说，这样地爽快。**爽快这种词，一般是干脆利落那种，嗯，通常情况下想到的是，嗯，别人请客吃饭啊或者，呃帮别人忙之类的就特别爽快，干脆。**陈白露：我原先不是很爽快么？方达生（不肯直接道破）：哦，我不是，我不是这个意思。……我说，你好像比从前大方得——（忽然来了勇气）嗯——对了。你是比以前改变多了。你简直不是我以前想的那个人。你说话，走路，态度，行为，都，都变了。我一夜晚坐在舞场来观察你。你已经不是从前那样天真的女孩子，你变了。你现在简直叫我失望，失望极了。**从这里，可以感觉出，前面那个爽快，应该不是，嗯，干脆利落那种意思，应该是比较，爽快应该是，她在那种，和同时和人同时交往，性格上已经不是，不是很，不是那种比较开朗好一点的性格，而是属于那种比较滥交的那种。《因素：上下文》**（痛苦）失望，嗯，失望，我没有想到我跑到这里，你已经变成这么随便的女人。

（被试 13，片段 7，“爽快”，有声思维）

例 6-10 中，被试 13 的思维过程清晰地呈现出解读结果由直陈义到委婉义的调整。尽管在“爽快”出现之前也有相关的情境信息（发话人方达生的不痛快情绪、支支吾吾的说话方式），被试此时提取的还是直陈义（“干脆利落”）这一记忆中的共享语言知识，但读到下文的关联信息（关于陈白露言行举止的变化以及方达生的失望情绪）时，被试就将“爽快”的含义由积极的调整为消极的了。根据我们的分析框架，可以对被试 13 的解读路径描述如下：

被试读到“爽快”，假定该表达是最佳关联的，同时从记忆知识中搜寻能够让“爽快”满足关联期待的解释，提取出共享语言知识中的信息：爽快就是干脆利落，形成了核心共享信息。到这一阶段，我们没有发现被试对上文中的信息有什么认知处理。换言之，该话语片段试图明示的浮现信息未能凸显。但被试读到下文时，包括其中的一些情境信息（如括号中的说明，以及方达生的说话方式），被其提取出来构成了浮现信息。被试之所以没有注意到前面的情境信息和语言信息，是因为爽快的解读发生在这些信息之后，被试解读目标表达的当下并未进行情境评估，因此他认为“爽快的含义为干脆利落”这一解读是满足最佳关联期待假定的。但当后面新输入的内容在被试的语境中形成新的浮现信息，并与前序话语的加工结果冲突后，被试之前获得满足的关联期待受到了挑战。用关联理论的话来说，即新输入的假设与加工前序话语所形成的、已经进入被试工作记忆中的假设（即爽快的直陈义知识）之间冲突，新旧假设冲突会产生认知效果：删除或修订旧假设。于是被试将之前形成的核心共享信息删除，将解读结果调整为“滥交”这一委婉义。我们的语境建构框架基本上能够解释被试的整个思维过程。

如上例所示，在与委婉义匹配的语境中，引起受话人注意的上下文信息，获得认知处理，帮助受话人选择、调整或增强委婉义的解读结果。神经网络语义相关词之间的关系能够帮助我们更好地理解这一积极认知效果产生的原理：

> 实际上人类的心智是一个巨大的神经网络，这个神经网络可以形成一个词汇识别的关联网络，该网络表现了各种语义相关词之间的关系。当话语提供了关联网络中的其他成员时，词汇识别会更快，当听到某词与神经网络中的词相似时，网络中的词就自动被激活，同时与其相邻的认知区域也会被激活。
>
> （曹沸，2011：153）

需要强调的是，曹沸所说的神经网络中的语义相关词能够发挥语境作用，是以获得信息处理者的注意为前提的，不具备这个前提，相关词在交际者的认知中就不会凸显。被试13的思维过程就表明，上文信息中的交际花、与多位男性同时交往、方达生心里不痛快，以及方达生说话的语气等，这些信息似乎统统没有引起被试的注意，否则，以他对下文信息的处理能力来看，他是可以借助于上文信息来发现“爽快”在此特定情境中，不是直爽的意思。反过来，如果被试仍然只是将内容读一遍，不付出认知努力进行加工，那他的关联期待仍然是得到了满足的，也就不会注意到信息之间的冲突，调整意义的过程也就不会发生了。这也说明了我们的框架图是符合受话人解读话语的实际过程的：受话人的整个语境建构过程受最佳关联假定引导，提取语境假设的过程是在关联假定制约下的注意驱动的，注意又进而导致语境假设获得不同的凸显等级。

例6－10中的“爽快”是新颖不熟悉委婉语，但处于高透明度语境中，即委婉义偏向的语境，上下文和情境信息丰富，只要被试注意到，并给予认知加工，往往会得到准确解读。在实验中，我们发现两个新颖不熟悉委婉语的解读都是如此：高透明度语境中的“爽快”和“嗯嗯”分别获得全部和5位被试的准确加工。

而对于熟悉委婉语，被试的从记忆知识中提取的第一解读往往是委婉义，这样，在非委婉义偏向的语境中，即在应该解读为直陈义或中性义的低透明度语境中，被试常常会忽视上下文或情境信息，其记忆知识中首先获得提取的委婉义会压制中性意义获得提取的机会（相关分析见第七章）。例如，对于低语境透明度中的新颖委婉语“时间不多了”和“你这个形象”都出现了这种情况。只有1位被试因为“你这个形象”下文的信息有中性义导向，并因此选择中性义作为解读结果。见例6－11。

例6－11：

片段五，背景：《缘来非诚勿扰》节目中，主持人孟非问男嘉宾是否接受过专门的语言交际培训。孟非说：你说话经过那种培训的那种吗？男嘉宾：呃——，真的没有，但是当婚庆主持一直是我的一个叫业余爱好也好还是——孟非：刚才跟你说话的那个女嘉宾就是个婚庆主持！女嘉宾：男嘉宾，你这个形象做婚庆主持，（1秒）客户——（男嘉宾）客户很多。**这个，（1秒）可能（1秒）【搭嘴】，【抹鼻子】因为没看，我没看过这个节目，《因素：记忆知识：集体共享知识：概念信息》可能就是他这个形象可能就有两种极端，《因素：记忆知识：集体共享知识：语言知识》一个就是太（1秒）长得太谦虚，就是说这个形象做婚庆主持不是太，合适，因为婚庆主持这个东西毕竟还是，一个非常门面性的东西。《因素：记忆知识：集体共享知识：社会规范》另外一个，但男嘉宾底下说客户很多，那可能就是说他长得就比较帅了《因素：上下文》，很多人就比较钦慕他。**

（被试5，片段5，“你这个形象”，有声思维）

从被试5的有声思维来看，尽管他提到“他这个形象可能就有两种极端”，但与其他被试一样，他提取的第一解读也是“形象不好”，访谈中被试也讲到平常用“你这个形象”，一般都是指“你这个形象有点可怜”。这说明在受话人的心智表征中，“你这个形象”的委婉义（“形象差”）凸显度高于中性义。这也是为什么其他被试提取了委婉义之后就直接将之作为满足最佳关联的解读了。有些被试即使也对后文的“客户很多”进行了深度加工，但受凸显度更高的委婉义的影响，反而努力为“客户很多”寻求语境假设，使它的含义能够与“形象差”关联起来，于是解读出“想挣回点面子”的隐含意义。但被试5不同，其记忆知识中关于“你这个形象”的中性义虽然凸显度低于委婉义，但从他说的“两种极端”来看，解读目标表达的当下，还是有提取的机会的，只是还没凸显出来。而等到下文的新信息进入到其认知环境，并被作为假设择入到语境中，原本凸显度较低的中性义获得了凸显，最终被作为满足关联期待的解读结果。

结合我们的分析框架，被试5 的加工过程中，在最佳关联假定的驱动和制约下，被试试图找到满足该期待的语境假设。被试从记忆知识中提取的委婉义和中性义构成核心共享信息，但二者形成竞争，不能择定唯一的解读结果。而从上下文提取的语境假设构成浮现信息，被试在评估当前交际情境，对核心共享信息和浮现信息进行匹配时，浮现信息使中性义的凸显度得到加强，并因为二者的关联使最佳关联假定得到了满足，被试5 也因此结束了解读过程。

6.3.3　基于当前交际情境信息和/或上下文的充分加工

如果受话人记忆知识中没有与语义偏向一致的语言知识，那么，对当前交际情境/上下文信息是否注意，以及加工的程度，对委婉语能否获得准确解读有重要影响。

例如，本书实验中的表达 8 “嗯嗯”，用于委婉地表达“解大手”。由于被试对该用法不熟悉，记忆知识中没有相关委婉义直接提取（有些被试的思维表明他们提取了“嗯嗯”的拟声特点，即“嗯嗯”与“解大手”之间的转喻关系），被试的思维也没有表现出对直陈义的提取，几乎主要依赖语境信息。请看例 6－12。

例 6－12：

嗯片段8。【背景：王丽丽和陈秀娟在卫生间里。】王丽丽：娟儿，你也来啦？陈秀娟：嗯。你也来啦？王丽丽：你在嗯嗯吗？陈秀娟：嗯。【然后两人谈了关于天津那边发来的奖金之事】王丽丽：完了，好像我也要嗯了。**（6 秒）【语气流露出不解】卫生间里嗯嗯【右手托右脸腮】（15 秒）【边说边挠头】卫生间里嗯嗯这是什么（5 秒）《因素：当前交际情境：场合》嗯首先就是王丽丽你也来啦，嗯你也来啦。（6 秒）【低声读文本】娟儿，你也来啦，嗯你也来啦。首先就是，按照女生的想法就是，一开始就是【玩手指】两，两个女生在厕所，然后噢在卫生间，然后王丽丽你在嗯嗯吗，然后陈秀娟嗯，这个嗯又可能是她们姐妹俩的一个代号，《因素：当前交际情境：人际关系》然后，其实我并不太理解，因为我们平常不这样说，然后，两人谈了关于天津那边发来的奖金之事，然后，谈奖金的话就是正规说正规的，然后再自己上自己的，然后自己说，王丽丽完了，我好像也要嗯了（2 秒）。《因素：上下文》谈完了这个事然后再嗯（4 秒）这个嗯应该跟前面（5 秒）这个嗯（2 秒）嗯不一样（9 秒）。这个嗯应该，这个嗯，前面这个嗯应该是——嗯上——上大号的意思吧，然**

后，后面叫王丽丽感觉到了自己也想上大号这个意思。应该，按照简单的理解应该是这样【双手摸脸】。然后，因为【右手托右脸腮】在厕所不可能讲那么正经的事情，而且这个场合不是，不是【笑】正经的场合。《因素：记忆知识：集体共享知识：社会规范》大概就这样子吧。

访谈：

笔者：平常你们你你你刚才说的是可能是上大号的意思是吧。【被试10：对】嗯你们平常上大号可用这个词儿?

被试10：不用，并不用。

笔者：不用这个词儿是吧?

被试10：并不用。

笔者：那你后来怎么揣摩她这是上大号呢?

被试10：她说完了，我也要嗯了。

笔者：哦，就那句话让你感觉到，可能是是要上大号了噢?

被试10：对。

（被试10，片段8，“嗯嗯”，有声思维及部分访谈）

从访谈中可知，被试10没有使用“嗯嗯”表达“解大手”的经历，从有声思维来看，其“嗯嗯”的加工非常费力（被试10关于该表达的有声思维篇幅是最长的，且停顿思考的时间最长达15秒）。同时可以看出，她其实一开始就因为卫生间这一交际场合而认为片段中的两人是在上厕所，只是不明白两人交谈中用到的“嗯嗯”是什么含义。另外，她对情境线索（交际场合是卫生间、交际中两人之间的关系）以及上下文（“完了，我也要嗯了”）的搜索是主动的、有意识的搜索，即语境线索是由被试10在注意驱动下有意加工才获得更高凸显度的。Xu等（2018）的研究也表明，对提取的语义信息进行评估、选择等话语的后期加工任务中，意识监控可能会产生影响。在对该片段加工过程中，不是所有被试对上下文线索都表现出这么高程度的注意，这说明被试对语境线索的注意具有自我中心性。

在被试10的语境构成中，核心共享信息的语境假设不是直陈义或/和委婉义（即使有直陈义，也没有处于凸显的地位），而是人们在卫生间里能做的事情（比如上厕所、洗手、化妆等，不谈论正经的事情），提取上下文和情境中的场合、人际关系构成浮现信息，二者匹配时，核心共享信息中“不谈论正经事情”获得凸显，即“嗯嗯”在这里不是因为两人在交谈而发出的应答声，“不是在谈论”这一语境假设让“嗯嗯”获得了最佳关联，即“解大手”才是当前情境中能够让“嗯嗯”获得最佳关联的意义，而不是交谈中表示应答的“嗯嗯”。

本章第一节的数据分析表明，语境透明度对委婉语是否获得准确解读产生显著影响，高语境透明度中的准确解读更多，偏离解读更少。上一节关于记忆知识与当前情境/上下文信息互动的分析，以及本节关于当前交际情境信息和/或上下文充分加工的分析，都能够在一定程度上解释为何高语境透明度中准确解读的次数为大多数。Pfaff 等（1997）关于隐喻类委婉语的解读与语境之间关系的研究也发现，当语境蕴含的隐喻概念与隐喻类委婉语相匹配时，受话人理解的准确性更高。本研究中被试的解读过程表明，基于注意和充分加工的前提下，语境信息确实能够帮助受话人选择或调整解读结果。

6.3.4 基于个人独有知识的帮助

或许是由于本书所研究的语言现象与社会规范密切相关，在实验中发现，个人独有知识的提取（包括个人经历和个体独有语言知识）不多。尽管不多，但是，从少数提取了这方面知识的被试的解读结果来看，个人独有知识对于准确解读委婉语具有加快解读过程的作用。以被试 3 对“嗯嗯”的解读为例：

例 6－13：

王丽丽和陈秀娟在卫生间里。王丽丽就说，娟儿，你也来啦？陈秀娟呢，嗯。你也来啦？王丽丽说，你在，嗯嗯吗？陈秀娟说，嗯。**嗯嗯，应该是指她在，嗯，上，上厕所，上大号吧。〈意义解读：委婉义〉**然后两人谈论了关于天津那边发来的奖金之事。王丽丽说完了，我好像也要嗯了。

访谈：

笔者：这里面如果没有那个王丽丽和哪个陈秀娟在卫生间里的话噢，你还会把，这个背景给它删掉的话，你还会把它理解成是上大号的意思啊？

被试 3：也会，第一反应会是在上大号。

笔者：第一反应也是上大号。

被试 3：对。

笔者：噢——，为什么呢？你们平常自己用这个词儿吗？上厕所的时候。

被试3：嗯我们现在就是啯年龄、特别大一点是不这么说的。就小的时候。《**因素：记忆知识：个体独有知识**》

笔者：昂，小时候说，是吧？

被试3：对，嗯。

（被试3，片段8，"嗯嗯"，有声思维及访谈）

与上面例6－13中被试10的思维过程相比，被试3的解读过程非常轻松，几乎是直接通达委婉义的解读结果的。这表明，有与语义偏向相同的语言使用经历，会减少对语境信息的需求，或者说削弱对语境信息的注意，加快解读过程，甚至可能直接由词汇"嗯嗯"激活的记忆知识通达解读过程的最后：即"嗯嗯"是表示上大号。

在我们的框架中，被试3的路径应该很简洁：个体独有知识构成浮现信息，然后直接到达委婉义的解读结果，中间似乎没有经过情境评估的阶段。

6.4 本章小结

本章我们主要对委婉语获得准确解读的路径进行了分析。基于数据分析，我们首先发现，大多数委婉语都获得了准确的解读。获得准确解读最多的是新颖不熟悉委婉语，其次是规约委婉语，新颖但熟悉的委婉语准确解读的次数最少。规约委婉语中的"弥留之际"和新颖委婉语中的"你这个形象"在低语境透明度中获得准确解读的次数很少，新颖委婉语中的"时间不多了"在高语境透明度中获得准确解读的次数很少，这三个表达将在第七章的偏离解读中重点分析。

促成委婉语获得准确解读的因素有：记忆知识、当前交际情境和上下文。受话人从记忆知识中提取了社会规范与禁忌/敏感话题知识、共享语言知识、概念信息、个人经历和个体独有的语言知识。前三者属于集体共享知识，得到受话人提取的次数相对更多，后两个属于个体独有知识，总体提取的次数不多。受话人提取的当前交际情境信息中提取的信息包括人际关系、副语言、言行举止、场合和话题，提取的上下文信息则主要包括语义上发生关联的表达和信息之间发生关联的内容。

委婉语获得准确解读的路径主要有四种：基于记忆中共享知识的引导、基于记忆知识与当前交际情境/上下文信息的互动、基于当前交际情境信息和/或上下文的充分加工以及基于个人独有知识的帮助。

记忆知识对解读过程的引导可能会使解读过程变得非常简单：直接由提取的记忆知识（主要是语言知识）通达到解读结果，结束解读过程；也可能在更加复杂的解读过程中引导受话人在进行情境评估的时候，努力寻找使记忆知识获得最佳关联的语境假设。记忆知识的引导往往带来核心共享信息的凸显，即委婉语所蕴含的社会规约性信息的凸显。记忆知识的引导促成委婉语获得准确解读，说明委婉语解读过程中，表现出明显的社会维度。而我们对路径的分析也表明，这一社会维度可以在关联理论的框架得到合理的解释。

基于记忆知识与当前交际情境/上下文信息的互动的解读路径表明，在受话人的解读过程中，注意驱动受话人关注到语境信息，与提取的记忆知识发生互动，发现之前提取的语言知识不能满足最佳关联期待，于是删除记忆知识，或者从记忆知识中选择与当前情境信息/上下文发生最佳关联的语义知识，修订解读结果，获得准确的解读结果。

当受话人不具备与语义偏向一致的语言知识，基于当前交际情境信息和/或上下文的充分加工就成为准确解读的关键。这种解读路径中，从当前话语片段中加工出的浮现信息往往比核心共享信息更加凸显。

基于个人独有知识的帮助的解读路径与记忆知识的引导中的第一种情况类似，也会简化思维过程，受话人可能直接提取意义，结束解读过程。此时，语境线索并非必要的条件，即使语境中有丰富的线索，也可能被直接忽略。

第七章 委婉语偏离解读的原因分析

在第六章，我们重点分析了委婉语准确解读的路径。分析发现，受话人在解读过程中或者基于共享知识的引导，或者基于共享知识与当前交际情境信息/上下文信息的互动，或者基于对当前交际情境信息/上下文信息的充分加工，少数情况下基于个人独有知识的帮助。无论是哪一种路径，受话人最终都获得了符合解读偏向的准确结果。

然而，我们在第六章也曾指出，尽管被试对大多数委婉语意义的解读是准确的，但还是有 34 次（30%，见表 6－2）的解读结果是偏离解读倾向的。本章将首先梳理出发生偏离解读的委婉语及其影响因素，接着重点分析这些因素如何导致了委婉语的偏离解读，最后对本章的发现和论述进行总结。

7.1 解读偏离的委婉语及其影响因素

尽管总体来看，偏离解读的任务频次远远低于准确解读的频次，但从表 7－1 的统计数据来看，涉及的表达分布也很广：除了新颖不熟悉委婉语“爽快”之外，其余 7 个表达均有偏离解读的情况的发生，其中“弥留之际”“时间不多了”“你这个形象”的频次之高，足以引起我们的注意。

表 7－1 偏离解读的委婉语频次与相关信息

序号	委婉语	规约度	熟悉度	语境透明度①	偏离解读类型	偏离解读频次
1	“不太高”	高	高	高、低	直陈义	1+2=3
2	“富态”	高	高	低	直陈义	2
3	“弥留之际”	高	低	高、低	错误、不确定	1+5=6
4	“同志”	高	低	高、低	直陈义	1+2=3
5	“你这个形象”	低	高	低	委婉义	6
6	“时间不多了”	低	高	高、低	直陈义、委婉义	4+7=11
7	“嗯嗯”	低	低	高、低	直陈义、委婉义	2+1=3

具体来说，表 7－1 中的数据有三点值得我们注意：

① 指偏离解读出现的语境，比如“富态”，只在低语境透明度中出现两次偏离解读。

第一，“时间不多了”和“你这个形象”在低语境透明度中被解读为委婉义的频次很高。前者有 7 位被试全部解读为委婉义，后者有 6 位解读为委婉义，即只有 1 位被试解读准确。

第二，“弥留之际”是规约表达，语义本身就偏向委婉义，也就是说，无论语境透明度如何，都倾向于委婉义。但在低语境透明度中，有 5 位被试出现了解读偏离。而且，不是因为解读为直陈义而偏离，是因为解读成错误的含义或无法给出确定的解读结果。

第三，根据我们在第六章对偏离解读的界定标准，高语境透明度中的委婉语如果被解读为直陈义，则为偏离。“时间不多了”在高语境透明度中出现了 4 次偏离解读。

附录 15 中提供了偏离解读中被试提取的语境信息。从语境信息的类型分布来说，与准确解读基本一致：记忆知识中的社会规范、禁忌/敏感话题、共享语言知识、概念信息，个人独有知识中的个人经历和个体语言知识，当前交际情境中的人际关系、副语言、言行举止、场合和话题，以及上下文信息都或多或少被不同的被试提取。

在深入到被试的有声思维和访谈之前，我们先仅凭观察附录 15 中被试提取的影响因素，可以发现两个较为有趣的集中现象：

其一，偏离解读中被试提取的共享语言知识基本上与偏离结果一致，如对于第 2－14 行的规约委婉语和第 32－33 行的高语境透明度中的表达，委婉义是符合语义偏向的解读，在解读结果一栏中我们发现有直陈义、不确定和错误三类情况，对应到共享语言知识一栏，发现这些被试中的大多数或者只具备直陈义知识，或者没有相关的委婉义知识，即不具备或者没有提取准确解读所需要的语言知识。

而对于第 15－20 行和第 25－31 行的低语境透明度中的新颖熟悉的委婉语，直陈义是符合解读偏向的结果，但却被解读为委婉义。共享语言知识一栏也表现出规律性：被试或是只提取了委婉义，或是委婉义和直陈义都提取了，但最终选择委婉义作为解读结果。

两个方面结合起来，可以看出共享语言知识的提取对偏离解读产生了重要影响。

其二，第 21－24 行，关于委婉语 6（“时间不多了”），由于是在高语境透明度中，因此其准确解读意义应为委婉义，但 4 位被试都将该表达按照直陈义来理解。除了共享语言知识上他们都提取了直陈义以外，这 4 位被试还都提取了前序话语中的话题信息（三年或三年半内生小孩）。可见，话题可能也影响了他们的解读结果。

以下我们深入到被试的有声思维和访谈，结合我们第三章提出的解读框架，详细剖析被试的解读过程，包括那些没有呈现出上述明显规律的委婉语。

7.2 记忆知识导致的偏离

受话人语境中缺少必要的记忆知识，是导致解读偏离的最重要原因，这主要体现在语言知识和社会规范与概念知识方面。个人经历在一位被试身上产生了偏离影响。

7.2.1 语言知识导致的偏离

本书研究是以委婉语为切入点，研究其解读过程，本质上是词汇在特定语境中的解读。因此，是否具有词汇相关的语言知识对解读有重要作用。本实验结果表明，对于进入交际情境中的委婉语，语言知识的缺失和委婉义的凸显是导致解读偏离的主要因素。

7.2.1.1 共享语言知识的缺失

语言知识缺失导致的偏离主要表现在对规约委婉语“弥留之际”的解读中。研究认为，规约性使委婉语具有语用上的隐秘特征和无心解读特征(pragmatic stealth and mindlessness - inducing qualities) (Burgoon & Langer, 1995)，即无论有无语境，都更可能被理解为委婉义。而在我们的实验中，“弥留之际”的偏离解读高达6次。从其具体的解读结果看，5次的解读结果是错误的，即被试理解的含义不是该表达的义项；1次是不确定，被试表示不知道应该怎么理解该表达。5次错误的解读中，1次是出现在高语境透明度中的，其下文有近义表达“不行了”，但被试仍然没能准确解读。

例7-1：

李隆基刚要下旨回宫，忽然，一名小太监急匆匆跑来，满头大汗。**小太监急匆匆地跑来，又是满头大汗的话，说明肯定是有急事。《因素：当前交际情境：副语言》**小太监：皇上。不行了，已到弥留之际了。**弥留之际，在这个地方用的话——，【撩头发】弥留之际，我这边是不太理解，怎么就说到了弥留之际呢？**李隆基就说摆驾吧！朕去看看。

访谈：

笔者：噢，嗯，那个片段3里面那个“弥留之际”，你说这个呃，你就不太理解怎么就突然说到“弥留之际”了，是吧？

被试 12：嗯，对。

笔者："弥留之际"本身的意思呢是是大概是什么意思，这个词儿你们可学过？

被试 12："弥留之际"，没有单独地拿出来学吧，就是**《因素：记忆知识：集体共享知识：语言知识》**

笔者：噢——嗯——

被试 12："弥留之际"（4 秒），我不知道怎么样去理解"弥留"，但是"之际"的话可能就是说到了什么事情的边缘了吧，十分着急。

（被试 12，片段 3，"弥留之际"，有声思维及访谈）

例 7－1 是低语境透明度的片段。从中可以看出，被试 12 的语境意识很强，文中关于小太监的副语言信息（急匆匆、满头大汗）被试都注意到并进行了心智表征：有急事。当目标表达出现，被试有思索的过程，但显然没有从记忆知识中找到可提供关联性的信息（访谈内容也显示被试没有相关语言知识），于是放弃选择解读结果，明确表示不理解。其语境建构如图 7－1 所示：

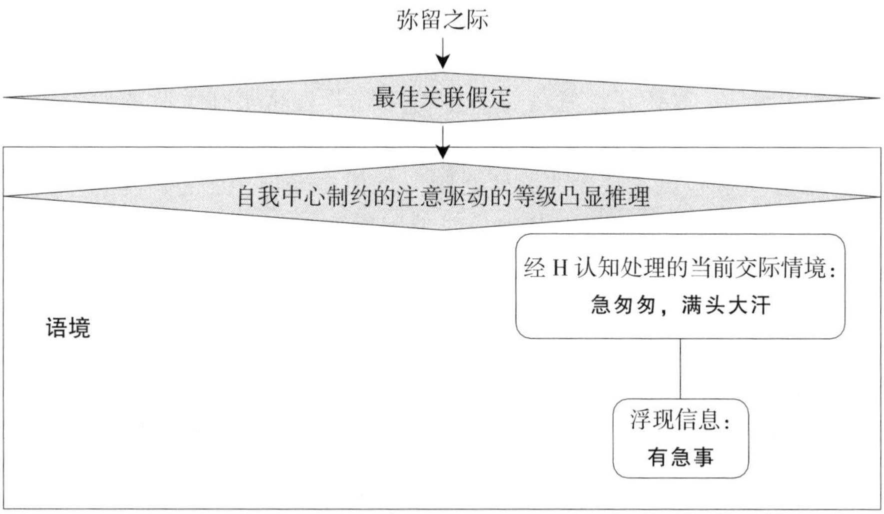

图 7－1　被试 12 解读"弥留之际"的语境

需要强调的是，被试的解读结果以"不理解"告终，恰恰反证了受话人的推理理解是关联取向的：在最佳关联假定的引导和制约下，受话人试图从其认知环境中搜寻到使“弥留之际”与提取出的浮现信息“有急事”之间实现关联的假设，没有成功，于是放弃解读。

被试12的情况是受话人自己已经发现找不到满足最佳关联假定的语境假设，因此决定不给出确定的解读结果。而另外几位被试则与之不同，他们提供了明确的解读结果。试看例7－2中被试3的解读过程：

例7－2：

然后，第s，背景。李隆基刚要下旨回宫，忽然，一名小太监急匆匆跑来，满头大汗。小太监就说，皇上。不行了，已到弥留之际。**这个，弥留，弥留之际，也就是，嗯，一个，嗯，一个，嗯，觉，给我的印象，弥留之际就是就是发生重大事件，然后就是，嗯，一个很，一个，很——关键的时期，〈意义解读：错误〉**然后李隆基就说摆驾吧！朕去看看。**就是去看看就是发生了什么事儿。嗯，弥留之际也就是，应该是，嗯，急得不能再往后拖了，不能再，嗯，就是似乎发生了一件大事儿似的。**

（被试3，片段3，“弥留之际”，有声思维）

被试3将“弥留之际”理解成“急得不能再往后拖了”。从其语境构成来看（见图7－2），她与被试12的解读路径相似：选择的语境假设都来自当前交际情境，也没有表现出从记忆知识中提取任何信息来与浮现信息匹配。不同的是，二人的关联期待阈值不同：被试3认为浮现信息本身已经满足了最佳关联假定，就是与“弥留之际”发生最佳关联的假设。此外，被试3的思维过程似乎也没有表现出强烈的情境评估意识。

被试12和被试3缺少“弥留之际”的语言知识，加之解读的片段处于低语境透明度，其中没有其他信息能够激活记忆知识，最终导致解读偏离。

而在准确解读的案例中，我们发现被试15也缺少与该表达相关的语言知识，在解读的初始阶段，也是给出了错误的释义，但被试15解读的是高语境透明度片段。在目标表达下文出现了近义表达：“李林甫。他不行了吗?”被试注意到“不行了”，于是将意义调整为“要去世了”。可见，近义表达“不行了”激活了被试15记忆知识中“去世”的语言知识。这说明，必要的记忆知识的激活对委婉语是否能够获得准确解读很关键：激活则可能导向准确解读，反之则可能出现偏离。

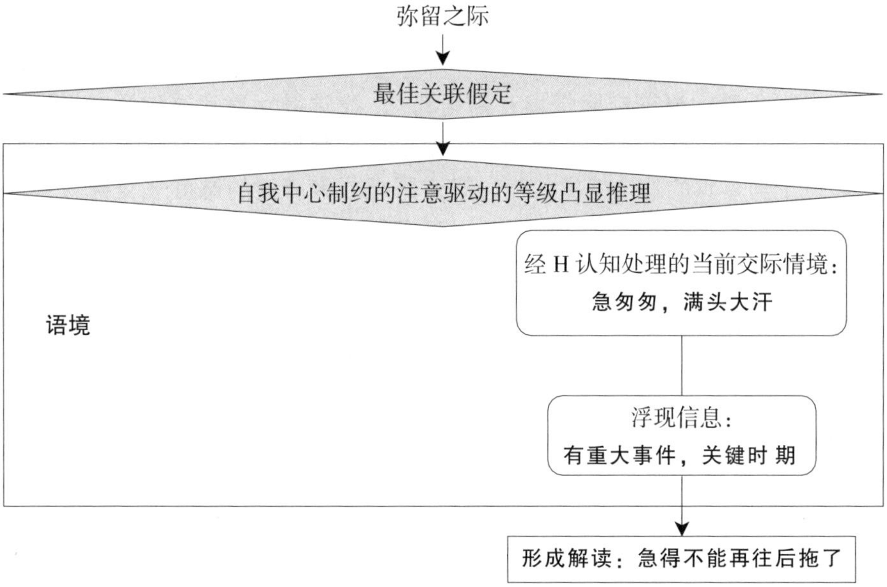

图 7－2　被试 3 解读“弥留之际”的语境与结果

7.2.1.2　委婉义的凸显

上一节分析的关于规约委婉语的偏离解读，其原因是受话人缺少语言知识。实验结果表明，委婉语可能在受话人的心智中激活了委婉义，但该语言知识与解读偏向不一致，也常常导致解读偏离。这种偏离主要发生在“你这个形象”和“时间不多了”这两个表达的解读中。这两个表达的共同特征为：熟悉度高、规约度低。根据我们的界定，如果在高语境透明度中理解为直陈义，在低语境透明度中理解为委婉义，则为偏离解读。从实际解读结果来看，关于“你这个形象”，在应该按照中性义理解的低语境透明度中，有 6 位被试将“你这个形象”解读为“形象差/不好/长得丑”；关于“时间不多了”，在应该按照直陈义来理解的低语境透明度中，7 位被试全部将“时间不多了”解读为“即将死亡”。

以下我们以低语境透明度中的“你这个形象”为例，来分析受话人的思维过程。例 7－3 是被试 9 解读低语境透明度中“你这个形象”的过程：

例 7－3：

片段 5。背景。《缘来非诚勿扰》节目中，主持人孟非，问男嘉宾是否接受过专门的语言交际培训。孟非说你说话有经过那种培训的那种吗？男嘉宾说，呃——，真的没有，但是当婚庆主持一直是我的一个叫业余爱好，也好还是——孟非说，刚才跟你说话的那个女嘉宾就是个婚庆主持！……女嘉宾说哎，男嘉宾，你这个形象，做婚庆主持，客户——后面破折号《因素：当前交际情境：副语言》，我觉得女嘉宾这句话，你这个形象，呃，【斜抬头思考】她——从她自己心里面的意思可能就是有点瞧不起这个男嘉宾的这个感觉，呃，有点鄙视或者鄙夷的态度《交际效果解读：讽刺》《因素：当前交际情境：言行举止（包括态度意图、性格、外貌等）》，就是你这个形象，【斜抬头思考】嗯，你这个形象有点不太好，或者你这个形象做婚庆主持，有点拿不出手的意思〈意义解读：委婉义〉。从她的这个语境来说，嗯，意思就是说你这个形象做婚庆主持客户会不会【眼睛斜抬向右前方思考】投诉你啊会不会，嗯——不满意啊。《因素：记忆知识：集体共享知识：概念信息》然后男嘉宾果然地，果断地来了一句，嗯，【斜抬头思考】客户很多。ang，很显然，他在反击这个女嘉宾，可能这个女嘉宾说的话【眼睛斜抬向左前方思考】，的意思，讽刺意味，他已经感觉到了，然后他就会，他在反驳这个女嘉宾，我，这个形象很好，《因素：记忆知识：集体共享知识：语言知识》我的客户很多。嗯，就这样。

（被试9，片段5，“你这个形象”，有声思维）

首先，我们可以看到，被试9提取的信息中，与目标表达相关的信息有：

（1）形象“不太好”和“拿不出手”，这是“你这个形象”的委婉用法；

（2）作为发话人的女嘉宾的情感是瞧不起男嘉宾；

（3）女嘉宾说“你这个形象”的意图是讽刺、鄙视男嘉宾；

（4）形象不好，可能会遭到客户投诉；

（5）客户很多。

访谈显示，还有以下信息也对被试产生了影响：

（6）夸赞别人会直接说，不“拐弯抹角”；

（7）“你这个形象”是“拐弯抹角”的表达；

（8）《非诚勿扰》里的男嘉宾长得好的很少。

（1）和（7）是语言方面的知识，（4）是概念信息，（6）是关于言语交际的社会规范知识，这些都是来自被试的记忆知识。（8）也来自被试的记忆知识，但应该是其个体独有的知识。（2）（3）来自当前交际情境信息的加工，（5）则来自下文。为了便于分析，我们以图7－3来更加直观地呈现被试9的解读过程：

从图7－3可以清楚地看到，被试进行情境评估，就会发现浮现信息中的语境假设“客户很多”无法与核心共享信息中的假设取得最佳关联。此时，根据被试的有声思维，我们发现，核心共享信息得到凸显和强化，被试是以核心共享信息为引导，并与浮现信息中的两条信息（“男嘉宾好看的少”，“女嘉宾瞧不起男嘉宾”）互动，于是宁可把发生冲突的假设“客户很多”理解为男嘉宾是在反驳，也没有调整一开始就提取的语言知识信息。

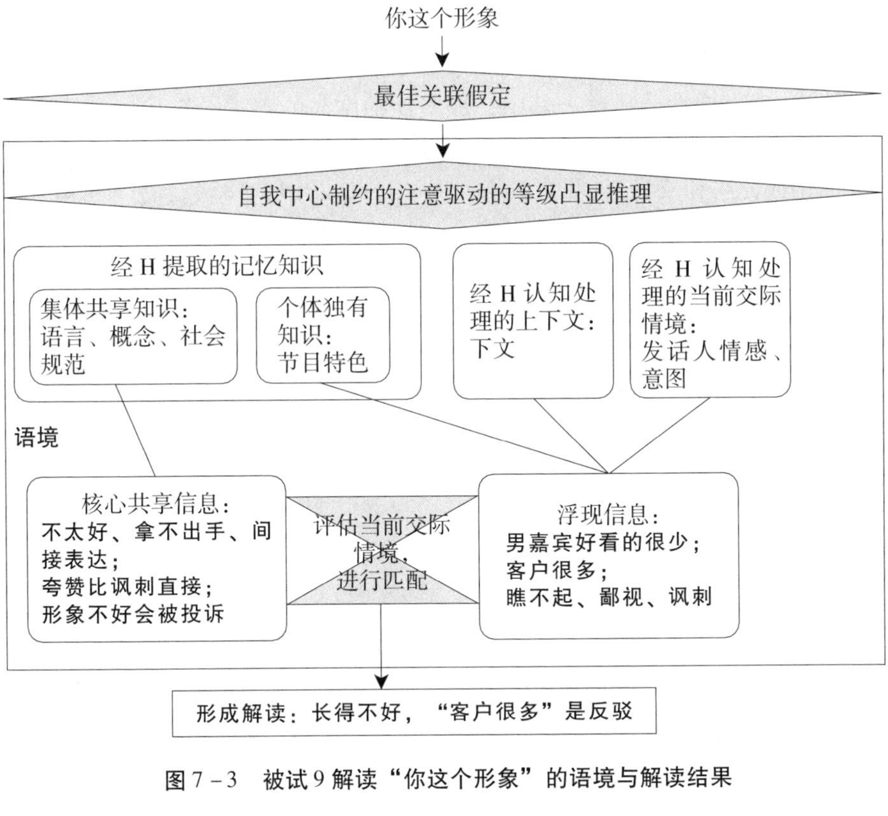

图7－3　被试9解读“你这个形象”的语境与解读结果

在6.3.1.1节关于共享语言知识引导受话人获得准确解读的分析中，我们曾指出：受话人关于委婉语的语言知识可能符合解读偏向，也可能偏离解读偏向。偏离解读偏向的意义，如果凸显度高，可及性高，则往往会误导受话人错误理解委婉语的含义，并误解发话人使用委婉语的意图。

另外，前文5.1.1节的统计数据（表5－1）显示，熟悉度能够显著影响委婉语被解读为委婉义还是非委婉义：熟悉度越高，越可能被解读为委婉义。分析被试的解读过程，我们发现，对于熟悉的委婉语，即使语境信息不支持委婉义解读，被试也往往或只提取委婉义，或即使提取了直陈义，也选择委婉义作为解读结果。甚至如被试9这样，如果从上下文或情境信息中提取的假设不支持委婉义解读，受委婉义以及与委婉义一致的其他假设的影响，从意图等角度解释不支持委婉义解读的信息，从而使委婉义满足其关联期待。对熟悉委婉语的这种“执着”的偏离解读倾向再一次证明，委婉语的解读具有社会规约性，受话人记忆知识中的集体共享信息会引导被试的解读方向：可能引导被试准确解读，但也可能引导被试偏离解读交际中的委婉语。

熟悉委婉语在低语境透明度中的偏离解读，其实也是对委婉语的过度解读。对于熟悉委婉语而言，委婉义已经根植于发话人的一般概念和语言知识中，具有内在凸显度。其中，那些规约度高的熟悉委婉语，其语言知识还为语言社团所共享，具有集体凸显度。凸显可能有助于，但也可能妨碍意图的表达和交际效果的获取（Kecskes，2014：185）。在 Kecskes 的 SCA 中，内在凸显和集体凸显可能会超越情境凸显，即不符合当前交际情境的内在凸显义或集体凸显义超越了浮现情境凸显义。这种情况就可能会导致误解。本书实验中，低语境透明度中的“时间不多了”，全部遭到“误解”，可见其内在凸显度和集体凸显度之高！

低语境透明度中“时间不多了”的片段如下：

方英达拍着方怡的头，感叹道：“爸谢谢你。我知道我的时间不多了。”

方怡说：“嗯，还有三个月。”

片段中交际双方是父女关系。日常生活中，我们确实经常用“时间不多了”来指称死亡，但后序话轮中，女儿当面对父亲说“还有三个月”，却不是我们交际中的常规现象，因此“还有三个月”可能取消上文“时间不多了”表达“即将死亡”的含义。但实际结果是，所有7位被试都是一看到目标表达，就直接提取“即将死亡”之义，并就此完成对该表达的解读任务。尽管读了一遍下文的“还有三个月”，但在有声思维阶段，除了被试8表示仅凭片段本身不好判断之外，其余被试都没有对其进行信息加工。在访谈阶段，笔者将下文信息凸显出来，询问被试如何理解女儿说的“还有三个月”，这时有3位被试提取了直陈义，表示也可能是“有什么事情要离开”（被试1）、“离开方怡，去另外一个地方”（被试6）、“有什么重要的事要处理”（被试13）。有趣的是，尽管直陈义已经在访谈阶段被提取了，但在紧随访谈之后就填写的问卷中，被试仍然都填写的是委婉义。

就解读路径而言，受凸显度极高的委婉义影响，被试在有声思维阶段的思维路径简单直接，直奔结果，如图 7－4：

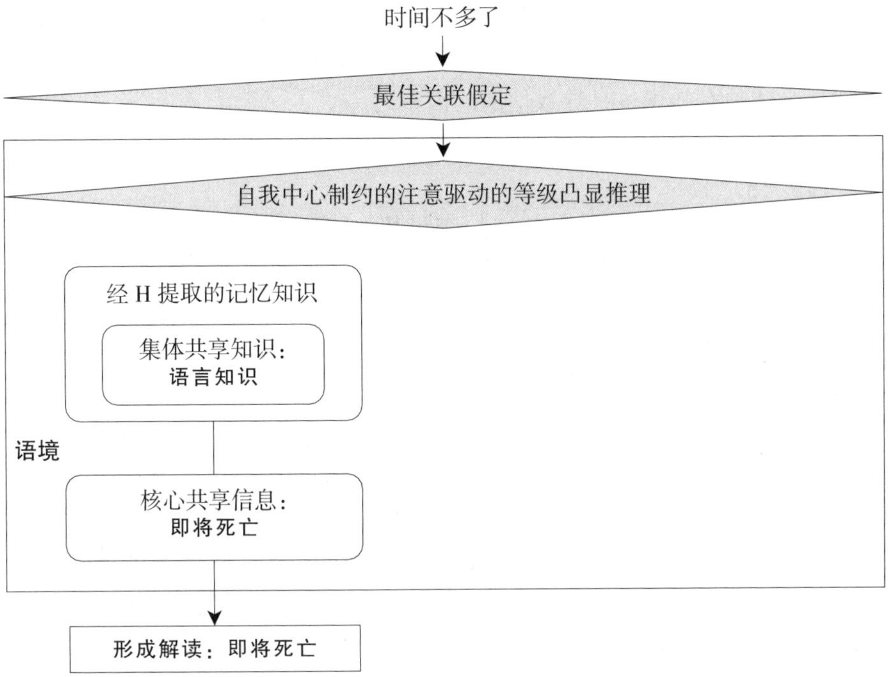

图 7－4　被试解读低语境透明度中“时间不多了”的语境及解读结果

委婉义凸显导致的偏离解读与 Brocher 等（2018）关于多义词解读的研究结果在一定程度上一致。Brocher 等（2018）发现，某种意义使用频率明显多于其他意义的偏向型多义词，解读过程中，语义之间的竞争微弱，高频意义提取得更快。对于有意义偏向的多义词，在中性语境中，读者仍然是按照高频意义进行解读的。这导致在后续出现的支持非高频意义的语境中，需要付出更多的认知努力来进行重新分析。我们的实验结果也表明，凸显度极高的委婉义会简化和加快解读过程，当后续话语出现了不符合委婉义解读的信息，受话人可能会强行按照委婉义的方向进行解读。与 Brocher 等人的发现不一致的是，本研究发现，委婉义的凸显还可能降低受话人对最佳关联期待的阈值，忽视情境中与委婉义解读不一致的信息。这与 Makin（2003）的发现一致，反复使用导致委婉语的规约化程度增高，因而听话人得以跳过对说话人意图的迂回加工过程，直接提取禁忌意义。

7.2.1.3 共享语言知识缺失且被个人经历增强的偏离

第六章我们曾经指出，被试解读委婉语的过程中，从个体独有方面提取的信息不多。少数提取这方面信息的被试解读路径得到简化（如对“嗯嗯”的解读），可能直接提取语义知识，不寻求语境信息的帮助，直接通达准确解读结果。在对委婉语作出偏离解读的被试中，我们在被试7身上发现，个体独有知识也是导致偏离的因素之一。

例7-4：

【背景：李隆基刚要下旨回宫】**李隆基，【吸气】这个倒，是是是一个皇帝哦，李隆基。《因素：记忆知识：集体共享知识：概念信息》也不是太熟悉李隆基。**下旨回宫。*忽然，一名小太监急匆匆跑来*，**就是比较急急忙忙那种呗，感觉啊急匆匆。是小学组过词的一种【笑】，造句用过的一个词。**满头大汗。**【清嗓子】**

小太监：皇上。不行了，已到弥留之际。**弥留之际，【吸气】，嗯，弥留之际，文言文似乎学过这个词，《因素：记忆知识：集体共享知识：语言知识》就是在走之前的一个，呃，小的时间吧，就非常短的时间，〈意义解读：错误〉弥留之际，嗯，是文言文里面学过的，这是我的第一个印象。**李隆基，嗯就说：摆驾吧！**摆驾吧，电视剧里面经常听，嗯摆驾吧，摆驾，是对皇上来说吧。**朕去看看。

访谈：

被试7：对，因为我之前初中对文言文比较感兴趣，这个弥留之际嘛。

笔者：嗯，文言文里面这个弥留之际——主要是，什么意思呢一般？

被试7：弥留之际，就比如说似走非走的那个时段。就指特指那个时间点，就是弥留之际。**《因素：记忆知识：个体独有知识：语言知识》**

笔者：到哪去？往哪去？

被试7：对，你比如说从这一个地方，要到另一个地方去，起身要走的时候那就称为弥留之际，这是我我的第一个感觉。**〈意义解读：错误〉**【笔者：噢——】因为像我们文言文里面表示，我觉得文言文里面表示的弥留之际嘛，就是，可以特指的那个时间段。

笔者：咱们现在可，可经常用这个词了。

被试7：呃，我有时候会用到这个词。**《因素：记忆知识：个体独有知识》**

…………

被试7：我是跟很熟的人在一块儿可能会用到这个词儿。如果是跟生人，就比如室友的话，我有时候会用到，好朋友，也肯定会用到，但是你像像，呃，不是特别熟的人我就会说，呃，我就会说，时间真的不多了，已经到了。**《因素：当前交际情境：人际关系》《因素：记忆知识：集体共享知识：社会规范》**

（被试7，片段3，“弥留之际”，有声思维及访谈）

在意义调查问卷中，被试7填写的“弥留之际”的含义为“离开一个地方之前特定的时间段”，“回宫前的时候”。

个人独有知识导致委婉语的解读发生偏离，在本书实验中目前只发现1例。解读流程图7－5显示该被试的解读过程也简单直接。

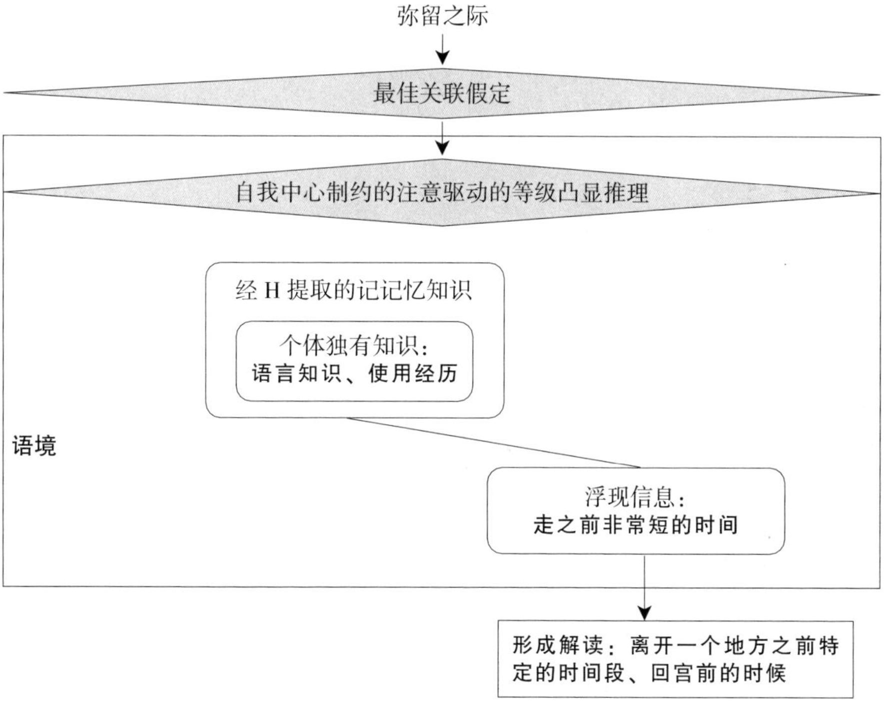

图7－5　被试7解读“弥留之际”的语境及解读结果

被试7也是没有经过情境评估，直接将从个人独有知识中提取的假设作为满足关联期待的解读结果。

7.2.2 对社会规范和概念信息的提取与识解导致的偏离

本书已多次指出，社会规范对委婉语的解读有重要的导向作用，不仅能够导向准确解读，而且能够导向提取更多的暗含，使提取社会规范付出的认知努力与取得的认知效果之间达到平衡，实现最佳关联。

规约委婉语和熟悉委婉语往往能够激活受话人的记忆表征，提取社会规范、禁忌/敏感话题或相关概念信息。通过分析，我们发现，对于同一个委婉语，大多数被试提取的社会规范较为一致，也因此获得准确解读，特别是对规约委婉语的解读，比如“不太高”，多数被试提取的社会规范是“个子矮是缺点，不便直说”，概念信息是“y 个子矮”。受此规范和概念信息的引导，或者说在解读中，被试对照此规范和概念信息，解读“不太高”，导向的结果因此是：y 个子矮，这是他的缺点，不便直说，因此这里的“不太高”就是“不直说”的结果，是间接表达。

但被试 10 和被试 11 却将“不太高”偏离理解成“不高不矮”（见附录 15 第 2 - 3 行），分析两人解读过程，可以发现他们提取的社会规范和概念信息及其识解产生了影响。此外，对前序话题的持续注意也是造成偏离解读的因素。以被试 10 的解读为例：

例 7 - 5：

【背景：主持人采访 x 的现场。】主持人：y 老师在你们心中是一个什么样的导演？x（思考了一下）：我觉得 y 老师是一个身高不太高的导演。**x 这个回答其实比较，比较——嗯有智慧。首先他那个说身高不太高，不太高，嗯，相对，y 老师相对于 x 来说应该是不太高。《因素：记忆知识：集体共享知识：概念信息》然后，主持人问的问题是评价 y 老师是怎样的一个导演。然后 x 用不太高这个词来避开了主持人访问的这个评价导演的一个，一个，一个来【抠脸腮】嗯评价。然后，嗯，就是，如果说导演好也不好，如果说导演不好也不好。然后避其锋芒的这样的一个问题的回答。《交际效果解读：规避另一个敏感话题》。**

（被试 10，片段 1，不太高，有声思维）

我们将被试 10 的思维提炼成流程图，如图 7 - 6：

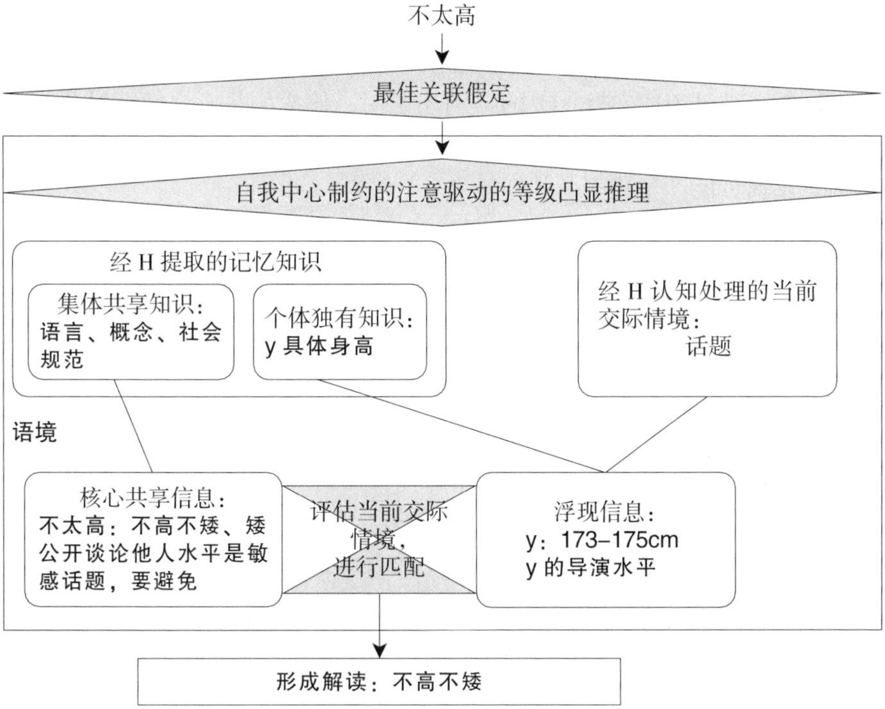

图 7 - 6　被试 10 解读“不太高”的语境及解读结果

注：y 身高是 173 - 175cm，以及不太高既有不高不矮，也有矮的含义，这两条语境假设在有声思维中被试没有明确提及，但在访谈中提到，可以看出对其解读有影响，故本书也将它们呈现在图中。

图 7 - 6 中，被试 10 提取的社会规范是：公开谈论别人水平是敏感话题，而不是“个子矮是缺点”，即其解读过程中对照的规范不会明显导向“个子矮”的含义。而从其语境假设形成的浮现信息来看，导演水平出于凸显地位，y 的具体身高被试也了解得很精确。被试将这些信息与核心共享信息匹配，进行情境评估，一般情况下，173—175cm 的身高虽说不高，但日常生活中我们一般也不会认为这样的人矮，所以，被试的语境假设中，“不高不矮”与“173—175cm”才匹配，于是“不高不矮”是满足被试最佳关联期待的假设，被选择作为解读结果。可见，被试的解读之所以偏离，社会规范的提取、前序话题的关注都产生了影响。

需要重点指出的是，对于“不太高”的解读，在所有被试中，只有被试 10 和被试 11 对前序话语中的话题保持高度关注，这也是二人比其他被试获得更多的认知效果（x 回答得比较智慧）的原因之一，而其他被试解读出的交际效果基本上都是幽默或调侃。这是在两位被试注意驱动下凸显出来的。这两位被试与其他被试在关注前序话语中话题方面的差异，恰恰证明受话人的注意带有自我中心的性质。

同时，被试10和被试11的案例还说明，偏离的是意义解读结果，与认知效果的关系不大。在意义解读的偏离过程中，如果付出了更多的认知努力，反而可能产生更多的认知效果。

7.3　上下文/当前交际情境信息解读导致的偏离

丰富的上下文或情境信息普遍被认为有助于话语解读，似乎语境信息越丰富，话语越容易理解。本研究关于委婉语的解读实验结果却表明，语境信息也可能成为“信道噪音”（Sperber & Wilson，1986/1995：4），干扰受话人注意，导致受话人注意的是非委婉义导向的信息，进而解读发生偏离。此外，正如关联理论所强调的，受话人对话语意义的推理解读具有个体差异。即便有上下文或情境信息，受话人或因忽视而导致未加工信息，或注意了部分信息而导致加工不充分，最终也导致委婉语的解读发生偏离。

7.3.1　对非委婉义导向话题的注意

上一节关于被试10解读过程的分析表明，对前序话题的注意也是导致她发生偏离解读的原因之一，但更主要的原因是提取的社会规范和概念信息。而本节将要分析的偏离解读，则主要是由于对交际情境中非委婉义话题的注意，导致委婉义或者压根未能获得提取（被试3、10、12），或者受话题影响而被放弃导致的（被试2）。这集中表现在“时间不多了”的解读中。

在四位解读偏离的被试所建构的语境中，话题（生小孩）的凸显度高于其他因素，被试12的语境尤其如此。请看例7－6。

例7－6：

片段6。女嘉宾就开始对男嘉宾说，我觉得我们有一个共同的想法，就是，我是想在30岁之前完成生小孩这个，呃，这个愿望，**这个地方，呃，女嘉宾说话的时候就是有点，呃，支支吾吾，《因素：当前交际情境：副语言》呃，说明自己是在，进行思考吧。说明生小孩是一个愿望。**因为我也很喜欢小孩，而且我觉得按照你的时间进程计算的话，我还有三年，你还有，你也差不多有三年半的时间。**女嘉宾呢在对男嘉宾说的话进行一**

个推算。孟非：你们的时间不多了，众人笑。**你们的时间不多了，这个地方呢，又是一个类似于潜台词之类的。女嘉宾说按照男嘉宾的进程算的话，她还有三年，而男嘉宾也差不多有三年半的时间，《因素：当前交际情境：话题》孟非这一句话呢，既引起众人的，呃，既引起众人就是哄堂大笑吧，《因素：当前交际情境：副语言》另外一方面呢，又是对女嘉宾的，话进行一个（2 秒），呃，对女嘉宾就是他讲的话就是给她接到了吧，就是说让现场不那么尴尬。**男嘉宾说：我觉得我们都是比较有使命感的人。**有使命感，在这个地方呢这个词就是说他将生小孩作为一个使命，作为一个任务来讲的，这个地方这个是用有使命感。**

访谈：

笔者：……呃，这个孟非的这个你们的时间不多了这是什么意思啊？是说你们活的时间不长了还是说其他什么意思吗？

被试 12：呃，他这个时间不多了是指他们生小孩的时间不多了。

…………

被试 12：嗯，对，一方面是说没冷场吧，他这个时间不多了我觉得他这个时间代表——两个意思吧：因为他是在节目当中，一方面可能就是说他们，就是男嘉宾和女嘉宾在这个节目中交流的时间不多了，然后另一方面他们就是，他们以后要是在一起的话，就是距离他们生小孩子的时间也就不多了，马上就到了，然后这样就导致就是，产生一种幽默感。

笔者：产生幽默感？

被试 12：对。

笔者：嗯，生活当中我们说“时间不多了”的时候一般是指些什么事儿呢？

被试 12：时间不多了，可能说有什么任务马上就要做了，然后就说时间不多了，得尽快去做了啊，尽快去处理这样的。**《因素：记忆知识：集体共享知识：语言知识》**

笔者：呃，可还有别的，呃，你会用“时间不多了”这个短语？

被试 12：时间不多了，嗯，也有一种，嗯，就是说，比如说，某个人的生命快走到尽头了，就是说，医生可能会讲得比较多的，就是说可能时间不多了。**《因素：记忆知识：集体共享知识：语言知识》**

笔者：嗯，走到生命尽头了，或者是说这个，呃，这个寿命不长的时候，我们会直接说——呃（2 秒），直接说你你活不长了还是说会会用这种时间不多了没有多少日子了什么的，一般情况下会直接说吗？

被试12：一般情况下，医生可能会比较照顾，嗯，患者的感受，可能不会太直白地去讲。**《因素：记忆知识：集体共享知识：社会规范》《因素：记忆知识：集体共享知识：禁忌或敏感》**

（被试12，片段6，“时间不多了”，访谈）

从被试12的有声思维来看，其解读过程中，几乎一直在围绕生孩子进行思考，建构出以下浮现信息：生孩子是个愿望，生孩子的时间，现场说生孩子的话题有些尴尬等。而反观其提取的记忆知识，似乎除了“时间不多了”的直陈义，几乎没有其他知识进入到核心共享信息中。或许从她说的“让现场不那么尴尬”，我们可以推理她提取了社会规范知识：未婚女子节目现场谈论生小孩的话题尴尬。但无论如何，我们都无法从其有声思维中看出她提取了目标表达的委婉义。

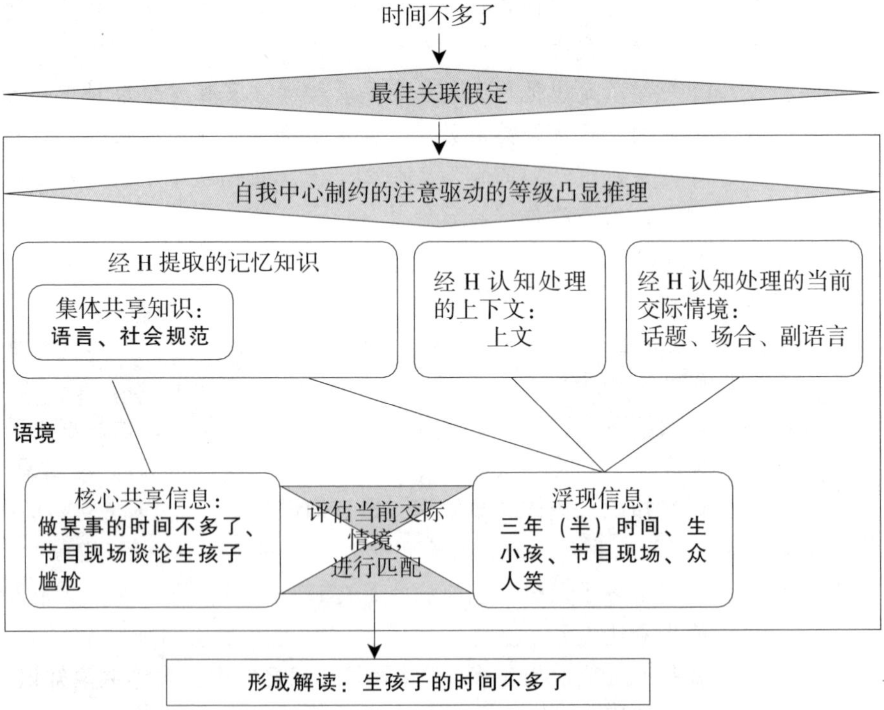

图7－7　被试12解读“时间不多了”的语境与解读结果

而从访谈来看，其记忆知识中含有“时间不多了”的委婉义知识，也有它用作委婉语时的行为规范和涉及话题的禁忌性这些共享知识（“医生可能会比较照顾，嗯，患者的感受，可能不会太直白地去讲”）。但显然女嘉宾提起的生小孩的话题吸引了被试更多的注意资源，所以该表达的委婉含义及其相关使用制约条件在其解读过程中并没有得到激活与提取，即使被试在语境建构中还曾经显化了另外一个含义（节目中交流的时间不多了），但这本质上也是直陈义。以本书框架图呈现被试 12 的思维过程如下：

从被试 12 的语境假设中可以发现，对核心共享信息和浮现信息，除了众人笑这一副语言信息可能与共享信息冲突外，其余假设之间都可以使“生孩子时间不多了”获得关联。而对生孩子话题的关注引导被试将众人笑解释为孟非的“时间不多了”恰好化解了现场谈论该话题的尴尬。从交际效果上来看，该被试认为孟非用这个表达有幽默感，活跃了节目现场的气氛。但我们要注意的是，这可能是因为“众人笑”使被试获得这一效果的。我们不妨试想一下：如果话语片段中没有“众人笑”这一信息，根据被试 12 的解读过程，孟非的“时间不多了”就没有什么幽默效果了。

准确解读“时间不多了”的三位被试与偏离解读的四位被试有两点主要区别：第一，他们都不仅提取了直陈义，而且提取了委婉义。第二，他们的注意资源指向的不是生小孩这一话题，而是众人笑这一副语言信息。他们寻求关联的目标不一样。对他们而言，需要为众人笑找到最佳关联的假设，即解释为何“时间不多了”好笑。为了让二者获得最佳关联，三位被试比偏离解读的四位被试至少多提取了一个记忆知识：时间不多了表示死亡。当然，还有现场嘉宾是健康的等相关语境信息。由于被试从语境中提取了更多的隐含前提，并付出更多的认知加工，让这些隐含前提发生互动，才得到更多的认知效果：如被试 7 所言，孟非在一语双关，被试 9 也说如果仅仅认为是生孩子的时间不多了，就不好笑了（参见第六章例 6 -5）。

本书的分析框架可以对上述解读结果的差异作出合理的解释：被试看到“时间不多了”，假定这是孟非提供的具备最佳关联假定的表达，于是寻找假设，建构能够让该表达满足关联假定的语境。在这个过程中，解读准确的被试注意到众人笑的信息，众人笑的信息凸显；解读偏离的被试则注意到的是生小孩的话题，该话题凸显。由于一直受最佳关联假定的引导和制约，于是前者努力让众人笑与“时间不多了”发生关联，后者则试图让生小孩的假设与之发生最佳关联。可见，具有自我中心性质的注意导致话题的凸显，进而导致与话题相关的假定比其他假定更加凸显，最先满足受话人的最佳关联期待。当然，提取了委婉义共享知识的被试其注意会受该知识的引导，而只提取直陈义知识的被试其注意也会受此影响。

另外，根据关联理论，现象或输入对受话人的关联是指，一个现象通过使某些假设明示或明示程度更高而影响受话人的认知环境。结果，受话人能够将这些假设作为强力度假设或更强力度的假设进行表征，并且可能会使用这些假设进一步推理出其他的说话人没有实际明示的、但对他而言却明示的假设，比如受话人自己百科知识中的假设。基于此，对于孟非使用的"时间不多了"这一委婉语的解读，我们可以作如下分析：委婉语的使用可以表达某个信息，即信息意图明示了。但以委婉的方式而不用直接的方式明示该信息这一交际意图未必对听话人而言就成功明示了，即受话人可能并未意识到发话人是在意欲间接委婉。这就会导致委婉语在听话人的认知环境中不能达到发话人意欲达到的语境效果，导致解读不足。四位被试正因为如此，而将"时间不多了"解释为"生孩子的时间不多了"，他们没有意识到孟非是想用委婉的方式，而不是直接的方式来明示其交际意图。

7.3.2　对上下文/当前交际情境信息的忽视或不充分解读

本研究发现，有些被试对上下文或情境信息的提取/加工不充分，有的这种情况还非常突出。被试 7 对"同志"的解读即如此，该例我们在第五章例 5 -7 中已有分析。现在我们来看另一个典型的例子。

例 7 -7：

然后，片段三，背景：李隆基刚要下（1 秒）下旨回宫，忽然一名小太监急匆匆跑来满头大汗，小太监惊惶大叫：皇上，不行了，已到弥留之际！**呃，啧，再看看。**李隆基：李林，李林甫，他不行了吗？摆驾吧，朕去看看。**呃，从上文小太监（2 秒）惊惶大叫。《因素：当前交际情境：副语言》弥留之际可能就是，（2 秒）呃情况比较紧急，或者说当时有一种，呃有一个大事情要发生，弥留之际。〈意义解读：错误〉**

（被试 4，片段 3，"弥留之际"，有声思维）

前文我们分析过因为语言知识的缺失导致解读偏离，这里被试 4 的有声思维说明，他也不具备相关语言知识。但是，这是高语境透明度的片段，除了被试注意到的小太监的副语言信息之外，还更有可能让被试解读出委婉义的近义表达"不行了"。但被试 4 显然根本没有注意该上下文信息。在意义调查问卷中，被试填写的意思也还是"紧急时刻"，对于小太监为何使用该表达，被试填写的答案是：可能有些事情他在皇上面前不方便直说。

由于没有相关的记忆知识，被试4的语境建构和意义解读路径也很简单：

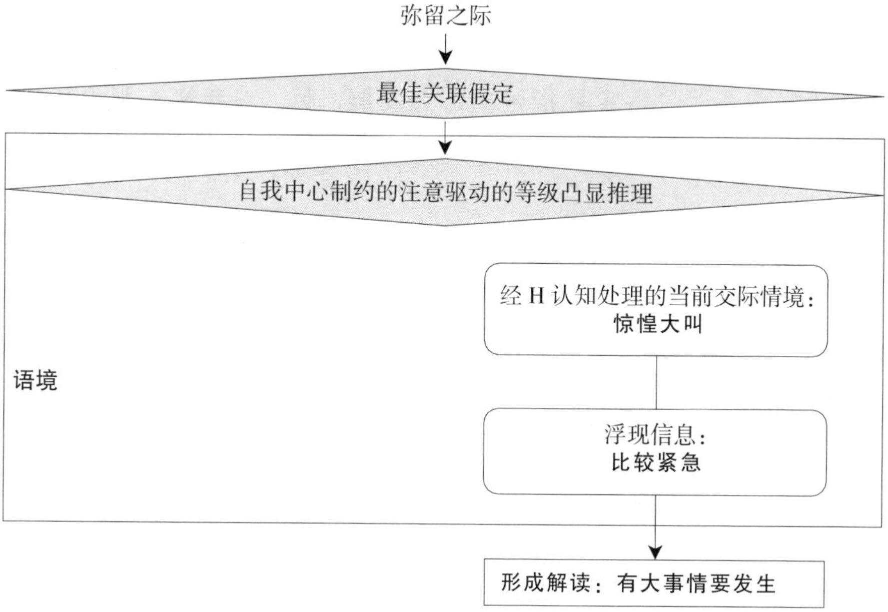

图7-8　被试4解读“弥留之际”的语境与结果

同样，被试对上下文信息的注意不同，会导致信息的凸显度不同。被试15也是不具备该表达的语言知识，但她注意了下文信息，下文信息由此凸显，获得认知加工，于是帮助被试15成功将“弥留之际”解读为委婉义。可见，受话人对话语刺激中其他线索的注意程度和加工深度不同，话语的最终解读结果也不同。正如Sperber & Wilson（1986/1995：41）所言，即使两个认知机体共享一个视觉环境，他们只是能够看见（capable of）同样的现象，但未必真正会看见（actually see）同样的现象。

7.4　上下文/当前交际情境信息不足导致的偏离

第五章和第六章关于语境透明度的统计结果告诉我们，该因素对委婉语的委婉义/非委婉义和准确/偏离的解读结果产生显著差异。因此不难理解，委婉语出现偏离解读的重要原因之一是语境透明度低。本书实验中，有两位被试在解读规约委婉语“富态”的过程中，因为语境信息不足，导致在有声思维阶段放弃选择唯一的解读结果。

例7－9：

【背景：四太太在去绸缎铺的路上遇到了三太太。三太太在老爷死后离开付家，嫁给了香油坊的二少爷。】四太太：你过得很富贵吧？看着你比过去富态多了。**肯定是指她的形态发胖，呃，或者穿衣服很华贵，说——她富态。**

（被试6，片段2，“富态”，有声思维）

例7－10：

第二个【清嗓子】背景，四太太（1秒）在去绸缎铺的路上遇到了三太太。三太太在老爷死后离开付家，嫁给了香油坊的二少爷。四太太：你过得富贵吧，看着你比过去富态多了。**富态？（2秒）就从她的体态来看，可能是因为她长胖了，《因素：记忆知识：集体共享知识：语言知识》也有可能从她呃由内而外体现出一种富家那种气质，这方面可以看出来。《因素：记忆知识：集体共享知识：语言知识》〈意义解读：委婉义〉**

（被试4，片段2，“富态”，有声思维）

两位被试的思维表明，他们既具有“富态”的委婉义知识，也具有直陈义知识，以及与家境富裕相关的概念信息，且都被激活并从记忆知识中提取出来，进入被试解读“富态”的语境，构成核心共享信息。由于语境透明度低，被试没有形成浮现信息，也就没有与核心共享信息进行匹配的语境假设，因此两位被试的解读过程实质上是中断的，停留在多种语境假设构成核心共享信息阶段，并未从中选择一个让“富态”满足最佳关联期待的假设，如图7－9所示。

与例7－1中被试12的解读一样，尽管被试6和被试4没有提供确定的唯一解读结果，但他们的思维过程反证了最佳关联假定的存在：找不到满足关联期待的语境假设，就放弃解读。

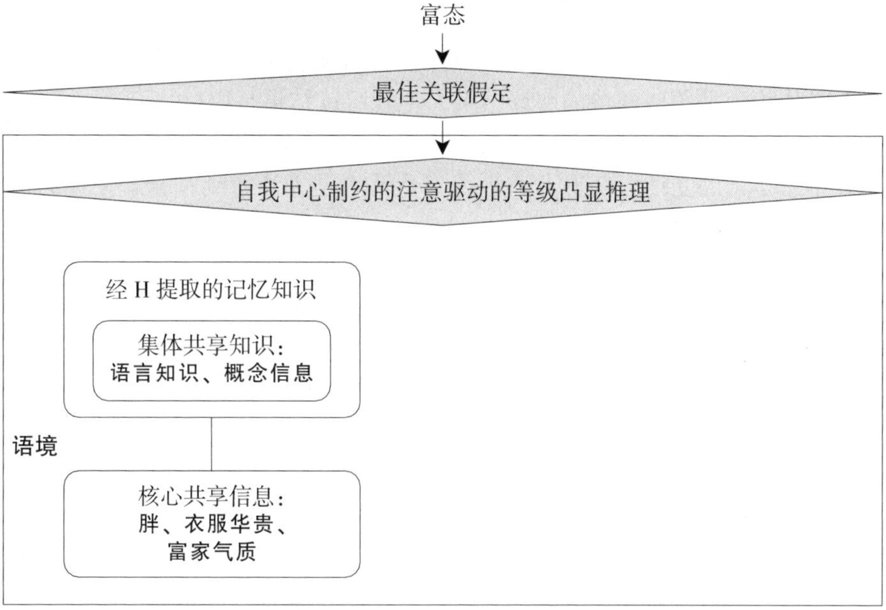

图7-9　被试6和被试4解读“富态”的语境构成

7.5　本章小结

本章的分析表明，偏离解读的总体频次虽然少于准确解读的频次，但在八个委婉语中表达分布也很广，涉及七个表达，新颖熟悉委婉语的偏离解读次数最多。导致委婉语解读偏离的因素主要来自语言知识和上下文/当前交际情境。

在记忆知识中，与委婉语解读偏向不一致的共享语言知识的提取对偏离解读产生了重要影响。受话人可能会因此而放弃选择确定的解读结果或者产生偏离的解读。熟悉度高的委婉语，由于委婉义的凸显度高，可及性高，即使语境信息不支持委婉义解读，也往往会误导受话人错误理解委婉语的含义，并误解发话人使用委婉语的意图。熟悉委婉语在低语境透明度中的偏离解读，其实是对委婉语的过度解读。凸显度极高的委婉义会简化和加快解读过程，降低受话人对最佳关联期待的阈值，忽视情境中与委婉义解读不一致的信息，或者将发现的不符合委婉义解读的信息强行按照委婉义的方向进行解读。

提取的社会规范和概念信息及其识解会影响受话人对同一个委婉语所

传递的交际意图和交际策略的评估。

个人经历可能导致没有经过情境评估，直接将从个人独有知识中提取的假设作为满足关联期待的解读结果，尽管解读结果是偏离的。

此外，对前序话题的持续注意也是造成偏离解读的因素。说明语境信息并不总是帮助受话人获得准确解读。受话人是否注意到符合解读偏向的语境信息更加重要。

偏离解读也是在最佳关联假定的引导和制约下进行的理解。其中，放弃提供唯一的解读结果是因为没找到满足最佳关联假定的语境假设，反证了解读过程中最佳关联在潜意识中的存在。其他偏离解读中，受话人自己是认为找到了满足关联期待的语境假设，于是结束解读过程。偏离解读的过程也证明了受话人的注意带有自我中心的性质，注意驱动了语境假设的凸显。

总体来看，本章被试偏离解读的路径呈现出一定的规律：

第一，直接单线条通达解读的最后结果，结束解读过程，不经过情境评估。语境中或只有浮现信息，或只有核心共享信息。此类路径主要发生在以下情况中：语言知识缺失（如图 7 – 1 和图 7 – 2）、委婉义凸显（图 7 –4）、语言缺失且有个人知识强化（图 7 – 5）和忽视上下文/情境信息或对之加工不充分（图 7 – 8）。但需要指出的是，目前解读路径我们以意义解读为主进行的分析，如果加上暗含的解读，则情况可能会有所不同。

第二，解读路径成双线条模式，经过情境评估。语境中既有浮现信息，也有共享核心信息。此类路径发生在以下情况：委婉义凸显（图 7 –3）、社会规范和概念信息的提取与识解（图 7 – 6）、话题凸显（图 7 –7）。

第三，解读路径不完整，没有解读结果产生。语境中只有共享核心信息。此类路径发生在上下文/当前交际情境信息不足的情况中（图 7 –9）。

此外，需要指出的是，进行当前交际评估，也可能会产生解读偏离。因此，情境评估的作用不是保证解读结果的准确，而是帮助受话人找到他认为满足话语最佳关联假定的假设。

根据本书第五章至第七章所分析的实验结果，我们将委婉语解读的流程图进行调整，如图 7 – 10：

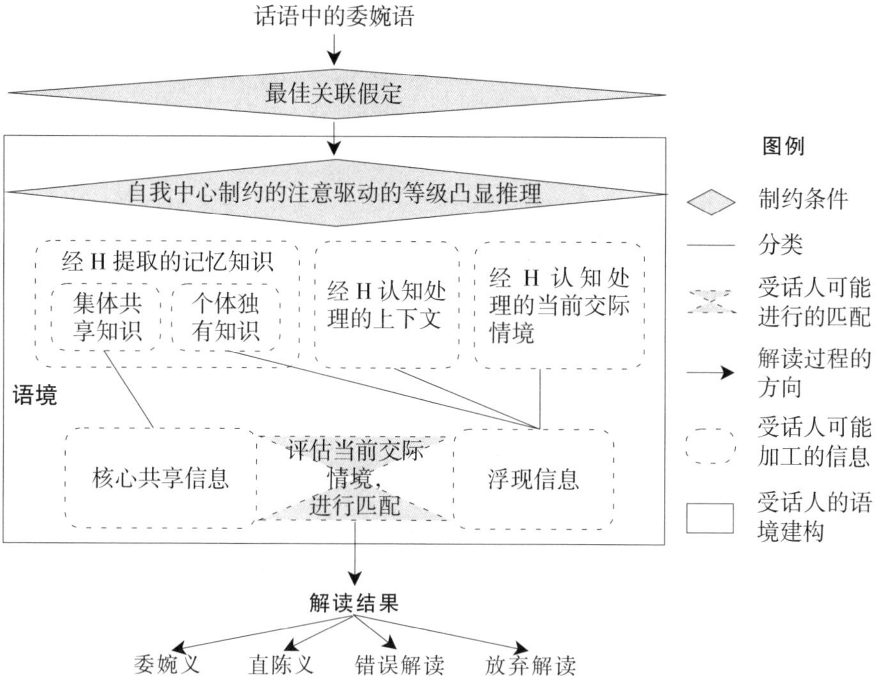

图7－10　委婉语解读的流程（根据实验结果调整）

与图3－3实验前的流程图不同的是，图7－10的流程图中某些要素改为虚线显示，表明该要素在受话人解读委婉语的实际过程中可能出现，也可能没有出现。首先，根据实验结果和受话人的路径分析，我们发现在单线条和不完整的解读路径中，受话人在建构语境时可能只提取集体共享知识，或只提取个体独有知识、上下文或当前交际情境信息，导致出现只有核心共享信息或浮现信息的情况。因此，在修正后的流程图中，受话人可能加工的信息均改为虚线。其次，前文分析表明，单线条和不完整的解读路径中，被试并非都对当前交际情境进行评估，并将核心共享信息和浮现信息进行匹配，因此调整后的流程图也改为虚线。此外，根据实验，我们发现受话人对委婉语的解读具体出现了四种结果：即委婉义解读、直陈义解读、错误解读和放弃解读。据此，调整后的流程图将这些解读结果明确地呈现了出来。

第八章 结论

本章对全书内容进行回顾与总结。首先总结本书研究的主要发现，接着讨论本研究的主要贡献，然后提出本研究的不足之处，最后对未来的相关研究提出建议。

8.1 本研究的主要贡献

本研究以交际中的会话为语料，结合关联理论、社会—认知语用模式和关联论视角下礼貌加工的情境化社会认知模式，分析了委婉语的解读结果、解读过程中涉及的因素以及这些因素（尤其是社会文化因素）如何作用于委婉语的解读过程。本研究主要在以下几个方面对现有研究进行了补充和完善。

第一，本书分析了关于委婉语定义的研究和发展，指出其中的问题，提出了关于委婉语的操作定义，并区分了委婉语与委婉属性。

目前，委婉语的定义从以往只关注语言的本体发展到过度强调语境和受话人，使委婉语作为一种语言范畴而言，标准越来越难以把握。本书对委婉语的定义为：

如果在特定语境中，发话人使用了情感色彩中性或积极的表达 E1，其所指有另一个对应表达 E2，且 E2 指向禁忌、敏感或粗俗的事物或事件，则 E1 为委婉语。

本书定义观照了委婉语的语言本体属性和语境变异性，同时范围清晰，涵盖全面：既将以往研究中所包括的非禁忌话题的间接表达或尊称排除在外，又将特定情境中临时创造的新颖委婉语和语义色彩中性的表达纳入研究视野。

本书还结合提出的操作定义，将委婉语与委婉属性区分开来：委婉语是语言手段，委婉属性是语言手段进入交际后，经过交际者心智加工后的一种结果，因此具有主观色彩。在交际中，话语的委婉属性可能由委婉语实现，也可能由其他语言形式实现。反过来，委婉语在进入交际后，可能被交际者赋予委婉属性和礼貌意图，也可能被交际者认为是不委婉和不礼貌的。本书的交际效果调查结果验证了这一点。

第二，本书梳理了委婉语的语境要素，增强了分析交际中委婉语使用的可行性和操作性。

目前，关于委婉语的研究非常强调语境的作用。在这些研究中，语境往往是一个笼统的概念，对语境作用的剖析往往流于对几个孤立的委婉语进行案例分析，未能将委婉语的解读作为一个整体进行系统分析。因此操作性不强。笔者阅读文献时，就有这种感觉：只能强烈感受到语境对委婉语的理解很重要，但对于究竟如何用语境去进行分析，以及与委婉语使用密切相关的语境到底由哪些要素构成，都颇为茫然。

本书深入被试的思维文本，对受话人自己在解读过程中实际提取的因素进行梳理和分类，并结合已有研究，最终将影响受话人解读委婉语的因素分为三大类十一小类。在此基础上，具体分析这些因素在受话人解读委婉语的过程中如何发挥作用。

本研究梳理出的影响委婉语解读的语境要素，无疑也可以应用于对发话人使用委婉语的研究。此外，还可以应用于对其他各类相关语言现象的研究，如间接表达、礼貌语言、粗鄙语、歧义语等。

第三，本书搭建了分析委婉语解读过程的理论框架，重点分析受话人如何动态建构语境来解读委婉语，在一定程度上弥补了关联理论对语境的建构过程本身关注不够的缺陷。

本书重点分析了促成委婉语准确解读和导致其偏离解读的因素，以及这些因素如何参与受话人的解读过程。研究发现，受这些因素的影响，受话人的语境建构过程大致有两大类：其一，建构过程简洁明了，即在提取某个语境假设后，就将它作为满足关联期待的假设，不进行情境评估，直接通达话语解读的最后结果，结束解读过程。其二，建构过程相对复杂，受话人从语境中提取了多种假设，进行情境评估，对假设进行匹配，找到满足最佳关联期待的假设作为解读结果。

通过分析，本书发现，在受话人为解读委婉语而建构的语境中，记忆知识中的共享语言知识和社会规范与禁忌/敏感话题发挥了重要作用。这说明，社会规约性因素在委婉语的解读中扮演重要角色。本书尝试用所提出的框架对这些因素参与语境建构的过程进行分析，基本都能进行合理的解释。而本书的框架所依托的主要理论是关联理论，因此可以说，本书的研究在一定程度上验证了关联理论可以用来解释“规约性”对话语理解的作用（何自然、冉永平，2001：F35），也在一定程度上反驳了关于关联理论“无法解释语言使用的社会制约性”（O’Neil，1988 – 1989：247）的观点。

第四，本书在研究视角和研究方法上也有所创新。目前，大多数关于委婉语解读的研究采用的是研究者的客位视角，对语料的分析主要是研究者本人的理解。本研究采用的是受话人视角，是交际者的本位视角，因此，所研究的并非是静态的、脱离语境的规约委婉语的潜在意义，而是受话人对进入交际后处于特定语境中的委婉语的动态解读过程。本书研究所获得的语料更加接近交际者真实的理解过程。被试实际的解读结果也确实有出乎笔者意料的情况。这更加说明从受话人视角研究话语解读的必要性。

在研究方法上，本书的研究没有采用以往大多数研究使用的例证式分析法，而采用有声思维实验、访谈和调查问卷，三种方法相互支撑和补充，共同收集数据。基于这些真实可靠的数据，本书对受话人的解读过程更加有据可循，认识更加清晰。本书还发现一个与现有研究普遍观点不一致的现象：规约度对委婉语意义的解读没有显著影响。此外，规约委婉语也出现较多的解读偏离。因此，本书认为，关于委婉语的研究不宜将规约委婉语默认为是熟悉的，需要将二者区别对待。

第五，本研究在实际应用上还具有以下贡献。首先，通过分析受话人对委婉语的认知及其对交际的影响，帮助交际者（包括发话人）在会话交际中更加有效地使用委婉语，建构和谐人际意义。其次，本书梳理的语境要素，以及搭建的委婉语的解读框架，可以应用于分析其他相关的话语现象。再次，本书的研究对跨文化交际、翻译和相关领域的教学有帮助。将关于委婉语解读的知识运用于跨文化交际和翻译，可以帮助人们避免误读委婉语，更加成功地进行跨文化交际和翻译。同时，我们的研究结果还可以应用于跨文化交际、翻译和对外汉语的教学中，帮助学生更好地习得汉语委婉语，增强汉语语用能力。

8.2 本研究的主要发现

本书从受话人视角出发，探析受话人在解读委婉语的过程中，语境建构涉及的因素及其运作机制。主要研究发现如下：

第一，委婉语的解读结果有四种：不确定解读、错误解读、直陈义解读和委婉义解读。大多数委婉语被解读为委婉义。在交际效果方面，大多数目标词被认为是委婉语，且具有委婉和礼貌属性。受话人认为委婉语能够对受话人和话题指涉方表达礼貌的最多，表达对自己礼貌的次之，表达不礼貌的最少。委婉语意义和交际效果的解读之间关系相当复杂。被解读为委婉义的表达，在交际效果上却可能被认为是不委婉或/和不礼貌的。可见，语言形式上的委婉语与交际效果上的委婉和/或礼貌属性不是简单的对应关系。语境透明度和熟悉度对委婉语的解读结果产生显著影响：透明度或熟悉度高，解读为委婉义的次数显著多于非委婉义。规约度对委婉语的解读不产生显著影响。规约委婉语在高、低透明度语境中均有被解读为非委婉义的情况。受话人对委婉语的解读具有个体差异：三个变量维度下，都有被试没有按照委婉义进行解读。

第二，大多数委婉语都获得了准确的解读，涉及全部表达。获得准确解读最多的是新颖不熟悉委婉语，其次是规约委婉语，新颖熟悉委婉语获得准确解读的次数最少。促成委婉语获得准确解读的因素有：记忆知识、当前交际情境和上下文。受话人从记忆知识中提取的知识有集体共享知识和个体独有知识。集体共享知识包括社会规范与禁忌/敏感话题知识、共享语言知识和概念信息，该因素对委婉语的解读产生重要影响，得到受话人提取的次数更多。个体独有知识包括个人经历和个体独有的语言知识，提取的次数较少。受话人从当前交际情境信息中提取的信息包括人际关系、副语言、言行举止、场合和话题；提取的上下文信息包括语义上发生关联的表达和信息之间发生关联的内容。委婉语获得准确解读的路径主要有四种：基于记忆中共享知识的引导、基于记忆知识与当前交际情境/上下文信息的互动、基于当前交际情境信息和/或上下文的充分加工以及基于个人独有知识的帮助。记忆中共享知识对解读过程的引导可能会使解读过程变得非常简单：直接由提取的记忆知识通达解读结果；也可能在更加复杂的解读过程中，在受话人进行情境评估时，引导他努力寻找使记忆知识获得最佳关联的语境假设。记忆知识的引导往往带来核心共享信息的凸显，即委婉语所蕴含的社会规约性信息的凸显。记忆知识促成委婉语获得准确解读，表明委婉语的解读具有明显的社会维度。这一社会维度可以在关联理论的框架内得到合理的解释。基于记忆知识与当前交际情境/上下文信息互动的解读路径中，注意驱动受话人关注到语境信息，与提取的记忆知识发生互动，发现之前提取的语言知识不能满足最佳关联期待时便删除记忆知识，或者从记忆知识中选择与当前情境信息/上下文发生最佳关联的语义知识，修订解读结果，进而作出准确解读。当受话人不具备与语义偏向一致的语言知识，基于当前交际情境信息和/或上下文的充分加工就成为准确解读的关键。在这种解读路径中，从当前话语片段中加工出的浮现信息往往比核心共享信息更加凸显。个人独有知识也会简化思维过程，受话人可能直接提取意义，结束解读过程。此时，语境线索并非必要的条件，即便有，也可能被直接忽略。

第三，偏离解读的频次总体少于准确解读，但也涉及七个表达，仅一个表达的解读未出现偏离。新颖熟悉委婉语出现偏离解读的次数最多。导致偏离的因素主要来自语言知识和上下文/当前交际情境。被试偏离解读的路径呈现出三种范式：①直接单线条通达解读的最后结果，结束解读过程，不经过情境评估。语境中或只有浮现信息，或只有核心共享信息。以下情况受话人会呈现该解读路径：受话人的共享语言知识缺失、委婉义凸显、受话人共享语言知识缺失且有个人经历增强、受话人忽视上下文/情境信息或对之加工不充分。②解读路径成双线条模式，经过情境评估。语境中既有浮现信息，也有核心共享信息。此路径发生在以下情况：委婉义凸显、社会规范和概念信息的提取与识解、话题凸显。③解读路径不完整，没有解读结果产生。语境中只有核心共享信息。此类路径发生在上下文/当前交际情境信息不足的情况中。偏离解读过程的分析表明，即便进行当前交际评估，也可能会产生解读偏离。因此，情境评估的作用不是保证解读结果的准确，而是帮助受话人通过情境评估找到他认为满足话语最佳关联假定的语境假设。

8.3 本研究的不足之处

由于笔者水平有限，参加有声思维的人数也较少，因此，本研究尚存在一些不足之处。

第一，数据规模较小，说服力具有一定的局限性。本书的委婉语语料来源丰富，不过有声思维研究仅采用了14位被试的数据，实施了112次的解读任务。数据的总体规模较小，在此基础上的发现和推论还有待在更大数据范围内加以检验。

第二，对被试的选择还有待采用更加科学的方式。本书对被试的选择采用的是有声思维的传统方式：首先对预选的被试进行培训，然后让被试进行练习，在此基础上观察被试是否适合参与有声思维实验。在预选环节，笔者主要是依据本人在教学过程中对学生的观察，选择性格外向的学生参与有声思维培训。今后的研究还可以采用心理学中的性格测试问卷进行佐证，增加被试选取的客观性及科学性。

第三，对委婉语交际效果的分析还有待深入。目前，本书对委婉语交际效果的分析主要依据的是交际效果调查问卷，统计被试对委婉语的委婉和礼貌属性的判断，并分析其与意义解读之间的关系。就有声思维和访谈文本而言，部分被试汇报了含有委婉语的话语传递出的意图，但这方面数据不多，笔者于是没有深入挖掘。

8.4 对未来研究的建议

首先，本研究认为未来的研究要在方法上有所突破。一是要增加数据收集的样本，增强数据的代表性。用更多来自受话人的数据对本书提出的分析框架进行完善。二是要多种研究方法相互支撑，从不同的角度对本书得出的发现与推论进行检验。比如，采用行为实验的方法或者 ERP 的方法，提供含有委婉语的话语片段，其后分别提供准确解读和偏离解读的结果，测量受话人的反应时，回读、停顿、脑电波等数据，考察偏离解读和准确解读与语境之间的关系。

其次，本研究发现规约度对委婉语的意义解读没有显著影响。这与现有文献的发现不一致。今后的研究不妨以此为变量，通过实验研究进行检验。

再次，本研究发现，被试在解读委婉语的过程中常常提取社会规范方面的信息。对此，未来研究可以从两方面扩展：一是中国学者不妨对更多汉语委婉语的解读进行研究，将汉语委婉语所折射并建构的汉语文化模式作为一个切入点，分析本土语言与文化模式，考察中国特定的社会文化如何影响话语的产出与理解，力争为中国本土语用学理论作出贡献的同时，更好地认识其他语言以及人类语言的普遍特征（陈新仁，2018a，2018c）。二是从说话人的角度进行补充，特别是那些与特定情境密切关联的情景制约性（situation-bound）委婉语的使用。两个方向共同进行，增强关联理论对语言使用“社会制约性”的解释力。

最后，本研究对交际效果的研究发现，委婉语的意义解读与交际效果存在不一致的现象，未来研究可以在这方面继续深入。

附　录

附录 1：熟悉度结果排序

序号		不熟悉、很不熟悉人数百分比（%）	较熟悉、熟悉、很熟悉人数百分比（%）	均值
1	去世	2. 1	97. 9	4. 65
2	牺牲	2. 1	97. 9	4. 69
3	长得对不起观众	2. 1	97. 9	4. 25
4	有喜	2. 1	97. 9	4. 48
5	有宝宝了	2. 1	97. 9	4. 58
6	有了	4. 2	95. 8	4. 23
7	走了	6. 3	93. 7	3. 96
8	去了	6. 3	93. 7	3. 94
9	关系不一般	6. 3	93. 7	3. 85
10	经济状况不太好	6. 3	93. 7	3. 83
11	发福	6. 3	93. 7	4. 1
12	身高不够	8. 3	91. 7	3. 96
13	没了	8. 3	91. 7	3. 71
14	长得影响市容	8. 3	91. 7	4. 08
15	tmd	8. 3	91. 7	4. 02
16	物质条件不那么充分	10. 4	89. 6	3. 73
17	gay	10. 4	89. 6	4. 13
18	不足 160	12. 5	87. 5	4. 02
19	确定这是男的?	12. 5	87. 5	3. 58

（续上表）

序号		不熟悉、很不熟悉人数百分比（%）	较熟悉、熟悉、很熟悉人数百分比（%）	均值
20	丰满	12.5	87.5	3.71
21	恭喜你	14.6	85.4	3.54
22	富态	14.6	85.4	3.77
23	房事	16.7	83.3	3.48
24	papapa	16.7	83.3	3.52
25	有个长短	16.7	83.3	3.65
26	时间不多了	18.8	81.2	3.67
27	和女孩子不清楚	18.8	81.2	3.33
28	不太高	20.8	79.2	3.48
29	病得不轻	20.8	79.2	3.35
30	你这个形象	22.9	77.1	3.19
31	浪漫	22.9	77.1	3.33
32	丰腴	22.9	77.1	3.31
33	有…	27.1	72.9	3.17
34	弥留之际	29.2	70.8	3.5
35	守财	29.2	70.8	3.46
36	离开	31.3	68.7	3.25
37	长得欠规划	31.3	68.7	3.31
38	小巧玲珑	35.4	64.6	3.25
39	爱攒钱	35.4	64.6	3.21
40	装 AC 之间	35.4	64.6	3
41	老了	37.5	62.5	3.02
42	同志	39.6	60.4	3.19
43	还想看看什么人	41.7	58.3	2.73
44	出了事	41.7	58.3	2.71
45	永远不上来了	45.8	54.2	2.94

（续上表）

序号		不熟悉、很不熟悉人数百分比（%）	较熟悉、熟悉、很熟悉人数百分比（%）	均值
46	朴素	47.9	52.1	2.79
47	再也没见过他了	50	50	2.73
48	后发地区	50	50	2.58
49	已经来不及了	54.2	45.8	2.52
50	没有机会再穿这鞋了	56.3	43.7	2.5
51	可爱	56.3	43.7	2.58
52	拉拉	56.3	43.7	2.67
53	她们具备形象	58.3	41.7	2.42
54	睡着了	60.4	39.6	2.38
55	不好了	60.4	39.6	2.54
56	到那儿报到去	62.5	37.5	2.54
57	百日之恩	66.7	33.3	2.27
58	行将就木	68.8	31.2	2.33
59	享福	68.8	31.2	2.23
60	对食	72.9	27.1	2.23
61	排头兵	75	25	2.19
62	棉花糖	75	25	2.06
63	那号事	75	25	2.15
64	你确定知道宋慧乔长什么样吗	77.1	22.9	2.02
65	大家风	77.1	22.9	1.98
66	爽快	79.2	20.8	1.88
67	嗯嗯	81.3	18.7	1.81
68	大方	83.3	16.7	1.79
69	有 condition	83.3	16.7	1.79
70	回家	85.4	14.6	1.69
71	不会再管你了	85.4	14.6	1.73

（续上表）

序号		不熟悉、很不熟悉人数百分比（%）	较熟悉、熟悉、很熟悉人数百分比（%）	均值
72	coffin	85.4	14.6	1.75
73	央视七套	85.4	14.6	1.79
74	挺萌的	85.4	14.6	1.77
75	照片	85.4	14.6	1.79
76	走人	87.5	12.5	1.56
77	网络管理师	87.5	12.5	1.69
78	验货	87.5	12.5	1.77
79	三字经	87.5	12.5	1.75
80	根	91.7	8.3	1.48
81	那件东西	91.7	8.3	1.44
82	休息	91.7	8.3	1.52
83	调查取证者	91.7	8.3	1.65
84	根号2	93.8	6.2	1.46
85	客服人员	93.8	6.2	1.54
86	听泉水叮咚	93.8	6.2	1.6
87	上楼	93.8	6.2	1.54
88	YP	93.8	6.2	1.52
89	ons	93.8	6.2	1.6
90	非常保姆	93.8	6.2	1.52
91	去了货	95.8	4.2	1.4
92	听山歌	95.8	4.2	1.48
93	要广告	95.8	4.2	1.35

附录2：有声思维实验语料第1组

序号	变量			解读时可能涉及的因素	实验用话语片段
	规约度	熟悉度	语境透明度		
1	+	+	−	1. 百科知识 2. 语言知识	【背景：主持人采访x的现场】 主持人：y老师在你们心中是一个什么样的导演？ x（思考了一下）：觉得y老师是一个身高<u>**不太高**</u>的导演。
2	+	+	+	1. 情境信息 2. 语言知识	【背景：四太太在去绸缎铺的路上遇到了三太太。三太太在老爷死后离开付家，嫁给了香油坊的二少爷。】 四太太：你过得富贵吧？看着你比过去<u>**富态**</u>多了。 三太太：（指着自己的肚子）我这是有了。才三个多月，就显怀了。
3	+	−	−	1. 情境信息 2. 上下文 3. 语言知识	【背景：李隆基刚要下旨回宫，忽然，一名小太监急匆匆跑来，满头大汗。】 小太监：皇上。不行了，已到<u>**弥留之际**</u>。 李隆基：摆驾吧！朕去看看。
4	+	−	+	1. 上下文 2. 语言知识	【背景：酒吧里，赵紫薇趁陈怡慧扭头的时候吻她，陈怡慧就回吻她的嘴唇。从旁边的桌子传来了惊呼声。】 A：原来这两个女孩是<u>**同志**</u>啊！ B：啊，她们那么漂亮，真可惜，男人没份了！ C：啊，不会吧，刚才我还想上去搭话，她们可能是等不到男人了，才自己解决吧！

（续上表）

序号	变量 规约度	变量 熟悉度	变量 语境透明度	解读时可能涉及的因素	实验用话语片段
5	-	+	-	1. 上下文 2. 情境信息 3. 语言知识	【背景：《缘来非诚勿扰》节目中，主持人孟非问男嘉宾是否接受过专门的语言交际培训。】 孟非：你，你，你有，呃，你说话有经过那种培训的那种吗？ 男嘉宾：呃——，真的没有，但是当婚庆主持一直是我的一个叫业余爱好也好还是—— 孟非：刚才跟你说话的那个女嘉宾就是个婚庆主持！ 女嘉宾：男嘉宾，**你这个形象**做婚庆主持，客户…… 男嘉宾：客户很多。
6	-	+	+	1. 情境信息 2. 上下文 3. 语言知识 4. 社交规范 5. 孟非话语风格	女嘉宾：（对男嘉宾说）我觉得我们有一个共同的想法，就是，我是想在30岁之前完成生小孩这个，呃，这个愿望，因为我也很喜欢小孩，而且我觉得按照你的时间进程计算的话，我还有三年，你还有，你也差不多有三年半的时间。 孟非：你们的**时间不多了**。（众人笑） 男嘉宾：我觉得我们都是比较有使命感的人。
7	-	-	-	1. 副语言 2. 百科知识	方达生：竹均，怎么你现在这样—— 陈白露：（口快地）这样什么？ 方达生：这样地**爽快**。
8	-	-	+	1. 情境信息 2. 语言使用经历 3. 人际关系	【背景：王丽丽和陈秀娟在卫生间里。】 王丽丽：娟儿，你也来啦？ 陈秀娟：嗯。你也来啦？ 王丽丽：你在**嗯嗯**吗？ 陈秀娟：嗯。 【然后两人谈了关于天津那边发来的奖金之事】 王丽丽：完了，好像我也要嗯了。

（说明：+表示高，-表示低）

附录3：有声思维实验语料第2组

序号	变量			解读时可能涉及的因素	实验用话语片段
	规约度	熟悉度	语境透明度		
1	+	+	+	1. 百科知识 2. 语言知识 3. 上下文	【背景：主持人采访x的现场】 主持人：y老师在你们心中是一个什么样的导演？ x：（思考了一下）我觉得y老师是一个身高<u>不太高</u>的导演。 （身旁好友笑着说）：这么敢说！ 主持人：哇！这么敢说！
2	+	+	−	1. 语言知识	【背景：四太太在去绸缎铺的路上遇到了三太太。三太太在老爷死后离开付家，嫁给了香油坊的二少爷。】 四太太：你过得富贵吧？看着你比过去<u>富态</u>多了。
3	+	−	+	1. 情境信息 2. 上下文 3. 语言知识	【背景：李隆基刚要下旨回宫，忽然，一名小太监急匆匆跑来，满头大汗。】 小太监：（惊惶大叫）皇上。不行了，已到<u>弥留之际</u>。 李隆基：李林甫，他不行了吗？摆驾吧！朕去看看。
4	+	−	−	1. 语言知识	辜琳灵话锋一转，说：“听说外面很多人都以为你是<u>同志</u>？” “你认为呢？”秦观涛不正面回答，把她拉回自己的怀里，坐到沙发上。

（续上表）

序号	变量			解读时可能涉及的因素	实验用话语片段
	规约度	熟悉度	语境透明度		
5	－	＋	＋	1. 上下文 2. 情境信息 3. 语言知识	【背景：《缘来非诚勿扰》节目中，主持人孟非问相貌平平的男嘉宾是否接受过专门的语言交际培训。】 孟非：你，你，你有，呃，你说话有经过那种培训的那种吗？ 男嘉宾：呃——，真的没有，但是当婚庆主持一直是我的一个叫业余爱好也好还是—— 孟非：刚才跟你说话的那个女嘉宾就是个婚庆主持！ 女嘉宾：哎，男嘉宾，**你这个形象**，会不会扣分啊，会不会扣钱啊？ 孟非：（手指了一下女嘉宾）你这个形象都没有扣分，他这个形象为什么要扣分?! 女嘉宾：（撒娇状）我长得明明就是貌美如花好不好呀，孟爷爷！
6	－	＋	－	1. 上下文 2. 语言知识 3. 百科知识：社交规范（忌讳直言死亡）	方英达拍着方怡的头，感叹道："爸谢谢你。我知道我的**时间不多了**。" 方怡说："嗯，还有三个月。"

（续上表）

序号	变量			解读时可能涉及的因素	实验用话语片段
	规约度	熟悉度	语境透明度		
7	-	-	+	1. 副语言 2. 情境信息 3. 百科知识	【得知陈白露（以前叫竹均）在天津是个交际花，与多位男性同时交往，方达生心里不痛快。】 方达生：竹均，怎么你现在会变成这样—— 陈白露：（口快地）这样什么？ 方达生：（叫她吓回去）呃，呃，这样地好客，——呃，我说，这样地<u>**爽快**</u>。 陈白露：我原先不是很爽快么？ 方达生：（不肯直接道破）哦，我不是，我不是这个意思。……我说，你好像比从前大方得——（忽然来了勇气）嗯——对了。你是比以前改变多了。你简直不是我以前想的那个人。你说话，走路，态度，行为，都，都变了。我一夜晚坐在舞场来观察你。你已经不是从前那样天真的女孩子，你变了。你现在简直叫我失望，失望极了。（痛苦）失望，嗯，失望，我没有想到我跑到这里，你已经变成这么随便的女人。
8	-	-	-	1. 语言知识	王丽丽：谁跟你说天津的奖学金发下来了的？ 陈秀娟：我<u>**嗯嗯**</u>的时候，娜娜告诉我的。

（说明：+表示高，-表示低）

附录4：有声思维练习用文本

我终于还是一个没忍住，脱口而出："少辛，你怎么胖成这样了？"

她呆了一呆，颊上腾地升起两朵红晕来，右手抚着隆起的肚腹，很有点手足无措的意思，嗫嚅（nièrú）道："少辛，少辛……"

嗫嚅了一半，大抵是反应过来我刚那话不过是个招呼，并不是真正要问她为什么长胖。又赶忙深深伏地对我行了个大揖，道："方才，方才自这花园里狂风拔地，海水逆流，少辛，少辛想许是破云扇，许是姑姑，便急忙跑过来看，果然，果然……"说着又要流泪。

我不知她那眼泪是为了什么，倒也并不讨厌。

破云扇曾是我赠她的耍玩意儿，那时她大伤初愈，极没有安全感，我便把这扇子给了她，哄她："若是再有人敢欺负你，就拿这扇子扇她，管教一扇子就把他扇出青丘。"虽从未真正使过，她却当这扇子是宝贝，时时不离身边，可离开狐狸洞的时候，却并未带走。

附录5：有声思维实验话语片段第1组

片段1

【背景：主持人采访x的现场】

主持人：y老师在你们心中是一个什么样的导演？

x（思考了一下）：我觉得y老师是一个身高**不太高**的导演。

片段2

【背景：四太太在去绸缎铺的路上遇到了三太太。三太太在老爷死后离开付家，嫁给了香油坊的二少爷。】

四太太：你过得富贵吧？看着你比过去**富态**多了。

三太太：（指着自己的肚子）我这是有了。才三个多月，就显怀了。

片段3

【背景：李隆基刚要下旨回宫，忽然，一名小太监急匆匆跑来，满头大汗。】

小太监：皇上。不行了，已到**弥留之际**。

李隆基：摆驾吧！朕去看看。

片段4

【背景：酒吧里，赵紫薇趁陈怡慧扭头的时候吻她，陈怡慧就回吻她的嘴唇。从旁边的桌子传来了惊呼声。】

A：原来这两个女孩是**同志**啊！

B：啊，她们那么漂亮，真可惜，男人没份了！

C：啊，不会吧，刚才我还想上去搭话，她们可能是等不到男人了，才自己解决吧！

片段5

【背景：《缘来非诚勿扰》节目中，主持人孟非问男嘉宾是否接受过专门的语言交际培训。】

孟非：你说话有经过那种培训的那种吗？

男嘉宾：呃——，真的没有，但是当婚庆主持一直是我的一个叫业余爱好也好还是——

孟非：刚才跟你说话的那个女嘉宾就是个婚庆主持！

女嘉宾：男嘉宾，**你这个形象**做婚庆主持，客户——

男嘉宾：客户很多。

片段 6

女嘉宾：（对男嘉宾说）我觉得我们有一个共同的想法，就是，我是想在 30 岁之前完成生小孩这个，呃，这个愿望，因为我也很喜欢小孩，而且我觉得按照你的时间进程计算的话，我还有三年，你还有，你也差不多有三年半的时间。

孟非：你们的**时间不多了**。（众人笑）

男嘉宾：我觉得我们都是比较有使命感的人。

片段 7

方达生：竹均，怎么你现在这样——

陈白露：（口快地）这样什么？

方达生：这样地**爽快**。

片段 8

【背景：王丽丽和陈秀娟在卫生间里。】

王丽丽：娟儿，你也来啦？

陈秀娟：嗯。你也来啦？

王丽丽：你在**嗯嗯**吗？

陈秀娟：嗯。

【然后两人谈了关于天津那边发来的奖金之事】

王丽丽：完了，好像我也要嗯了。

附录6：有声思维实验话语片段第2组

片段1

【背景：主持人采访x的现场】

主持人：y老师在你们心中是一个什么样的导演？

x：（思考了一下）我觉得y老师是一个身高**不太高**的导演。

（身旁好友笑着说）：这么敢说！

主持人：哇！这么敢说！

片段2

【背景：四太太在去绸缎铺的路上遇到了三太太。三太太在老爷死后离开付家，嫁给了香油坊的二少爷。】

四太太：你过得富贵吧？看着你比过去**富态**多了。

片段3

【背景：李隆基刚要下旨回宫，忽然，一名小太监急匆匆跑来，满头大汗。】

小太监：（惊惶大叫）皇上。不行了，已到**弥留之际**。

李隆基：李林甫，他不行了吗？摆驾吧！朕去看看。

片段4

幸琳灵话锋一转，说："听说外面很多人都以为你是**同志**？"

"你认为呢？"秦观涛不正面回答，把她拉回自己的怀里，坐到沙发上。

片段5

【背景：《缘来非诚勿扰》节目中，主持人孟非问相貌平平的男嘉宾是否接受过专门的语言交际培训。】

孟非：你说话有经过那种培训的那种吗？

男嘉宾：呃——，真的没有，但是当婚庆主持一直是我的一个叫业余爱好也好还是——

孟非：刚才跟你说话的那个女嘉宾就是个婚庆主持！

女嘉宾：哎，男嘉宾，**你这个形象**，会不会扣分啊，会不会扣钱啊？

孟非：（手指了一下女嘉宾）你这个形象都没有扣分，他这个形象为什么要扣分？！

女嘉宾：（撒娇状）我长得明明就是貌美如花好不好呀，孟爷爷！

片段 6

方英达拍着方怡的头，感叹道："爸，谢谢你。我知道我的**时间不多了**。"

方怡说："嗯，还有三个月。"

片段 7

【得知陈白露（以前叫竹均）在天津是个交际花，与多位男性同时交往，方达生心里不痛快。】

方达生：竹均，怎么你现在会变成这样——

陈白露：（口快地）这样什么？

方达生：（叫她吓回去）呃，呃，这样地好客，——呃，我说，这样地**爽快**。

陈白露：我原先不是很爽快么？

方达生：（不肯直接道破）哦，我不是，我不是这个意思。……我说，你好像比从前大方得——（忽然来了勇气）嗯——对了。你是比以前改变多了。你简直不是我以前想的那个人。你说话，走路，态度，行为，都，都变了。我一夜晚坐在舞场来观察你。你已经不是从前那样天真的女孩子，你变了。你现在简直叫我失望，失望极了。（痛苦）失望，嗯，失望，我没有想到我跑到这里，你已经变成这么随便的女人。

片段 8

王丽丽：谁跟你说天津的奖学金发下来了的？

陈秀娟：我**嗯嗯**的时候，娜娜告诉我的。

附录7：有声思维阶段调查问卷1：第1组

同学您好！为了解人们日常生活中理解交际的实际情况，我们需要您的帮助。请您不要有什么顾虑，本调查只是想了解您对一些词汇是如何理解的，您的回答我们只是作为研究资料使用，不会用于其他目的。问卷中的答案无所谓对错，只希望您能独立如实填写您的理解，以保证本次调查的可信度。万分感谢您在百忙之中的合作！

您的性别：____ 您的年龄：____ 您的专业：______________

序号	话语片段	
1	【背景：主持人采访 x 的现场】 主持人：y 老师在你们心中是一个什么样的导演？ x：（思考了一下）我觉得 y 老师是一个身高<u>不太高</u>的导演。	1. “<u>**不太高**</u>” 在这里的意思是：____________。 2. 您认为 x 为什么用 “<u>**不太高**</u>” 这个表达？
2	【背景：四太太在去绸缎铺的路上遇到了三太太。三太太在老爷死后离开付家，嫁给了香油坊的二少爷。】 四太太：你过得富贵吧？看着你比过去<u>**富态**</u>多了。 三太太：（指着自己的肚子）我这是有了。才三个多月，就显怀了。	1. “<u>**富态**</u>” 在这里的意思是：____________。 2. 您认为四太太为什么用 “<u>**富态**</u>” 这个表达？
3	【背景：李隆基刚要下旨回宫，忽然，一名小太监急匆匆跑来，满头大汗。】 小太监：皇上。不行了，已到<u>**弥留之际**</u>。 李隆基：摆驾吧！朕去看看。	1. “<u>**弥留之际**</u>” 在这里的意思是：____________。 2. 您认为小太监为什么用 “<u>**弥留之际**</u>” 这个表达？

（续上表）

序号	话语片段	
4	【背景：酒吧里，赵紫薇趁陈怡慧扭头的时候吻她，陈怡慧就回吻她的嘴唇。从旁边的桌子传来了惊呼声。】 A：原来这两个女孩是<u>同志</u>啊！ B：啊，她们那么漂亮，真可惜，男人没份了！ C：啊，不会吧，刚才我还想上去搭话，她们可能是等不到男人了，才自己解决吧！	1. “**同志**”在这里的意思是：______________。 2. 您认为A为什么用“**同志**”这个表达？
5	【背景：《缘来非诚勿扰》节目中，主持人孟非问男嘉宾是否接受过专门的语言交际培训。】 孟非：你说话有经过那种培训的那种吗？ 男嘉宾：呃——，真的没有，但是当婚庆主持一直是我的一个叫业余爱好也好还是—— 孟非：刚才跟你说话的那个女嘉宾就是个婚庆主持！ 女嘉宾：男嘉宾，<u>**你这个形象**</u>做婚庆主持，客户…… 男嘉宾：客户很多。	1. “**你这个形象**”在这里的意思是：______________。 2. 您认为女嘉宾为什么用“**你这个形象**”这一表达？
6	女嘉宾：（对男嘉宾说）我觉得我们有一个共同的想法，就是，我是想在30岁之前完成生小孩这个，呃，这个愿望，因为我也很喜欢小孩，而且我觉得按照你的时间进程计算的话，我还有三年，你还有，你也差不多有三年半的时间。 孟非：你们的<u>**时间不多了**</u>。（众人笑） 男嘉宾：我觉得我们都是比较有使命感的人。	1. “**时间不多了**”在这里的意思是：______________。 2. 您认为孟非为什么用“**时间不多了**”这个表达？
7	方达生：竹均，怎么你现在这样—— 陈白露：（口快地）这样什么？ 方达生：这样地<u>**爽快**</u>。	1. “**爽快**”在这里的意思是：______________。 2. 您认为方达生为什么用“**爽快**”这个表达？

（续上表）

序号	话语片段	
8	【背景：王丽丽和陈秀娟在卫生间里。】 王丽丽：娟儿，你也来啦？ 陈秀娟：嗯。你也来啦？ 王丽丽：你在<u>嗯嗯</u>吗？ 陈秀娟：嗯。 【然后两人谈了关于天津那边发来的奖金之事】 王丽丽：完了，好像我也要嗯了。	1. “**<u>嗯嗯</u>**”在这里的意思是：______________。 2. 您认为陈秀娟为什么用“嗯嗯”这个表达？

附录8：有声思维阶段调查问卷1：第2组

同学您好！为了解人们日常生活中理解交际的实际情况，我们需要您的帮助。请您不要有什么顾虑，本调查只是想了解您对一些词汇是如何理解的，您的回答我们只是作为研究资料使用，不会用于其他目的。问卷中的答案无所谓对错，只希望您能独立如实填写您的理解，以保证本次调查的可信度。万分感谢您在百忙之中的合作！

您的性别：____　您的年龄：____　您的专业：________________

序号	话语片段	
1	【背景：主持人采访x的现场】 主持人：y老师在你们心中是一个什么样的导演？ x：（思考了一下）我觉得y老师是一个身高<u>**不太高**</u>的导演。 （身旁好友笑着说）：这么敢说！ 主持人：哇！这么敢说！	1. “<u>**不太高**</u>”在这里的意思是：____________。 2. 您认为x为什么用“<u>**不太高**</u>”这个表达？
2	【背景：四太太在去绸缎铺的路上遇到了三太太。三太太在老爷死后离开付家，嫁给了香油坊的二少爷。】 四太太：你过得富贵吧？看着你比过去<u>**富态**</u>多了。	1. “<u>**富态**</u>”在这里的意思是：____________。 2. 您认为四太太为什么用“<u>**富态**</u>”这个表达？
3	【背景：李隆基刚要下旨回宫，忽然，一名小太监急匆匆跑来，满头大汗。】 小太监：（惊惶大叫）皇上。不行了，已到<u>**弥留之际**</u>。 李隆基：李林甫，他不行了吗？摆驾吧！朕去看看。	1. “<u>**弥留之际**</u>”在这里的意思是：____________。 2. 您认为小太监为什么用“<u>**弥留之际**</u>”这个表达？

（续上表）

序号	话语片段	
4	辜琳灵话锋一转，说："听说外面很多人都以为你是<u>同志</u>？" "你认为呢？"秦观涛不正面回答，把她拉回自己的怀里，坐到沙发上。	1. "**<u>同志</u>**"在这里的意思是：__________。 2. 您认为辜琳灵为什么用"**<u>同志</u>**"这个表达？
5	【背景：《缘来非诚勿扰》节目中，主持人孟非问相貌平平的男嘉宾是否接受过专门的语言交际培训。】 孟非：你说话有经过那种培训的那种吗？ 男嘉宾：呃——，真的没有，但是当婚庆主持一直是我的一个叫业余爱好也好还是—— 孟非：刚才跟你说话的那个女嘉宾就是个婚庆主持！ 女嘉宾：男嘉宾，**<u>你这个形象</u>**，会不会扣分啊，会不会扣钱啊？ 孟非：（手指了一下女嘉宾）你这个形象都没有扣分，他这个形象为什么要扣分?! 女嘉宾：（撒娇状）我长得明明就是貌美如花好不好呀，孟爷爷！	1. "**<u>你这个形象</u>**"在这里的意思是：__________。 2. 您认为女嘉宾为什么用"**<u>你这个形象</u>**"这一表达？
6	方英达拍着方怡的头，感叹道："爸，谢谢你。我知道我的**<u>时间不多了</u>**。" 方怡说："嗯，还有三个月。"	1. "**<u>时间不多了</u>**"在这里的意思是：__________。 2. 您认为孟非为什么用"**<u>时间不多了</u>**"这个表达？

（续上表）

序号	话语片段	
7	【得知陈白露（以前叫竹均）在天津是个交际花，与多位男性同时交往，方达生心里不痛快。】 方达生：竹均，怎么你现在会变成这样—— 陈白露：（口快地）这样什么？ 方达生：（叫她吓回去）呃，呃，这样地好客，——呃，我说，这样地**爽快**。 陈白露：我原先不是很爽快么？ 方达生：（不肯直接道破）哦，我不是，我不是这个意思……。我说，你好像比从前大方得——（忽然来了勇气）嗯——对了。你是比以前改变多了。你简直不是我以前想的那个人。你说话，走路，态度，行为，都，都变了。我一夜晚坐在舞场来观察你。你已经不是从前那样天真的女孩子，你变了。你现在简直叫我失望，失望极了。（痛苦）失望，嗯，失望，我没有想到我跑到这里，你已经变成这么随便的女人。	1. “**爽快**”在这里的意思是：______________。 2. 您认为方达生为什么用“**爽快**”这个表达？
8	王丽丽：谁跟你说天津的奖学金发下来了的？ 陈秀娟：我**嗯嗯**的时候，娜娜告诉我的。	1. “**嗯嗯**”在这里的意思是：______________。 2. 您认为陈秀娟为什么用“嗯嗯”这个表达？

附录9：有声思维阶段调查问卷2：第1组（节选）

同学您好！为了解人们日常生活中理解交际的实际情况，我们需要您的帮助。请您不要有什么顾虑，本调查只是想了解您对一些词汇是如何理解的，您的回答我们只是作为研究资料使用，不会用于其他目的。问卷中的答案无所谓对错，只希望您能独立如实填写您的理解，以保证本次调查的可信度。万分感谢您在百忙之中的合作！

您的性别：____　您的年龄：____　您的专业：____________________

片段1

【背景：主持人采访x的现场】
主持人：y老师在你们心中是一个什么样的导演？
x：（思考了一下）我觉得y老师是一个身高**不太高**的导演。

1. 您认为"不太高"在这里是委婉语吗？
（1）是　（2）不是　（3）不确定

2. 您认为"不太高"在这里的委婉程度如何？
（1）不委婉　（2）较委婉　（3）委婉　（4）非常委婉

3. 您认为"不太高"在这里的礼貌程度如何？
（1）不礼貌　（2）较礼貌　（3）礼貌　（4）非常礼貌

4. 如果您是主持人，您会认为x用"不太高"能够________。（可多选）
（1）让您觉得他说话比较礼貌
（2）让您觉得他说话比较委婉
（3）让您觉得他说话比较优雅

（4）降低因为说 y 老师个子不高而冒犯他的可能性
（5）让您感到不那么刺耳，心理上感到更加愉悦
（6）掩饰 y 老师的真实身高
（7）通过调侃 y 老师身高制造幽默效果
（8）通过调侃 y 老师身高讽刺 y 老师
（9）其他（请写出您的看法）：________________________________。

附录10：有声思维阶段调查问卷2：第2组（节选）

同学您好！为了解人们日常生活中理解交际的实际情况，我们需要您的帮助。请您不要有什么顾虑，本调查只是想了解您对一些词汇是如何理解的，您的回答我们只是作为研究资料使用，不会用于其他目的。问卷中的答案无所谓对错，只希望您能独立如实填写您的理解，以保证本次调查的可信度。万分感谢您在百忙之中的合作！

您的性别：____ 您的年龄：____ 您的专业：________________

片段3

【背景：李隆基刚要下旨回宫，忽然，一名小太监急匆匆跑来，满头大汗。】

小太监：（惊惶大叫）皇上。不行了，已到弥留之际。

李隆基：李林甫，他不行了吗？摆驾吧！朕去看看。

1. 您认为“弥留之际”在这里是委婉语吗？

（1）是　（2）不是　（3）不确定

2. 您认为“弥留之际”在这里的委婉程度如何？

（1）不委婉　（2）较委婉　（3）委婉　（4）非常委婉

3. 您认为“弥留之际”在这里的礼貌程度如何？

（1）不礼貌　（2）较礼貌　（3）礼貌　（4）非常礼貌

4. 如果您是皇上，您认为小太监用“弥留之际”能够________。（可多选）

（1）让您觉得他说话比较礼貌

（2）让您觉得他说话比较委婉

（3）让您觉得他说话比较优雅
（4）避免直接提及死亡，使他自己心里舒服些
（5）避免直接提及死亡，以免您不悦或感到不吉利
（6）避免直接提及死亡，以免李林甫或其亲朋感到不快
（7）掩饰李林甫即将死亡的事实
（8）制造幽默效果
（9）讽刺李林甫
其他（请写出您的看法）：________________________________。

附录 11：按委婉语、解读结果归类总表

序号	被试	委婉语	规约度	熟悉度	透明度	解读结果	委婉语否	委婉度	礼貌度	社会规范	禁忌话题	共享语言知识	概念信息	个人经历	个体语言知识	人际关系	副语言	言行举止	场合	话题	上下文
1	2	1	2	2	1	4	1	2	2			1 委	1	1	2						
2	3	1	2	2	1	4	1	2	2			1 委	2								
3	5	1	2	2	1	4	1	2	2	1		1 委	2						1		
4	7	1	2	2	1	4	1	2	2	1	1	1 委 1 直	2	1							
5	12	1	2	2	1	4	1	2	2	2		1 委	2								
6	1	2	2	2	1	4	1	3	2			1 委	1	1		1	1				
7	8	2	2	2	1	4	1	2	2			1 委	1	无	1	1		1			1
8	11	2	2	2	1	4	1	2	2	1	1	1 委		1							
9	13	2	2	2	1	4	1	2	2			1 委									
10	15	2	2	2	1	4	1	2	2			1 委									
11	5	3	2	1	1	4	1	3	3			1 委	1								1
12	9	3	2	1	1	4	2	1	3			1 委					1				
13	6	4	2	1	1	4	1	3	3			1 委 1 直		无		1					1
14	8	4	2	1	1	4	1	2	2			1 委		无							
15	11	4	2	1	1	4	1	2	3			1 委		无		1		1			
16	13	4	2	1	1	4	1	2	2			1 直 1 委									
17	15	4	2	1	1	4	2	1	1			1 委									
18	2	5	1	2	1	4	1	2	2			1 委		1							1
19	3	5	1	2	1	4	1	2	1	1		1 委									
20	7	5	1	2	1	4	2	2	3	1		1 委 1 直未提		无			2		1		
21	9	5	1	2	1	4	1	2	1	1		1 委 1 直		1			1	1			
22	10	5	1	2	1	4	2	1	1	2		1 委 1 直未提	1	2			2				

（续上表）

序号	被试	委婉语	规约度	熟悉度	透明度	解读结果	委婉语否	委婉度	礼貌度	社会规范	禁忌话题	共享语言知识	概念信息	个人经历	个体语言知识	人际关系	副语言	言行举止	场合	话题	上下文
23	12	5	1	2	1	4	3	2	2			1委1直		1			2				
24	1	6	1	2	1	4	1	2	3			1委1直未提				1					
25	4	6	1	2	1	4	1	2	2			1委									1
26	6	6	1	2	1	4	1	3	3	1		1委1直									
27	8	6	1	2	1	4	1	2	2			1委1直									2
28	11	6	1	2	1	4	1	2	2	1	1	1委				1					
29	13	6	1	2	1	4	1	3	3	1	1	1委1直									
30	15	6	1	2	1	4	1	2	2	1	1	1委				1					
31	1	8	1	1	1	4	1	2	2	1		1直	1			1					
32	1	1	2	2	2	4	1	2	2	1		1委	1	1					1		
33	4	1	2	2	2	4	1	2	1	2		1委	1						1		
34	6	1	2	2	2	4	3	2	1	1		1委	1								1
35	8	1	2	2	2	4	1	2	1	1	1	1委	1								
36	13	1	2	2	2	4	1	3	2	1	1	1委	1						1		
37	15	1	2	2	2	4	2	1	1	1		1委	1			1					
38	2	2	2	2	2	4	2	1	1	1		1委	1								1
39	3	2	2	2	2	4	1	2	3	1		1委	1					1			1
40	5	2	2	2	2	4	1	3	2			1委	1								1
41	7	2	2	2	2	4	1	2	2	2		1委1直	1			1					
42	9	2	2	2	2	4	2	1	1			1委						1			1
43	10	2	2	2	2	4	2	1	1			1委1直	1			1					1
44	12	2	2	2	2	4	1	2	3			1委	1			1					
45	1	3	2	1	2	4	1	4	4			1委1错	1	1			1				1
46	6	3	2	1	2	4	1	4	3			1委									1
47	8	3	2	1	2	4	1	2	2	1		1委					1				1

（续上表）

序号	被试	委婉语	规约度	熟悉度	透明度	解读结果	委婉语否	委婉度	礼貌度	社会规范	禁忌话题	共享语言知识	概念信息	个人经历	个体语言知识	人际关系	副语言	言行举止	场合	话题	上下文
48	11	3	2	1	2	4	2	2	2			1委		1							1
49	13	3	2	1	2	4	1	2	2			1委									1
50	15	3	2	1	2	4	3	2	2			无									1
51	2	4	2	1	2	4	1	2	2	1		1委				1			1		1
52	3	4	2	1	2	4	1	2	2	1		1委				1					
53	5	4	2	1	2	4	1	3	2			1委						1			2
54	9	4	2	1	2	4	1	2	2	3	1	1委1直					1	1			
55	10	4	2	1	2	4	1	2	3	1		1委1直		1	1	1		1			
56	12	4	2	1	2	4	1	3	3			1委		1		1	1				
57	1	5	1	2	2	4	2	1	2	2		1委	1					1			
58	4	5	1	2	2	4	2	1	1			1委1直未提					1	1			
59	6	5	1	2	2	4	1	2	2			1委1直		无	1			1			2
60	8	5	1	2	2	4	1	2	2	1		1委									1
61	11	5	1	2	2	4	1	2	1	1		1委		1				1			
62	13	5	1	2	2	4	1	2	2			1委		1			1				1
63	15	5	1	2	2	4	2	1	1			1委									
64	5	6	1	2	2	4	1	3	2			1委1直							1		1
65	7	6	1	2	2	4	2	3	2	3	1	1委1直	1			1			1		
66	9	6	1	2	2	4	3	2	3	2		1委1直		1			1			1	1
67	1	7	1	1	2	4	1	4	3	2		1直					1	2			
68	4	7	1	1	2	4	1	2	2			1直	无			1		1			1
69	6	7	1	1	2	4	1	4	4	1		1直					1	1			1
70	8	7	1	1	2	4	1	2	2	1		1直	1	无		1	2	1			1
71	11	7	1	1	2	4	1	2	2	1		1直		无			1	1			1
72	13	7	1	1	2	4	1	2	3	1		1直	无								1

（续上表）

序号	被试	委婉语	规约度	熟悉度	透明度	解读结果	委婉语否	委婉度	礼貌度	社会规范	禁忌话题	共享语言知识	概念信息	个人经历	个体语言知识	人际关系	副语言	言行举止	场合	话题	上下文
73	15	7	1	1	2	4	1	2	2			1直	无								1
74	3	8	1	1	2	4	1	3	3			1直	1	1					1		
75	7	8	1	1	2	4	1	2	2	2	1	1直		无		1			1		1
76	9	8	1	1	2	4	1	4	4	2		1直		无	1	2			1		
77	10	8	1	1	2	4	1	2	2	1		1直		无		1			1		1
78	12	8	1	1	2	4	1	4	3			未提		无		2		1	1		
79	9	1	2	2	1	3	1	3	2			1委1直	1								
80	10	1	2	2	1	3	1	2	2			1直	1	1							
81	4	2	2	2	1	1	2	1	1			1委1直									
82	6	2	2	2	1	1	1	4	4			1委1直		无		1					
83	2	3	2	1	1	2	1	2	2			无委					1				
84	3	3	2	1	1	2	1	3	3			无委									
85	7	3	2	1	1	2	2	4	4	1		无委	1	2	1	1					
86	10	3	2	1	1	2	1	3	4			无委									1
87	12	3	2	1	1	1	1	2	3			无委					1				
88	1	4	2	1	1	3	1	4	4			1直		1							
89	4	4	2	1	1	3	1	2	3			1直		1		1					1
90	5	5	1	2	1	3	1	2	2	2		1委1直	1	1							1
91	2	7	1	1	1	3	1	2	2			1直	无								
92	3	7	1	1	1	3	1	1	1			1直	无								
93	5	7	1	1	1	3	1	2	2			1直	无			1	1			1	1
94	7	7	1	1	1	3	3	3	3			1直	1 + 无								
95	9	7	1	1	1	3	2	1	2			1直	无				1				
96	10	7	1	1	1	3	1	2	2			1直	无				1			1	1
97	12	7	1	1	1	3	2	1	2			1直	无			2	1				

（续上表）

序号	被试	委婉语	规约度	熟悉度	透明度	解读结果	委婉语否	委婉度	礼貌度	社会规范	禁忌话题	共享语言知识	概念信息	个人经历	个体语言知识	人际关系	副语言	言行举止	场合	话题	上下文
98	4	8	1	1	1	3	2	1	1			1直		1							
99	6	8	1	1	1	1	2	1	2			1直		无							2
100	8	8	1	1	1	1	3	1	2			1直		无							
101	11	8	1	1	1	1	2	2	2			未提									1
102	13	8	1	1	1	3	1	2	2	1		1直		1							
103	15	8	1	1	1	3	1	3	3			1直		无							
104	11	1	2	2	2	3	1	2	3	1	1	1直	1			1		1			
105	4	3	2	1	2	2	1	2	2			无委					1				
106	7	4	2	1	2	3	1	2	1			1直	1								1
107	2	6	1	2	2	3	1	2	2			1直1委								1	
108	3	6	1	2	2	3	1	3	3			1直							1	1	
109	10	6	1	2	2	3	2	1	2			1直		1			1			1	
110	12	6	1	2	2	3	1	2	3	1未提	1未提	1直1委未提		1			2			1	
111	2	8	1	1	2	3	1	2	2			1直							1		
112	5	8	1	1	2	3	1	2	3			1直		无	1				1		1

说明：“委婉语”一栏：1＝不太高，2＝富态，3＝弥留之际，4＝同志，5＝你这个形象，6＝时间不多了，7＝爽快，8＝嗯嗯；

“规约度、熟悉度、透明度”三栏：1＝低，2＝高；

“解读结果”一栏：1＝不确定，2＝错误，3＝直陈义，4＝委婉义；

“委婉语否”一栏：1＝是，2＝不是，3＝不确定；

“委婉度、礼貌度”两栏：1＝不委婉/礼貌，2＝较委婉/礼貌，3＝委婉/礼貌，4＝很委婉/礼貌；

“共享语言知识”一栏：直＝被试提取的直陈义，委＝被试提取的委婉义，无＝被试不具备该知识，未提＝被试具备但未提取该知识；

“社会规范”至“上下文”各栏中数字表示出现的次数；

附录12－15与附录11中上述信息相同。

附录 12：高语境透明度中的委婉义和非委婉义解读结果

序号	被试	委婉语	规约度	熟悉度	透明度	解读结果	委婉语否	委婉度	礼貌度	社会规范	禁忌话题	共享语言知识	概念信息	个人经历	个体语言知识	人际关系	副语言	言行举止	场合	话题	上下文
1	1	1	2	2	2	4	1	2	2	1		1 委	1	1					1		
2	4	1	2	2	2	4	1	2	1	2		1 委	1						1		
3	6	1	2	2	2	4	3	2	1	1		1 委	1								1
4	8	1	2	2	2	4	1	2	1	1	1	1 委	1								
5	13	1	2	2	2	4	1	3	2	1	1	1 委	1						1		
6	15	1	2	2	2	4	2	1	1	1		1 委	1			1					
7	2	2	2	2	2	4	2	1	1	1		1 委	1								1
8	3	2	2	2	2	4	1	2	3	1		1 委	1					1			1
9	5	2	2	2	2	4	1	3	2			1 委	1								1
10	7	2	2	2	2	4	1	2	2	2		1 委 1 直	1			1					
11	9	2	2	2	2	4	2	1	1			1 委						1			1
12	10	2	2	2	2	4	2	1	1			1 委 1 直	1			1					1
13	12	2	2	2	2	4	1	2	3			1 委	1			1					
14	1	3	2	1	2	4	1	4	4			1 委 1 错	1	1			1				1
15	6	3	2	1	2	4	1	4	3			1 委									1
16	8	3	2	1	2	4	1	2	2	1		1 委					1				1
17	11	3	2	1	2	4	2	2	2			1 委		1							1
18	13	3	2	1	2	4	1	2	2			1 委									1
19	15	3	2	1	2	4	3	2	2			无									1
20	2	4	2	1	2	4	1	2	2	1		1 委				1			1		1

（续上表）

序号	被试	委婉语	规约度	熟悉度	透明度	解读结果	委婉语否	委婉度	礼貌度	社会规范	禁忌话题	共享语言知识	概念信息	个人经历	个体语言知识	人际关系	副语言	言行举止	场合	话题	上下文
21	3	4	2	1	2	4	1	2	2	1		1委				1					
22	5	4	2	1	2	4	1	3	2			1委						1			2
23	9	4	2	1	2	4	1	2	2	3	1	1委1直					1	1			
24	10	4	2	1	2	4	1	2	3	1		1委1直		1	1	1		1			
25	12	4	2	1	2	4	1	3	3			1委		1		1	1				
26	1	5	1	2	2	4	2	1	2	2		1委	1					1			
27	4	5	1	2	2	4	2	1	1			1委1直未提					1	1			
28	6	5	1	2	2	4	1	2	2			1委1直		无	1			1			2
29	8	5	1	2	2	4	1	2	2	1		1委									1
30	11	5	1	2	2	4	1	2	1	1		1委		1				1			
31	13	5	1	2	2	4	1	2	2			1委		1			1				1
32	15	5	1	2	2	4	2	1	1			1委									
33	5	6	1	2	2	4	1	3	2			1委1直							1		1
34	7	6	1	2	2	4	2	3	2	3	1	1委1直	1			1			1		
35	9	6	1	2	2	4	3	2	3	2		1委1直		1			1			1	1
36	1	7	1	1	2	4	1	4	3	2		1直					1	2			
37	4	7	1	1	2	4	1	2	2			1直	无			1		1			1
38	6	7	1	1	2	4	1	4	4	1		1直					1	1			1
39	8	7	1	1	2	4	1	2	2	1		1直	1	无		1	2	1			1
40	11	7	1	1	2	4	1	2	2	1		1直		无			1	1			1
41	13	7	1	1	2	4	1	2	3	1		1直	无								1
42	15	7	1	1	2	4	1	2	2			1直	无								1
43	3	8	1	1	2	4	1	3	3			1直	1	1					1		
44	7	8	1	1	2	4	1	2	2	2	1	1直		无		1			1		1
45	9	8	1	1	2	4	1	4	4	2		1直		无	1	2			1		

（续上表）

序号	被试	委婉语	规约度	熟悉度	透明度	解读结果	委婉语否	委婉度	礼貌度	社会规范	禁忌话题	共享语言知识	概念信息	个人经历	个体语言知识	人际关系	副语言	言行举止	场合	话题	上下文
46	10	8	1	1	2	4	1	2	2	1		1直		无		1			1		1
47	12	8	1	1	2	4	1	4	3			未提		无		2		1	1		
48	2	6	1	2	2	3	1	2	2			1直1委								1	
49	3	6	1	2	2	3	1	3	3			1直							1	1	
50	10	6	1	2	2	3	2	1	2			1直		1			1			1	
51	12	6	1	2	2	3	1	2	3	1 未提	1 未提	1直1委 未提		1			2			1	
52	2	8	1	1	2	3	1	2	2			1直							1		
53	5	8	1	1	2	3	1	2	3			1直		无	1				1		1
54	11	1	2	2	2	3	1	2	3	1	1	1直	1			1		1			
55	7	4	2	1	2	3	1	2	1			1直	1								
56	4	3	2	1	2	2	1	2	2			无委					1				

附录13：低透明度语境中委婉义和非委婉义解读结果

序号	被试	委婉语	规约度	熟悉度	透明度	解读结果	委婉语否	委婉度	礼貌度	社会规范	禁忌话题	共享语言知识	概念信息	个人经历	个体语言知识	人际关系	副语言	言行举止	场合	话题	上下文
1	9	1	2	2	1	3	1	3	2			1委1直	1								
2	10	1	2	2	1	3	1	2	2			1直	1	1							
3	4	2	2	2	1	1	2	1	1			1委1直									
4	6	2	2	2	1	1	1	4	4			1委1直		无		1					
5	2	3	2	1	1	2	1	2	2			无委					1				
6	3	3	2	1	1	2	1	3	3			无委									
7	7	3	2	1	1	2	2	4	4	1		无委	1	2	1	1					
8	10	3	2	1	1	2	1	3	4			无委									1
9	12	3	2	1	1	1	1	2	3			无委					1				
10	1	4	2	1	1	3	1	4	4			1直		1							
11	4	4	2	1	1	3	1	2	3			1直		1		1					1
12	5	5	1	2	1	3	1	2	2	2		1委1直	1	1							1
13	2	7	1	1	1	3	1	2	2			1直	无								
14	3	7	1	1	1	3	1	1	1			1直	无								
15	5	7	1	1	1	3	1	2	2			1直	无			1	1			1	1
16	7	7	1	1	1	3	3	3	3			1直	1+无								
17	9	7	1	1	1	3	2	1	2			1直	无				1				
18	10	7	1	1	1	3	1	2	2			1直	无				1			1	1
19	12	7	1	1	1	3	2	1	2			1直	无			2	1				

（续上表）

序号	被试	委婉语	规约度	熟悉度	透明度	解读结果	委婉语否	委婉度	礼貌度	社会规范	禁忌话题	共享语言知识	概念信息	个人经历	个体语言知识	人际关系	副语言	言行举止	场合	话题	上下文
20	4	8	1	1	1	3	2	1	1			1直		1							
21	6	8	1	1	1	1	2	1	2			1直		无							2
22	8	8	1	1	1	1	3	1	2			1直		无							
23	11	8	1	1	1	1	2	2	2			未提									1
24	13	8	1	1	1	3	1	2	2	1		1直		1							
25	15	8	1	1	1	3	1	3	3			1直		无							
26	2	1	2	2	1	4	1	2	2			1委	1	1	2						
27	3	1	2	2	1	4	1	2	2			1委	2								
28	5	1	2	2	1	4	1	2	2	1		1委	2						1		
29	7	1	2	2	1	4	1	2	2	1	1	1委1直	2	1							
30	12	1	2	2	1	4	1	2	2	2		1委	2								
31	1	2	2	2	1	4	1	3	2			1委	1	1		1	1				
32	8	2	2	2	1	4	1	2	2			1委	1	无	1	1		1			1
33	11	2	2	2	1	4	1	2	2	1	1	1委		1							
34	13	2	2	2	1	4	1	2	2			1委									
35	15	2	2	2	1	4	1	2	2			1委									
36	5	3	2	1	1	4	1	3	3			1委	1								1
37	9	3	2	1	1	4	2	1	3			1委					1				
38	6	4	2	1	1	4	1	3	3			1委1直		无		1					1
39	8	4	2	1	1	4	1	2	2			1委		无							
40	11	4	2	1	1	4	1	2	3			1委		无		1		1			
41	13	4	2	1	1	4	1	2	2			1直1委									
42	15	4	2	1	1	4	2	1	1			1委									
43	2	5	1	2	1	4	1	2	2			1委		1							1
44	3	5	1	2	1	4	1	2	1	1		1委									

（续上表）

序号	被试	委婉语	规约度	熟悉度	透明度	解读结果	委婉语否	委婉度	礼貌度	社会规范	禁忌话题	共享语言知识	概念信息	个人经历	个体语言知识	人际关系	副语言	言行举止	场合	话题	上下文
45	7	5	1	2	1	4	2	2	3	1		1委1直未提		无			2		1		
46	9	5	1	2	1	4	1	2	1	1		1委1直		1			1	1			
47	10	5	1	2	1	4	2	1	1	2		1委1直未提	1	2			2				
48	12	5	1	2	1	4	3	2	2			1委1直		1			2				
49	1	6	1	2	1	4	1	2	3			1委1直未提				1					
50	4	6	1	2	1	4	1	2	2			1委									1
51	6	6	1	2	1	4	1	3	3	1		1委1直									
52	8	6	1	2	1	4	1	2	2			1委1直									2
53	11	6	1	2	1	4	1	2	2	1	1	1委				1					
54	13	6	1	2	1	4	1	3	3	1	1	1委1直									
55	15	6	1	2	1	4	1	2	2	1	1	1委				1					
56	1	8	1	1	1	4	1	2	2	1		1直	1			1					

附录 14：准确解读委婉语的各项信息

序号	被试	委婉语	规约度	熟悉度	透明度	解读结果	委婉语否	委婉度	礼貌度	社会规范	禁忌话题	共享语言知识	概念信息	个人经历	个体语言知识	人际关系	副语言	言行举止	场合	话题	上下文
1	2	1	2	2	1	4	1	2	2			1 委	1	1	2						
2	3	1	2	2	1	4	1	2	2			1 委	2								
3	5	1	2	2	1	4	1	2	2	1		1 委	2						1		
4	7	1	2	2	1	4	1	2	2	1	1	1 委 1 直	2	1							
5	12	1	2	2	1	4	1	2	2	2		1 委	2								
6	1	1	2	2	2	4	1	2	2	1		1 委	1	1					1		
7	4	1	2	2	2	4	1	2	1	2		1 委	1						1		
8	6	1	2	2	2	4	3	2	1	1		1 委	1								1
9	8	1	2	2	2	4	1	2	1	1	1	1 委	1								
10	13	1	2	2	2	4	1	3	2	1	1	1 委	1						1		
11	15	1	2	2	2	4	2	1	1	1		1 委	1			1					
12	1	2	2	2	1	4	1	3	2			1 委	1	1		1	1				
13	8	2	2	2	1	4	1	2	2			1 委	1	无	1	1		1			1
14	11	2	2	2	1	4	1	2	2	1	1	1 委		1							
15	13	2	2	2	1	4	1	2	2			1 委									
16	15	2	2	2	1	4	1	2	2			1 委									
17	2	2	2	2	2	4	2	1	1	1		1 委	1								1
18	3	2	2	2	2	4	1	2	3	1		1 委	1					1			1
19	5	2	2	2	2	4	1	3	2			1 委	1								1
20	7	2	2	2	2	4	1	2	2	2		1 委 1 直	1			1					
21	9	2	2	2	2	4	2	1	1			1 委						1			1

（续上表）

序号	被试	委婉语	规约度	熟悉度	透明度	解读结果	委婉语否	委婉度	礼貌度	社会规范	禁忌话题	共享语言知识	概念信息	个人经历	个体语言知识	人际关系	副语言	言行举止	场合	话题	上下文
22	10	2	2	2	2	4	2	1	1			1委1直	1			1					1
23	12	2	2	2	2	4	1	2	3			1委	1			1					
24	5	3	2	1	1	4	1	3	3			1委	1								1
25	9	3	2	1	1	4	2	1	3			1委					1				
26	1	3	2	1	2	4	1	4	4			1委1错	1	1			1				1
27	6	3	2	1	2	4	1	4	3			1委									1
28	8	3	2	1	2	4	1	2	2	1		1委					1				1
29	11	3	2	1	2	4	2	2	2			1委		1							1
30	13	3	2	1	2	4	1	2	2			1委									1
31	15	3	2	1	2	4	3	2	2			无									1
32	6	4	2	1	1	4	1	3	3			1委1直		无		1					1
33	8	4	2	1	1	4	1	2	2			1委		无							
34	11	4	2	1	1	4	1	2	3			1委		无		1		1			
35	13	4	2	1	1	4	1	2	2			1直1委									
36	15	4	2	1	1	4	2	1	1			1委									
37	2	4	2	1	2	4	1	2	2	1		1委				1			1		1
38	3	4	2	1	2	4	1	2	2	1		1委				1					
39	5	4	2	1	2	4	1	3	2			1委						1			2
40	9	4	2	1	2	4	1	2	2	3	1	1委1直					1	1			
41	10	4	2	1	2	4	1	2	3	1		1委1直		1	1	1		1			
42	12	4	2	1	2	4	1	3	3			1委		1		1	1				
43	1	5	1	2	2	4	2	1	2	2		1委	1					1			
44	4	5	1	2	2	4	2	1	1			1委1直未提					1	1			
45	6	5	1	2	2	4	1	2	2			1委1直		无				1			2
46	8	5	1	2	2	4	1	2	2	1		1委									1

（续上表）

序号	被试	委婉语	规约度	熟悉度	透明度	解读结果	委婉语否	委婉度	礼貌度	社会规范	禁忌话题	共享语言知识	概念信息	个人经历	个体语言知识	人际关系	副语言	言行举止	场合	话题	上下文
47	11	5	1	2	2	4	1	2	1	1		1委		1				1			
48	13	5	1	2	2	4	1	2	2			1委			1		1				1
49	15	5	1	2	2	4	2	1	1			1委									
50	5	5	1	2	1	3	1	2	2	2		1委1直	1	1							1
51	5	6	1	2	2	4	1	3	2			1委1直							1		1
52	7	6	1	2	2	4	2	3	2	3	1	1委1直	1			1			1		
53	9	6	1	2	2	4	3	2	3	2		1委1直		1			1			1	1
54	1	7	1	1	2	4	1	4	3	2		1直					1	2			
55	4	7	1	1	2	4	1	2	2			1直	无			1		1			1
56	6	7	1	1	2	4	1	4	4	1		1直					1	1			1
57	8	7	1	1	2	4	1	2	2	1		1直	1	无		1	2	1			1
58	11	7	1	1	2	4	1	2	2	1		1直		无			1	1			1
59	13	7	1	1	2	4	1	2	3	1		1直	无								1
60	15	7	1	1	2	4	1	2	2			1直	无								1
61	2	7	1	1	1	3	1	2	2			1直	无								
62	3	7	1	1	1	3	1	1	1			1直	无								
63	5	7	1	1	1	3	1	2	2			1直	无			1	1			1	1
64	7	7	1	1	1	3	3	3	3			1直	1+无								
65	9	7	1	1	1	3	2	1	2			1直	无				1				
66	10	7	1	1	1	3	1	2	2			1直	无				1			1	1
67	12	7	1	1	1	3	2	1	2			1直	无			2	1				
68	3	8	1	1	2	4	1	3	3			1直	1	1					1		
69	7	8	1	1	2	4	1	2	2	2	1	1直		无		1			1		1
70	9	8	1	1	2	4	1	4	4	2		1直		无		2			1		

（续上表）

序号	被试	委婉语	规约度	熟悉度	透明度	解读结果	委婉语否	委婉度	礼貌度	社会规范	禁忌话题	共享语言知识	概念信息	个人经历	个体语言知识	人际关系	副语言	言行举止	场合	话题	上下文
71	10	8	1	1	2	4	1	2	2	1		1 直		无		1			1		1
72	12	8	1	1	2	4	1	4	3			未提		无		2		1	1		
73	4	8	1	1	1	3	2	1	1			1 直		1							
74	6	8	1	1	1	1	2	1	2			1 直		无							2
75	8	8	1	1	1	1	3	1	2			1 直		无							
76	11	8	1	1	1	1	2	2	2			未提									1
77	13	8	1	1	1	3	1	2	2	1		1 直		1							
78	15	8	1	1	1	3	1	3	3			1 直		无							

附录 15：偏离解读委婉语的各项信息

序号	被试	委婉语	规约度	熟悉度	透明度	解读结果	委婉语否	委婉度	礼貌度	社会规范	禁忌话题	共享语言知识	概念信息	个人经历	个体语言知识	人际关系	副语言	言行举止	场合	话题	上下文
1	9	1	2	2	1	3	1	3	2			1 委 1 直	1								
2	10	1	2	2	1	3	1	2	2			1 直	1	1							
3	11	1	2	2	2	3	1	2	3	1	1	1 直	1			1		1			
4	4	2	2	2	1	1	2	1	1			1 委 1 直									
5	6	2	2	2	1	1	1	4	4			1 委 1 直		无		1					
6	2	3	2	1	1	2	1	2	2			无委					1				
7	3	3	2	1	1	2	1	3	3			无委									
8	7	3	2	1	1	2	2	4	4	1		无委	1	2	1	1					
9	10	3	2	1	1	2	1	3	4			无委									1
10	12	3	2	1	1	1	1	2	3			无委					1				
11	4	3	2	1	2	2	1	2	2			无委					1				
12	1	4	2	1	1	3	1	4	4			1 直		1							
13	4	4	2	1	1	3	1	2	3			1 直		1		1					1
14	7	4	2	1	2	3	1	2	1			1 直	1								1
15	2	5	1	2	1	4	1	2	2			1 委		1							1
16	3	5	1	2	1	4	1	2	1	1		1 委									
17	7	5	1	2	1	4	2	2	3	1		1 委 1 直未提		无			2		1		
18	9	5	1	2	1	4	1	2	1	1		1 委 1 直		1			1	1			
19	10	5	1	2	1	4	2	1	1	2		1 委 1 直未提	1	2			2				
20	12	5	1	2	1	4	3	2	2			1 委 1 直		1			2				
21	2	6	1	2	2	3	1	2	2			1 直 1 委								1	
22	3	6	1	2	2	3	1	3	3			1 直							1	1	

（续上表）

序号	被试	委婉语	规约度	熟悉度	透明度	解读结果	委婉语否	委婉度	礼貌度	社会规范	禁忌话题	共享语言知识	概念信息	个人经历	个体语言知识	人际关系	副语言	言行举止	场合	话题	上下文
23	10	6	1	2	2	3	2	1	2			1直		1			1			1	
24	12	6	1	2	2	3	1	2	3	1未提	1未提	1直1委未提		1			2			1	
25	1	6	1	2	1	4	1	2	3			1委1直未提				1					
26	4	6	1	2	1	4	1	2	2			1委									1
27	6	6	1	2	1	4	1	3	3	1		1委1直									
28	8	6	1	2	1	4	1	2	2			1委1直									2
29	11	6	1	2	1	4	1	2	2	1	1	1委				1					
30	13	6	1	2	1	4	1	3	3	1	1	1委1直									
31	15	6	1	2	1	4	1	2	2	1	1	1委				1					
32	2	8	1	1	2	3	1	2	2			1直							1		
33	5	8	1	1	2	3	1	2	3			1直		无	1				1		1
34	1	8	1	1	1	4	1	2	2	1		1直	1			1					

附录 16：标注语料节选

说明：

（1 秒）：被试停顿 1 秒。

【斜抬头思考】：被试的表情。

黑体字：被试的有声思维内容。

仿宋体字：被试所读话语片段中的内容。

《因素：当前交际情境：副语言》：笔者对意义解读结果、交际效果、因素等方面的信息标注

〈意义解读：委婉义〉：笔者对被试意义解读的标注。

片段 5。背景。《缘来非诚勿扰》节目中，主持人孟非问男嘉宾是否接受过专门的语言交际培训。孟非说你说话有经过那种培训的那种吗？男嘉宾说，呃——，真的没有，但是当婚庆主持一直是我的一个叫业余爱好也好，还是——孟非说，刚才跟你说话的那个女嘉宾就是个婚庆主持！……女嘉宾说哎，男嘉宾，你这个形象，做婚庆主持，客户——后面破折号**《因素：当前交际情境：副语言》**，我觉得女嘉宾这句话，你这个形象，呃，【斜抬头思考】她——从她自己心里面的意思可能就是有点瞧不起这个男嘉宾的这个感觉，呃，有点鄙视或者鄙夷的态度**《交际效果解读：讽刺》《因素：当前交际情境：言行举止（包括态度意图、性格、外貌等》**，就是你这个形象，【斜抬头思考】嗯，你这个形象有点不太好，或者你这个形象做婚庆主持，有点拿不出手的意思 < **意义解读：委婉义** >。从她的这个语境来说，嗯，意思就是说你这个形象做婚庆主持客户会不会【眼睛斜抬向右前方思考】投诉你啊会不会，嗯——不满意啊。**《因素：记忆知识：集体共享知识：概念信息》**然后男嘉宾果然地，果断地来了一句，嗯，【斜抬头思考】客户很多。ang，很显然，他在反击这个女嘉宾，可能这个女嘉宾说的话【眼睛斜抬向左前方思考】的意思，讽刺意味，他已经感觉到了，然后他就会，他在反驳这个女嘉宾，我，这个形象很好，**《因素：记忆知识：集体共享知识：语言知识》**我的客户很多。嗯，就这样。

（被试 9，片段 5，“你这个形象”，有声思维）

参考文献

一、英文

[1] Ali, S. S. (1999). Euphemism in translation: A comparative study of euphemistic expressions in two translations of the holy Qua'an. *Islamic Quaterly*, 43 (2): 100 – 113.

[2] Allan, K. & K. Burridge. (1991). *Euphemism & dysphemism: Language used as shield and weapon*. Oxford: Oxford University Press.

[3] Allan, K. & K. Burridge. (2006). *Forbidden words: Taboo and the censoring of language*. Cambridge: Cambridge University Press.

[4] Almoayidi, K. A. (2018). Euphemism as a communicative tool: A descriptive study of Hijazi and southern region dialects spoken in Saudi Arabia. *Open Journal of Modern Linguistics*, 8: pp. 1 – 8. https://doi.org/10.4236/ojml.2018.81001.

[5] Barr, D. J. & B. Keysar. (2005). Making sense of how we make sense: The paradox of egocentrism in language use. In H. L. Colston & A. N. Katz (Eds.). *Figurative Language Comprehension: Social and Cultural Influences* (pp. 21 – 43). New Jersey: Lawrence Erlbaum.

[6] Block, E. (1986). The comprehension strategies of second language readers. *TESOL Quarterly*, 20 (3): pp. 463 – 494.

[7] Bowles, M. A. (2010). *The Think-Aloud Controversy in Second Language Research*. New York: Routledge.

[8] Bradac, J. J., R. A. Davies & J. A. Courtright. (1977). The role of prior message context in judgments of high- and low-diversity messages. *Language and Speech*, 20 (4): pp. 295 – 307.

[9] Brocher A., Koenig J., Mauner G. & S. Foraker. (2018). About sharing and commitment: The retrieval of biased and balanced irregular polysemes. *Language, Cognition and Neuroscience*, 33 (4): pp. 443 – 466.

[10] Brown, P. & S. Levinson. (1987). *Politeness: Some universals in language use*. Cambridge: Cambridge University Press.

[11] Burchfield, R. (1985). An outline history of euphemism in English. In D. J. Enright (Ed.). *Fair of Speech: The Uses of Euphemisms* (pp. 13 – 31). Oxford: Oxford University Press.

[12] Burgoon, J. K. & E. J. Langer. (1995). Language, fallacies, and mindlessness-mindfulness in social interaction. In B. R. Burleson (Ed.). *Communication Yearbook* 18 (pp. 105 – 132). New York: Routledge.

[13] Burgoon, J. K., C. R. Berger & V. R. Waldron. (2000). Mindfulness and interpersonal communication. *Journal of Social Issues*, 56 (1): pp. 105 – 127.

[14] Carston, R. (2002). *Thoughts and Utterances: The Pragmatics of Explicit Communication*. Oxford: Blackwell.

[15] Casas Gómez, M. (2009). Towards a new approach to the linguistic definition of euphemism. *Language Science*, 31 (6): pp. 725 – 739.

[16] Chamizo Domínguez, P. J. & N. Brigitte. (2002). False friends, their origin and semantics in some selected languages. *Journal of Pragmatics*, 34 (12): pp. 1833 – 1849.

[17] Chamizo Domínguez, P. J. (2009). Linguistic interdiction, its *status quaestionis* and possible future research lines. *Language Science*, 31 (4): pp. 428 – 446.

[18] Chen, Xinren. (2014a). Politeness processing as situated social cognition: A RT-theoretic account. *Journal of Pragmatics*, 71: pp. 117 – 131.

[19] Chen, Xinren. (2014b). Understanding euphemisms as relevance-guided situated social cognition. International Conference of Cognitive Linguistics and Pragmatics: Theory and Practice. Nanjing: Nanjing Normal University.

[20] Chilton, P. (1987). Metaphor, euphemism and the militarization of language. *Current Research on Peace and Violence*, 10 (1): pp. 7 – 19.

[21] Christie, C. (2007). Relevance theory and politeness. *Journal of Politeness Research*, 3 (2): pp. 269 – 294.

[22] Clark, B. (2013). *Relevance theory*. Cambridge: Cambridge University Press.

[23] Crespo-Fernández, E. (2006). The language of death, euphemism and conceptual metaphorization in Victorian obituaries. *SKY Journal of Linguistics*, 19: pp. 101 – 130.

[24] Crespo-Fernández, E. (2015). *Sex in language, euphemistic and dysphemistic metaphors in internet forums*. New York: Bloomsbury.

[25] Crisafull, E. (1997). Taboo language in translation. *Perspectives, Studies in Translatology*, 5 (2): pp. 237 – 256.

[26] Culpeper, J. (2011). *Impoliteness, using language to cause offence*. Cambridge: Cambridge University Press.

[27] Davies, P. (1983). *Success with Words*. New York: The Reader's Digest Association Inc.

[28] Enright, D. J. (1985). *Fair of speech: The uses of euphemism*. Oxford: Oxford University Press.

[29] Escandell-Vidal, V. (1996). Towards a cognitive approach to politeness. *Language Science*, 18 (3): pp. 629 – 650.

[30] Giora, R. (1997). Understanding figurative and literal meaning: The graded salience hypothesis. *Cognitive Linguistics*, 8 (3): pp. 183 – 206.

[31] Giora, R. (2003). *On our mind, salience context and figurative language*. New York: Oxford University Press.

[32] Goatly, A. (1994). Register and the redemption of relevance theory: The case of metaphor. *Pragmatics*, 4 (2): pp. 139 – 181.

[33] Gumperz, J. J. & J. Cook-Gumperz. (1976). Context in children's speech. In J. J. Gumperz & J. Cook-Gumperz (Eds.). *Papers on language and context* (pp. 18 – 35). Berkeley: University of California Press.

[34] Halliday, M. A. K. (1994). *An introduction to functional grammar* (2nd ed.). London: Edward Arnold.

[35] Halmari, H. (2011). Political correctness, euphemism, and language change: The case of "people first". *Journal of Pragmatics*, 43 (3): pp. 828 – 840.

[36] Hanks, P. (1990). Evidence and intuition in lexicography. In J. Tomaszczyk & B. Lewandowska-Tomaszczyk (Eds.). *Meaning and Lexicography* (pp. 31 – 41). Amsterdam: John Benjamins Publishing Company.

[37] Holder, R. W. (2002). *How not to say what you mean: A dictionary of euphemisms*. New York: Oxford University Press Inc..

[38] Hornby, A. S. (2014). Oxford advanced learner's English-Chinese dictionary (8th ed.). Oxford: Oxford University Press.

[39] Jay, T. (2009). The utility and ubiquity of taboo words. *Perspectives on Psychological Science*, 4 (2): pp. 153 – 161.

[40] Jary, M. (1998). Relevance theory and the communication of politeness. *Journal of Pragmatics*, 30 (1): pp. 1 – 19.

[41] Kecskes, I. & F. Zhang. (2009). Activating, seeking, and creating common ground: A socio-cognitive approach. *Pragmatics & Cognition*, 17 (2): pp. 331 – 355.

[42] Kecskes, I. (2010). The paradox of communication: A socio-cognitive approach. *Pragmatics and Society*, 1 (1): pp. 50 – 73.

[43] Kecskes, I. (2011). Salience in language production. In K. M. Jaszczolt & K. Allan. (Eds.). *Salience and default in utterances processing* (pp. 81 – 102). Berlin: De Gruyter Mouton.

[44] Kecskes, I. (2014). *Intercultural pragmatics*. Oxford: Oxford University Press.

[45] Langlotz, A. (2010). Social cognition. In M. A. Locher & G. Sage (Eds.). *Interpersonal pragmatics*, *handbook of pragmatics*, Vol. 6. (pp. 167 – 204). Berlin: Mouton de Gruyter.

[46] Levin, M. (2014). The bathroom formula: A corpus-based study of a speech act in American and British English. *Journal of Pragmatics*, 64 (4): pp. 1 – 16.

[47] Lin, L. & W. Yu. (2015). A think-aloud study of strategy use by EFL college readers reading Chinese and English texts. *Journal of Research in Reading*, 38 (3): pp. 286 – 306.

[48] Linfoot-Ham, K. (2005). The linguistics of euphemism: A diachronic study of euphemism formation. *Journal of Language and Linguistics*, 4 (2): pp. 227 – 263.

[49] Makin, V. S. (2003). *Face management and the role of interpersonal politeness variables in euphemism production and comprehension* (*unpublished doctoral dissertation*). Urbana-Champaign: University of Illinois.

[50] Martin R. A. (2007). *The psychology of humor: An integrative approach*. California: Elsevier Academic Press.

[51] Mey, J. (2009). *Concise encyclopedia of pragmatics* (2nd ed.). Oxford: Elsevier Ltd..

[52] Mey, J. & M. Talbot. (1988). Computation and the soul. *Journal of Pragmatics*, 12 (5 – 6): pp. 743 – 789.

[53] Neaman, J. S. & C. G. Silver. (1983). *Kind words: A thesaurus of euphemisms*. New York: Facts on File Publications.

[54] Nyakoe, D. G. (2012). Conceptualization of "Death is a Journey" and "Death as Rest" in EkeGusii Euphemism. *Theory and Practice in Lan-*

guage Studies, 2 (7): pp. 1452 - 1457.

[55] Ojebuyi, B, R. & A. Salawu. (2018). Nigerian newspapers' use of euphemism in selection and presentation of news photographs of terror acts. *SAGE Open* (January-March), pp. 1 - 14. https: //doi. org/10. 1177/2158244018763.

[56] O'Neil, J. (1988 - 1989). Relevance and pragmatic inference. *Theoretical Linguistics*, 15 (3): pp. 241 - 261.

[57] Pfaff, K. L., R. W. Gibbs. & M. D. Johnson. (1997). Metaphor in using and understanding euphemism and dysphemism. *Applied psycholinguistics*, 18 (1): pp. 59 - 83.

[58] Rawson, H. (1981). *A dictionary of euphemisms and other doubletalk*. New York: Crown Publishers, Inc..

[59] Rodd, J. M., Cai Z. G., Betts H. N., Hanby B., Hutchinson, Aviva C. & Adler. (2016). The impact of recent and long-term experience on access to word meanings: Evidence from large-scale internet-based experiments. *Journal of Memory and Language*, 87: pp. 16 - 37.

[60] Ruhi, Ş. (2008). Intentionality, communicative intentions and the implication of politeness. *Intercultural Pragmatics*, 5 (3): pp. 287 - 314.

[61] Sperber, D., F. Cara & V. Girotto. (1995). Relevance theory explains the selection task. *Cognition*, 57 (1): pp. 31 - 95.

[62] Sperber, D. & D. Wilson. (1986/1995). *Relevance: Cognition and communication*. Oxford: Basil Blackwell.

[63] Talbot, M. M. (1998). Relevance theory. In J. L. Mey& R. E. Asher (Eds.). *Concise encyclopedia of pragmatics* (pp. 775 - 778). Oxford: Elsevier Ltd..

[64] Terkourafi, M. (2002). Politeness and formulaicity: Evidence from Cypriot Greek. *Journal of Greek Linguistics*, 3 (1): pp. 179 - 201.

[65] Terkourafi, M. (2005). Beyond the micro-level in politeness research. *Journal of Politeness Research, Language, Behaviour, Culture*, 1 (2): pp. 237 - 262.

[66] Tian, C. (2014). A contrastive study of death metaphors in English and Chinese. *International Journal of English Linguistics*, 4 (6): pp. 134 - 142.

[67] Titone, D. A. & C. M. Connine. (1999). On the compositional and noncompositional nature of idiomatic expressions. *Journal of Pragmatics*, 31

(12): pp. 1655 – 1674.

[68] Valdeón, R. A. (2015). The (ab) use of taboo lexis in audiovisual translation: Raising awareness of pragmatic variation in English-Spanish. *Intercultural Pragmatics*, 12 (3): pp. 363 – 385.

[69] Van Dijk, T. A. (1977). *Text and context, explorations in the semantics and pragmatics of discourse*. London: Longman.

[70] Verschueren, J. (1999). *Understanding pragmatics*. London: Edward Arnold.

[71] Wang, W. & Q. Wen. (2002). L1 use in the L2 composing process, an exploratory study of 16 Chinese EFL writers. *Journal of Second Language Writing*, 11 (3): pp. 225 – 246.

[72] Warren, B. (1992). What euphemisms tell us about the interpretation of words. *Studio Linguistica*, 46 (2): pp. 128 – 172.

[73] Watts, R. (1989). Relevance and relational work: Linguistic politeness as politic behaviour. *Multilingua*, 8 (2/3): pp. 131 – 166.

[74] Watts, R. (2003). *Politeness*. Cambridge: Cambridge University Press.

[75] Webb, S. (2008). The effects of context on incidental vocabulary learning. *Reading in a foreign language*, 20 (2): pp. 232 – 245.

[76] Wigglesworth, G. (2005). Current approaches to researching second language learner process. *Annual Review of Applied Linguistics*, 25: pp. 98 – 111.

[77] Wilson, D. & D. Sperber. (2006). Relevance Theory. In L. R. Horn & G. Ward (Eds.). *The handbook of pragmatics* (pp. 607 – 632). Oxford: Blackwell Publishing.

[78] Wilson D. & D. Sperber. (2012). *Meaning and relevance*. Cambridge: Cambridge University Press.

[79] Xu X., Kang C., Pascuccia D., & T. Guo. (2018). The relationship between semantic access and introspective awareness. *Brain and Cognition*, 123: pp. 47 – 56.

二、中文

[1] 昂晨，吕欢，周亚聪，等. 词汇熟悉度对非熟练中英双语者语言理解转换中非目标语言激活的影响 [J]. 心理发展与教育，2016 (1): 26 – 32.

［2］ Wilson D. 关联与交际［J］. 冉永平，译. 现代外语，2000（2）：211－218.

［3］ 蔡玛丽. 现代汉语禁忌语研究［D］. 香港：香港大学，2001.

［4］ 曹沸. 认知语境与话语理解探微［J］. 社会科学家，2011（10）：151－154.

［5］ 陈道明. “委婉”不一定是“语”——试论非言语隐喻与非言语委婉［J］. 外语教学，2005（2）：10－13.

［6］ 陈科芳. 修辞格翻译的语用学探解［M］. 上海：复旦大学出版社，2010.

［7］ 陈新仁. 语法隐喻的认知语用解读［J］. 外国语，2014（2）：33－41.

［8］ 陈新仁. 语义学与语用学的分界：一种新方案［J］. 外语教学与研究，2015（6）：838－849.

［9］ 陈新仁. 中国语用学本土理论建设刍议［J］. 外国语，2018（4）：9－11.

［10］ 陈新仁. 言语交际者关系管理模式新拟［J］. 外语教学理论与实践，2018（3）：5－12.

［11］ 陈新仁. 试论中国语用学学科话语体系的建构［J］. 外语教学，2018（5）：12－16.

［12］ 谌莉文. 概念隐喻与委婉语隐喻意义构建的认知理据［J］. 外语与外语教学，2006（8）：17－20.

［13］ 谌莉文. 汉英委婉语跨空间映射认知对比考察［J］. 外语教学，2007（4）：39－43.

［14］ 谌莉文. 委婉话语审美意义的认知阐释［J］. 湖北大学学报（哲学社会科学版），2010（2）：72－75.

［15］ 陈琴. 美国学校“有声思维（Think Aloud）”教学及启示［J］. 教育科学研究，2016（8）：69－73.

［16］ 陈士法，杜玲，刘佳，等. 中国英语学习者英语二语名动分离的 ERP 证据［J］. 外语电化教学，2016（2）：10－16.

［17］ 陈文乾. 英语委婉语的成因、构成方式及适用范围［J］. 经济与社会发展，2004（2）：149－151.

［18］ 陈原. 语言与社会生活：社会语言学札记［M］. 北京：生活·读书·新知三联书店，1980/1999.

［19］ 陈原. 社会语言学［M］. 上海：学林出版社，1983.

［20］ 陈原. 社会语言学［M］. 北京：商务印书馆，2000.

［21］从莱庭．英语婉语详解词典［M］．武汉：湖北教育出版社，2001．

［22］邓炎昌，刘润清．语言与文化［M］．北京：外语教学与研究出版社，1989．

［23］邓兆红．委婉语修辞效果的关联论阐释——兼论心理距离说［J］．外语学刊，2016（6）：26－30．

［24］冯庆华．文体翻译论［M］．上海：上海外语教育出版社，2002．

［25］傅琳．试论英语委婉语语用动能及语言等级［J］．广东外语外贸大学学报，2008（5）：52－55．

［26］高少萍．话语伦理学观照下的委婉语传译［D］．上海：上海外国语大学，2011．

［27］高源．西班牙语委婉语的多元翻译［D］．北京：北京外国语大学，2014．

［28］耿华，王伟，陆美慧．输出与相关输入对“注意”和语言习得的作用——一项基于翻译活动的个案研究［J］．外语界，2015（1）：12－21．

［29］辜同清．委婉语社会语言学研究［M］．成都：西南交通大学出版社，2015．

［30］郭纯洁．有声思维法［M］．北京：外语教学与研究出版社，2007．

［31］何兆熊．语用、语义和语境［J］．外国语，1987（5）：8－12．

［32］何自然．语用学与英语学习［M］．上海：上海外语教育出版社，1998．

［33］何自然．语境新论［J］．外国语文研究，2011（1）：1－13．

［34］何自然，冉永平．关联理论——认知语用学基础［J］．现代外语，1998（3）：92－107．

［35］何自然，冉永平．《关联性：交际与认知》导读［A］//载于 Sperber，D. & D. Wilson．（1986/1995）．*Relevance*：*Cognition and communication*［M］（pp. F23－F38）．北京：外语教学与研究出版社，2001．

［36］洪成玉．谦词敬词婉词词典（增补本）［M］．北京：商务印书馆，2010．

［37］洪炜，冯聪，郑在佑．语义透明度、语境强度及词汇复现频率对汉语二语词汇习得的影响［J］．现代外语，2017（4）：529－539．

［38］黄衡田．英语辞格辨析［M］．武汉：华中科技大学出版

社，2015.

［39］黄华新，胡霞．认知语境的建构性探讨［J］．现代外语，2004（3）：248－255.

［40］季绍德．古汉语修辞［M］．长春：吉林文史出版社，1986.

［41］郎晓梅．婉曲修辞格的文化依据［A］．载于杨荣祥．汉语修辞格的文化依据［M］．沈阳：东北大学出版社，2015.

［42］李德超，王巍巍．关于有声思维法口译研究［J］．外语教学与研究，2011（6）：900－910.

［43］李国南．英语中的委婉语［J］．外国语，1989（3）：23－27.

［44］李国南．辞格与词汇［M］．上海：上海外语教育出版社，2001.

［45］李军华．委婉语交际中的解码技巧［J］．语文建设，1993（4）：24－27.

［46］李军华．关于委婉语的定义［J］．湘潭大学学报（哲学社会科学版），2004（4）：162－165.

［47］李军华．汉语委婉语研究［M］．北京：中国社会科学出版社，2010.

［48］李兰冬，邢文英．英语委婉语的生成机制与功用［J］．河北大学学报（哲学社会科学版），2014（3）：146－148.

［49］李卫航．英汉委婉语的社会文化透视［J］．福州大学学报（哲学社会科学版），2002（1）：57－60.

［50］李小军．表负面评价的语用省略——以构式“（X）真是（的）”和“这/那个＋人名”为例［J］．当代修辞学，2011（4）：35－42.

［51］刘纯豹．英语委婉语词典［M］．北京：商务印书馆，2001.

［52］刘腊梅．英语修辞格比较研究［J］．成都：西南交通大学出版社，2008.

［53］刘乃实，熊学亮．浅析言语幽默的维护面子功能［J］．外语教学，2003（6）：10－13.

［54］刘瑞琴，韩淑芹，张红．英汉委婉语对比与翻译［M］．银川：宁夏人民出版社，2010.

［55］刘倩．委婉语研究新论：语言研究的心智哲学视角［M］．北京：科学出版社，2015.

［56］刘淑珍．从语用角度看委婉语［J］．西南民族大学学报（人文社科版），2003（3）：316－319.

［57］刘越莲．委婉语与禁忌语的家族相似性研究［J］．外语教学，

2010（6）：10－13.

［58］刘寅齐．英语委婉语：特点、构造及应用［J］．外语与外语教学，2000（8）：36－38.

［59］卢长怀．英语委婉语在交际中的作用［J］．辽宁师范大学学报（社会科学版），2003（6）：89－91.

［60］卢卫中，孔淑娟．转喻与委婉语的构成［J］．外语研究，2006（6）：17－20.

［61］吕叔湘．语言作为一种社会现象［J］．读书，1980（4）：90－160.

［62］毛延生．委婉语的“旧服”与“新装”——网络时代委婉语构成手段之我见［J］．外语电化教学，2007（3）：33－37.

［63］彭利元．情景语境与文化语境异同考辨［J］．四川外语学院学报，2008（1）：108－113.

［64］冉永平．语用学：现象与分析［M］．北京：北京大学出版社，2006.

［65］冉永平．词汇语用探析［M］．北京：外语教学与研究出版社，2012.

［66］冉永平，何自然．关联与交际［J］．现汉外语，2000（2）：211－218.

［67］邵军航，樊葳葳．委婉机制的认知语言学诠释［J］．外语研究，2004（4）：20－26.

［68］邵军航．委婉语研究［D］．上海：上海外国语大学，2007.

［69］石延芳．英语委婉语的语用特征及取效机制［J］．国际关系学院学报，2010（3）：108－112.

［70］束定芳．委婉语新探［J］．外国语，1989（3）：28－34.

［71］束定芳，徐金元．委婉语研究：回顾与前瞻［J］．外国语，1995（5）：17－22.

［72］孙敏．英语委婉语研究的语用功能维度［J］．外语学刊，2007（2）：125－128.

［73］孙汝建．委婉的社会心理分析［J］．修辞学习，1996（5）：17－19.

［74］王才仁，杨重鑫．谈 euphemisms［J］．现代外语，1987（3）：52－56.

［75］王国栋，甘世安，周春艳．认知语境观与英语委婉语的认知范式［J］．西北大学学报（哲学社会科学版），2011（6）：164－166.

[76] 王建平. 语言交际中的艺术——语境的逻辑功能 [M]. 北京: 求实出版社, 1989.

[77] 王建华, 周明强, 盛爱萍. 现代汉语语境研究 [M]. 杭州: 浙江大学出版社, 2002.

[78] 王仁强, 陈和敏. 基于语料库的动词与构式关系研究——以 sneeze 及物动词用法的规约化为例 [J]. 外语教学与研究, 2014 (1): 19-32.

[79] 王文忠. 委婉语信息及其语境解读 [J]. 外语学刊, 2000 (1): 41-47.

[80] 王曦. 论英语委婉语的使用理据及英汉对比 [J]. 外语学刊, 2014 (5): 69-71.

[81] 王小潞, 郭晓群. 汉语非字面语言认知神经心理系统 [J]. 浙江大学学报 (人文社会科学版), 2016 (6): 19-32.

[82] 王雅军. 实用委婉语词典 [M]. 上海: 上海辞书出版社, 2005.

[83] 王永忠. 范畴理论和委婉语的认知理据 [J]. 外国语言文学, 2003 (2): 3-5.

[84] 汪少华, 张薇. "后真相"时代话语研究的新路径: 批评架构分析 [J]. 外语教学, 2018 (4): 29-34.

[85] 魏在江. 英汉"生理现象"委婉语对比分析 [J]. 外语与外语教学, 2001 (7): 19-21.

[86] 温洪瑞. 委婉语的使用动机与特点 [J]. 山东师范大学外国语学院学报, 2002 (1): 13-16.

[87] 吴礼权. 委婉修辞研究 [M]. 济南: 山东文艺出版社, 2008.

[88] 吴平. 英汉修辞手段比较 [M]. 合肥: 安徽教育出版社, 2001.

[89] 肖好章. 意义与语境: 交互语境模式构建 [J]. 外语与外语教学, 2009 (1): 12-16.

[90] 谢楠. 国外语境研究三十年回顾 [J]. 山东社会科学, 2009 (8): 157-160.

[91] 谢元花, 魏辉良. 语义句法启动与英语提升动词的二语习得: 来自有声思维的证据 [J]. 外语教学, 2016 (4): 56-60.

[92] 熊学亮. 单向语境推导初探: 上 [J]. 现代外语, 1996 (2): 1-5.

[93] 熊学亮. 试论话语的阐释模型 [J]. 上海大学学报 (社会科学

版），2012（6）：94－102.

［94］徐海铭. 委婉语的语用学研究［J］. 外语研究，1996（3）：21－24，47.

［95］徐莉娜. 委婉语翻译的语用和语篇策略［J］. 中国翻译，2003（6）：15－19.

［96］徐宜良. 委婉语的语境制约与解读［J］. 西南民族大学学报（人文社科版），2007（7）：200－203.

［97］杨彬，孙银新，刘杨. 英汉表“病残”义的委婉语对比研究［J］. 西安外国语大学学报，2018（2）：6－11.

［98］姚殿芳，潘兆明. 实用汉语修辞［M］. 北京：北京大学出版社，1987.

［99］叶建敏. 汉英流行委婉语的跨语言对比［J］. 山东外语教学，2004（3）：45－48.

［100］尹群. 汉语委婉语与其他语言替代现象的区别［J］. 语文研究，2007（4）：34－36.

［101］英国培生教育出版有限公司. 朗文当代英语辞典：第4版［M］. 北京：外语教学与研究出版社，2004.

［102］于亚伦. 当代英语委婉语初探［J］. 外语学刊，1984（2）：45－50.

［103］袁晖. 试论委婉［M］. 合肥：安徽大学出版社，2013：194－201.

［104］袁秀凤. 人向着死亡的存在与语言——委婉禁忌语的最根本心理机制初探［J］. 外国语言文学，2006（3）：163－165.

［105］曾红玲，刘思耘. 语篇语境对句子理解的影响：来自N400的证据［J］. 心理科学进展，2009（2）：314－320.

［106］张拱贵. 汉语委婉语词典［M］. 北京：北京语言文化大学出版社，1996.

［107］张海燕. 试析委婉语对语境的依赖［J］. 外语研究，2002（6）：39－41.

［108］张辉，孙和涛，顾介鑫. 成语加工中韵律与句法互动的事件相关电位研究［J］. 外国语，2013（1）：22－31.

［109］张辉. 不同规约化的汉语转喻加工机制的ERP研究［J］. 天津外国语大学学报，2018（5）：135－136.

［110］张立新. 视觉、言语幽默的情感认知互动模式——幽默的功能认知研究［D］. 上海：上海外国语大学，2011.

[111] 张若兰. 基于概念特征迁移与可及性制约的委婉语解读 [J]. 外语教学，2009 (4)：50 – 53.

[112] 张延飞，张绍杰. 再论索绪尔的语言本体论——与李文新先生商榷 [J]. 外语学刊，2014 (1)：9 – 13.

[113] 张永奋. 汉意委婉语对比研究 [D]. 上海：华东师范大学，2009.

[114] 张瑜，孟磊，杨波，等. 熟悉与不熟悉成语语义启动的事件相关电位研究——熟语表征和理解的认知研究之一 [J]. 外语研究，2012 (1)：21 – 30.

[115] 赵德芳. X-phemism 的语用对比分析 [J]. 上海师范大学学报（哲学社会科学版），2005 (4)：135 – 138.

[116] 中国社会科学院语言研究所词典编辑室. 现代汉语词典：第 6 版 [M]. 北京：商务印书馆，2012.

[117] 周海燕. 汉英委婉语比较分析 [J]. 现代语文，2009 (12)：118 – 120.

[118] 周红辉. 合作与自我中心：言语交际的社会—认知语用研究 [M]. 长沙：中南大学出版社，2014.

[119] 周红辉，冉永平. 语境的社会—认知语用考辨 [J]. 外国语，2012 (6)：36 – 42.

[120] 周红辉. 合作与自我中心对立统一的多维解析 [J]. 广东外语外贸大学学报，2012 (4)：62 – 67.

[121] 周晔. 禁忌语翻译的“语用标记对应”原则 [J]. 外语研究，2009 (4)：83 – 85.

[122] 朱傲蕾. 讳饰修辞格的文化寻根 [C] //载于杨荣祥. 汉语修辞格的文化依据 [M]. 沈阳：东北大学出版社，2015.

[123] 朱月娥. 委婉语的语域变异及其翻译 [J]. 外国语文，2009 (5)：102 – 104.

[124] 朱永生. 框架理论对语境动态研究的启示 [J]. 复印报刊资料（语言文字学），2005 (7)：9 – 12.

后　记

清晨，窗外，小树林里，各种鸟儿在勤奋地欢叫。

屋内，书桌前，我心情激动，感慨万千。在本书即将完成的此刻，脑中首先浮现出恩师陈新仁教授。自2012年跟随陈老师访学以来，与恩师的交往从读其论文时的仰慕其名和开学术会议时的短暂交流，转变为课堂上和生活中的深度思想碰撞和恩师对我细致入微的指导。

回首课堂，不仅有老师对语用学各种理论的娓娓道来和深入剖析，还有我与老师的默契。当陈老师通过我的眼神发现我“有话要说”，便会给我机会表达看法和观点，并顺势启发，我对关联理论、批评话语分析、顺应论、礼貌研究、身份建构等语用学的经典理论和前沿研究因此而更加深入。

恩师在学术方面的引领和指导延伸于课外的各个角落。食堂里，我们一边吃饭，一边讨论方才课堂上意犹未尽的会话分析。电话里，我因研究思路中断而陷入困境，寻求老师帮助，希望见面讨论，老师毫不犹豫答应之余，还不忘先安慰我“不要焦虑，只要想办法，问题总会解决的”。OCC（南京大学鼓楼校区附近一家茶餐厅）里，老师耐心地与我一起讨论研究问题的思路和细节，研究的方向于是清晰了起来。办公室里，老师一次又一次为研究的思路、框架、表述等提出各种建议，正是这些建设性的建议使我的研究得到了一次次的改善，几篇小论文也因此得以发表。微信里，更是大到思路、框架，小到某个术语的理解、某个概念的英文表达，我随时请教老师，老师仍然不厌其烦。还记得，在最紧张、最难熬的那个星期，我焦虑到茶饭不思，于是再次给恩师打电话，恩师在长达40分钟的电话里，安慰我，帮我理清思路，恢复信心，我才得以坚持下来。这一幕幕，一桩桩，现在想起，仍然令我动容。我由衷地庆幸：我遇到了一位好的学术领路人！

恩师对我的指导不止于学术上的引领，还有工作和生活上的谆谆教诲，比如如何有效地管理自己的时间，如何合理安排事情的先后顺序。我在事业上的发展规划和家庭生活遇到了困惑，把老师当知心人倾诉，也如愿得到老师春风化雨般的点拨。我不仅遇到了好的学术引路人，还有幸遇到了一位知心人！

想到恩师，怎能不想到恩师的爱人陈静老师呢？曾经与陈静老师一起为学术会议奔波，曾经与陈静老师共同开展四校合作的课题，曾经请陈静老师帮忙联系被试，曾经聆听陈静老师娓娓道来如何在支持亲人事业的同时，发展和提升自己的各方面素养，更是曾经聆听陈静老师那令人叹服的对九型人格的分析和运用。难怪与恩师交流时，恩师时常不经意地就夸赞爱人！与陈静老师的这些“曾经”既让我有了更多学术研究方面的锻炼和提升，也让我有机会感悟两位老师何以如此伉俪情深。

我还要感谢陈桦教授、何刚教授、王海啸教授、汪少华教授、魏向清教授、詹全旺教授、张辉教授、张翼教授和周丹丹教授。他们对我的选题、实验设计、分析的角度和侧重点、题目以及书中各处的表述方式等各方面提出了中肯建议，在他们的帮助下，我的研究才得以更加完善。感谢丁言仁教授、徐昉教授和张韧教授。他们的课程或使我更进一步夯实了语言学理论，或让我更加明确如何评价他人的研究，从而改进自己的研究。

感谢各位同窗在我写作过程中提供的各种帮助。毛延生师兄、袁周敏师兄、卢加伟师兄、季小民师兄、孙莉师姐以及何荷师姐都从研究设计、数据统计等方面对我的论文提出了很好的建议；郭亚东、张立茵、王晓燕、钟茜韵、李娟、张结根、陈梅松、蒋庆胜、任娟娟、邱佳、李梦欣、沈星辰、李捷、杨昆、夏秸和冯文敬等同学在本书的写作过程中，与我一起讨论选题，分析思路，一起焦急于无从下笔，一起欢喜于茅塞顿开。

感谢我所在单位领导的大力支持！感谢詹先君、陈媛媛、刘蕾、黄金金、王黎韬等同事在语料筛选、实验准备方面给予我的无私帮助！

最后，我还想在此郑重地感谢我的家人。在这五年多时间里，很多原本应该陪伴在他们身边的时刻，我没有出现，但他们从无怨言。没有他们的理解、体谅和支持，我将无法安心于学业和本书的写作。特别要感谢我的爱人和女儿。这几年，我的爱人为了让我安心做研究，他将家中的大小事务几乎全部包揽。我焦急时，他柔声安慰；我无暇吃饭，他把饭菜送到我手边；我写到兴奋之处，挑灯夜战，他担心我的身体，一遍遍催促我休息；初稿终于完成时，他为我高兴欢呼。我由衷地感谢我的爱人，没有他全方位的呵护、支持和帮助，本书也是无法完成的。还有我亲爱的女儿。我读博这几年恰好是女儿读中学的关键几年。这几年里，为了不干扰我的学业，女儿自觉管理自己的学习和生活，几乎没让我分过心。不仅如此，女儿还帮我转写并校对有声思维实验的文本。每有进展时，女儿都会特地祝贺。女儿的自觉使我能够更加安心于学习和研究，女儿的鼓励使我更加具有前进的动力，女儿的帮助为我完成本书提供了更多的保障。

谨以此致谢所有帮助过我、有恩于我的各位老师、同事和亲人！

邓兆红

2019 年 2 月

图书在版编目（CIP）数据

委婉语解读的社会—认知语用学研究/邓兆红著．—广州：暨南大学出版社，2019.6
（语用学学人文库）
ISBN 978－7－5668－2674－9

Ⅰ．①委…　Ⅱ．①邓…　Ⅲ．①语用学—研究　Ⅳ．①H030

中国版本图书馆 CIP 数据核字（2019）第 141933 号

委婉语解读的社会—认知语用学研究
WEIWANYU JIEDU DE SHEHUI—RENZHI YUYONGXUE YANJIU
著　者：邓兆红

出 版 人：徐义雄
策划编辑：杜小陆
责任编辑：陈绪泉
责任校对：黄晓佳
责任印制：汤慧君　周一丹

出版发行：暨南大学出版社（510630）
电　　话：总编室（8620）85221601
　　　　　营销部（8620）85225284　85228291　85228292（邮购）
传　　真：（8620）85221583（办公室）　85223774（营销部）
网　　址：http://www.jnupress.com
排　　版：广州良弓广告有限公司
印　　刷：广州市快美印务有限公司
开　　本：787mm×960mm　1/16
印　　张：14.5
字　　数：280 千
版　　次：2019 年 6 月第 1 版
印　　次：2019 年 6 月第 1 次
定　　价：59.80 元